Beck'scheReihe

BsR 1183

D1996836

BSR

„Wer gefoltert wurde, wird nicht mehr heimisch in der Welt.“ Ende des 20. Jahrhunderts ist Folter immer noch in vielen Staaten gängige Praxis. Folter in unserer Zeit bedeutet stets mehr als das Erzwingen von Geständnissen und Aussagen. Sie beabsichtigt vor allem die Desorientierung der Person bis hin zur Vernichtung der Persönlichkeit. Die entsprechende Dokumentation, der Jahresbericht von Amnesty International, verzeichnet mehr als hundert Staaten, in denen inhaftierte Menschen gefoltert und mißhandelt werden.

Seit 1992 versucht das Berliner Behandlungszentrum für Folteropfer als poliklinische Einrichtung gefolterten Menschen medizinische, sozial- und psychotherapeutische Hilfe zu gewähren. Die Idee zu einer Einrichtung, die u.a. vom Deutschen Roten Kreuz und der Berliner Ärztekammer unterstützt wurde, entstand vor allem aus der Auseinandersetzung mit der Rolle der Medizin im und nach dem Nationalsozialismus. Die hilfesuchenden Menschen kommen inzwischen aus mehr als 30 Staaten, denen rund 14 feste Mitarbeiter und Mitarbeiterinnen Rat, Hilfe und Unterstützung zu geben versuchen.

Das Buch dokumentiert die sehr schwierige und komplizierte therapeutische Arbeit im Zentrum, ohne die Grenzen und das Scheitern zu verschleiern, die diese Arbeit oft begleiten. Es berichtet von den Belastungen, denen die Helfenden selbst ausgesetzt sind, von der Schwierigkeit, Folterfolgen zu diagnostizieren sowie den Problemen, die dem Aufbau eines therapeutisch wirksamen Kontakts zu den Folteropfern entgegenstehen.

Dr. *Sepp Graessner*, geb. 1943, ist Mitbegründer und Arzt im Behandlungszentrum für Folteropfer (Berlin). Er befaßt sich vor allem mit forensischen Fragen.

Dipl.-Psych. *Norbert Gurris*, geb. 1948, Klinischer Psychologe und Psychotherapeut im Behandlungszentrum für Folteropfer seit 1992.

Dr. *Christian Pross*, geb. 1948, ist Arzt sowie Mitbegründer und Leiter des Behandlungszentrums für Folteropfer in Berlin.

Folter

An der Seite der Überlebenden
Unterstützung und Therapien

Herausgegeben von
Sepp Graessner, Norbert Gurris und
Christian Pross

VERLAG C. H. BECK

Mit 11 Abbildungen

Die Deutsche Bibliothek – CIP-Einheitsaufnahme

Folter : an der Seite der Überlebenden ; Unterstützung und Therapien / hrsg. von Sepp Graessner ... –
Orig.-Ausg. – München : Beck, 1996
(Beck'sche Reihe ; 1183)
ISBN 3 406 39283 0
NE: Graessner, Sepp [Hrsg.]; GT

Originalausgabe
ISBN 3 406 39283 0

Umschlagentwurf: Uwe Göbel, München

Gesamtherstellung: C. H. Beck'sche Buchdruckerei, Nördlingen
Gedruckt auf säurefreiem, alterungsbeständigem Papier
(hergestellt aus chlorfrei gebleichtem Zellstoff)
Printed in Germany

Inhalt

Vorwort

Von Bahman Nirumand

Ziel der Folter ist die Zerstörung der Persönlichkeit, die Vernichtung der Identität. Die Folterer wissen, daß Menschen ohne Identität, Menschen mit gespaltener, zerrütteter Persönlichkeit ihre Fähigkeit zum Widerstand verlieren, sich der Aufforderung fügen, Geheimnisse preiszugeben und Verrat zu üben. Um ihr Ziel zu erreichen, gehen die Folterer planmäßig vor. Ihnen ist bekannt, daß die psychische Zermürbung schrittweise erfolgen muß. Es ist ein genau kalkulierter Prozeß, der kaltblütig und den individuellen Charaktereigenschaften des jeweiligen Gefangenen entsprechend durchgeführt wird. Es hätte wenig Sinn, sogleich mit den härtesten Maßnahmen zu beginnen. Dem Opfer muß man genügend Zeit lassen, damit es die Qualen und Erniedrigungen erlebt, sich mit ihnen identifiziert und stückweise den Willen zum Widerstand verliert. Solange das Opfer nicht den letzten inneren Halt, den letzten Zipfel an Selbstbewußtsein verloren hat, ist das Ziel nicht erreicht.

Folterer sind oft psychologisch geschult, sie unterscheiden sich jedoch von den Psychotherapeuten dadurch, daß sie die Aufgabe haben, die Psyche der Menschen zu zerstören statt sie zu heilen. Diese Aufgabe versuchen sie durch physische Gewalt zu leisten. Schläge an den Fußsohlen mit Peitschen aus Stacheldraht, Herausziehen von Nägeln, Verbrennen von Körperteilen mit Zigarettenglut und Kochplatte, Elektroschocks, Einzelhaft in schall- und lichtisolierten Zellen, Vergewaltigung und Vortäuschen von Erschießungen sind die gängigen, international angewandten Methoden. Darüber hinaus gibt es unendlich viele Variationen von Bestialitäten. Hier erweisen sich die Folterer als erfinderisch. Ein iranischer Gefangener berichtete mir, daß er von seinen Folterern gezwungen wurde, seine zuvor abgeschnittenen Haare aufzuessen.

Dieser Strategie der totalen Erniedrigung müssen die Opfer eine eigene Strategie entgegensetzen, eine eigene Technik der Abwehr, eine Technik zur Erhaltung des Selbstbewußtseins, des Widerstands. Das Opfer darf keine Schwächen zeigen, kein Selbstmitleid aufkommen lassen, keine Reflexionen über die Folter oder den Folterer anstellen. Wer sich dem Folterer nicht ausliefern will, darf nicht versuchen, seine Gedanken von dem Geschehen abzulenken, das Verbrechen zu ignorieren. Die Strategie des Abschaltens der Sinne mag sich bei der ersten Ohrfeige als nützlich erweisen, doch schon bei den Peitschenschlägen an den Fußsohlen und den Tritten gegen die Hoden merkt der Gefangene, daß diese Methode unbrauchbar ist. Der Gefolterte muß der Bestie ins Gesicht schauen, die Sünde, das Verbrechen bis ins kleinste Detail erfahren, erleben, nachvollziehen. Gefühle, Sinne, Verstand müssen ineinander übergehen, müssen eine Einheit bilden und sich geballt auf den Vorgang konzentrieren. Jeder Mangel an Konzentration, an Disziplin, jedes Abgleiten in andere Gedanken zermürbt die Kraft zum Widerstand. Das Opfer muß die Folter sehen, riechen, schmecken, begreifen.

Ein Gefangener schrieb: „Die Schläge treffen nicht nur deinen Körper, sie treffen weit mehr deine Seele, deinen Geist, deinen Verstand. Schmerz und Glut bohren ihren Weg durch den ganzen Körper, bis sie deine Seele, dein Ich erreichen. Die Qual wird nicht nur empfunden, sie dringt in das Bewußtsein ein, sie wird begriffen. Du willst schreien. Die Schreie kommen aus dem Bauch, dringen zum Hals, sie werden aber durch Verstand, Selbstbewußtsein, Stolz zurückgehalten, so daß du beinahe erstickst. Es ist ein Kampf zwischen Körper und Seele, ein Kampf zwischen Körper und Geist."

Das Ertragen von Folter verlangt nicht nur eine physische, sondern vor allem eine psychische Hochleistung. Deshalb fallen die Opfer nach Beendigung der Folter zumeist in ein tiefes Schweigen, ein Schweigen, das auch nach der Freilassung das Erlebte zu einem Geheimnis werden läßt. Hat ein Opfer versagt, Geheimnisse preisgegeben, Verrat geübt, wird das Leben in der Freiheit zu einer Tortur, zu einer ewigen Plage des Gewissens. Doch auch jene, die Widerstand geleistet haben, setzen das Schweigen fort. Sei es aus dem Gefühl der Scham heraus oder aus der Unfähigkeit, die Kraft zu einer Wiedergabe des Erlebten aufzubringen, sind sie gewöhnlich nicht einmal dazu bereit, ihre Erlebnisse ihren Nächsten mitzuteilen. Mögen die physischen Narben irgendwann heilen, die psychischen bleiben ohne fremde Hilfe und Behandlung zeitlebens erhalten. Opfer leiden unter starken Depressionen, sie werden von Alpträumen und Ängsten verfolgt. Gedächtnisschwund, innere Unruhe, Wahnvorstellungen, Ohnmachtsgefühle, ein ständiger Wechsel von aggressiver Überreaktion und Apathie gehören zu den Merkmalen, die bei den Opfern zu beobachten sind.

Viele Opfer stehen auch nach ihrer Freilassung unter der Kontrolle ihrer Peiniger. Sie werden ständig von der Gefahr bedroht, wieder eingekerkert zu werden. Den wenigsten unter ihnen gelingt die Flucht ins Ausland. Aber der Gang in die Freiheit ist verbunden mit einer neuen Qual: Gelingt dem Flüchtling die Einreise in das Zufluchtsland – ein Unternehmen, das oft lebensbedrohend ist –, dann beginnt eine quälende Prozedur, die den Asylsuchenden als endlos erscheint. Das Leben in einem „Lager", in dem zumeist unerträgliche und menschenunwürdige Zustände herrschen, ruft die Erinnerung an die Zeit der Gefangenschaft wach. Auch das Zusammensein mit fremden Menschen, deren Sprache man nicht versteht, treibt die Flüchtlinge in eine unbeschreibliche Einsamkeit. Jede Stunde wird zu einer Ewigkeit. Man muß die Zeit totschlagen, die unruhigen, schlaflosen Nächte überwinden.

Hinzu kommen die Anhörungen vor der Asylbehörde. Die bisherige Überlebensstrategie, über das Erlebte zu schweigen, die Vergangenheit im Gedächtnis zu begraben, die Folter aus der Erinnerung zu verbannen, kann dem Flüchtling zum Verhängnis werden. Denn die Untersuchungsbeamten, die Entscheider, von deren Urteil das weitere Schicksal des Flüchtlings abhängt, verlangen genaue Auskünfte, auch glaubwürdige Nachweise. Der Flüchtling wird gezwungen, das mühsam Verdrängte ins Gedächtnis zurückzurufen. Schon ein unbedeutender Widerspruch kann zur Ablehnung des Asylantrags führen. Die ständige Angst vor Abschiebung gleicht einem Damoklesschwert. Das Lagerleben kann Jahre dauern.

Das Behandlungszentrum für Folteropfer in Berlin ist eine der wenigen Einrichtungen in Deutschland, die sich um das Schicksal der so gemarterten Menschen kümmern. Wieviel Einfühlungsvermögen, Geduld und Einsatz nötig sind, um die zerstörte Identität, die zertrümmerte Persönlichkeit eines jeden „Patienten" zu heilen, den Opfern das Leben wieder sinnvoll und lebenswert erscheinen zu lassen, bezeugen die hier vorgelegten Berichte. Ich stelle mir vor, daß die hier arbeitenden Therapeuten im Grunde den Patienten nur dann helfen können, wenn sie ein Stück ihres eigenen Wesens, ihrer Seele dem einzelnen Opfer widmen. Wie könnte man ihnen für diese Selbstlosigkeit danken? Ich denke, zumindest damit, daß man das Behandlungszentrum für Folteropfer in die Lage versetzt, unter ruhigen und gesicherten Rahmenbedingungen zu arbeiten. Für die Mitarbeiterinnen und Mitarbeiter des Behandlungszentrums ist es unzumutbar, daß die Deckung des Haushalts Jahr für Jahr weiterhin eine Zitterpartie bleibt. Diesem Schwebezustand der Aufbaujahre sollte durch die Gründung einer aus öffentlichen und privaten Mitteln finanzierten Stiftung endlich ein Ende gesetzt werden.

Einleitung

Folter als „Geißel des 20. Jahrhunderts" ist weltweit verbreitet. Wer es wissen will, kann davon tagtäglich in der Medienberichterstattung erfahren: aus der Türkei, aus dem Iran, aus dem ehemaligen Jugoslawien – die vollständige Auflistung der Staaten wäre erschreckend lang. Die Jahresberichte von Amnesty International bezeichnen mehr als hundert Staaten, in denen inhaftierte Menschen gefoltert und mißhandelt werden. Folter soll die Bevölkerung davon abhalten, sich gegen die Diktatur aufzulehnen. Gefoltert wird nicht nur, um Informationen und Geständnisse zu erzwingen. Die Folter beabsichtigt vor allem die Desorientierung der Person bis hin zur Vernichtung der Persönlichkeit. Die Rehabilitation von Folteropfern hat zum Ziel, den Menschen die Würde zurückzugeben – und das bedeutet immer auch Widerstand gegen die Folterer und ihre Regime.

Die Idee zur Einrichtung des Behandlungszentrums für Folteropfer (BZFO) entstand aus der Auseinandersetzung mit der Medizin im Nationalsozialismus. Mediziner waren damals an Gewaltverbrechen und Massenvernichtung beteiligt. Große Teile der Ärzteschaft haben sich nach 1945 geweigert, sich den Holocaust-Überlebenden zu stellen und ihnen Hilfe zu gewähren. Berlin hat als ehemalige Zentrale des nationalsozialistischen Völkermordes sowie als ehemaliges Hauptquartier des Staatssicherheitsdienstes der DDR eine besondere moralische Verpflichtung, die Rehabilitation der Opfer von Menschenrechtsverletzungen zu fördern.

Seit der Gründung im Jahr 1992 gewährt das Berliner Behandlungszentrum gefolterten Menschen medizinische, soziale und psychotherapeutische Hilfe. Es ist wie ein Poliklinik aufgebaut, in der die verschiedenen Disziplinen – Ärzte für Allgemeinmedizin und Psychiatrie, Psychotherapeuten, Krankengymnasten und Körpertherapeuten sowie Sozialarbeiter – eng zusammenarbeiten. Die hilfesuchenden Menschen, 1994 waren es über 200, kommen inzwischen aus mehr als dreißig Staaten.

Das Behandlungszentrum ist politisch neutral und nur den Inhalten der UNO-Konvention gegen Folter und andere systematische Mißhandlungen, der Madrider Erklärung der europäischen Ärzteschaft zur Ächtung ärztlicher Beteiligung an Folter sowie den Konventionen des Europäischen Parlaments zu Menschenrechtsfragen verpflichtet. Es wird unterstützt durch einen Beirat, dem unter anderem der ehemalige Präsident des Deutschen Roten Kreuzes, Prinz Botho zu Sayn-Wittgenstein, der Präsident der Bundesärztekammer, Dr. Karsten Vilmar, der Präsident des Bundesarbeitsgerichtes, Professor Dr. Thomas Dieterich, Dr. Jürgen Kühling, Richter am Bundesverfassungsgericht, sowie die Mitglieder des Deutschen Bundestages Dr. Heiner Geißler, CDU/CSU-Fraktion, und Cem Özdemir, Fraktion Bündnis 90/Die Grünen angehören.

Das Behandlungszentrum arbeitet eng mit dem Deutschen Roten Kreuz zusammen und wird vom Bundesministerium für Familie, Senioren, Frauen und Jugend, der UNO und der EU gefördert. Ca. 20 % des Etats müssen aus Spenden aufgebracht werden. Zu den Spendern gehören Privatpersonen, Firmen und Stiftungen wie die Alfried Krupp von Bohlen und Halbach-Stiftung, die Dr. Joseph und Sibylle Krettner-Stiftung, die Heinrich Böll-Stiftung und die Deutsche Bank-Stiftung Alfred Herrhausen.

Das Buch dokumentiert die sehr schwierige und komplizierte therapeutische Arbeit im Zentrum, ohne die Grenzen und das Scheitern zu verschleiern, die diese Arbeit oft begleiten. Es berichtet von den Belastungen, denen die Helfenden selbst ausgesetzt sind, von der Schwierigkeit, Folterfolgen zu diagnostizieren, sowie von den Problemen, die dem Aufbau eines therapeutisch wirksamen Kontakts zu den Folteropfern entgegenstehen.

Die einzelnen Beiträge sind eine Bilanz der in den ersten vier Jahren unseres Bestehens gesammelten Erfahrungen, die wir an Helfer aus anderen Einrichtungen weitergeben wollen. Das

Buch ist nicht nur an ein Fachpublikum gerichtet. Wir versuchen, in allgemeinverständlicher Sprache aus dem Alltag der Behandlung konkret und anschaulich zu berichten. Dementsprechend sind einige Begriffe mit einem * markiert, was bedeutet, daß sie im Glossar dieses Buches ausführlich erläutert werden.

Es war nicht einfach, die Beiträge so vieler Autoren in eine für dieses Buch passende Form zu gießen. Wir danken dem Lektor des C.H.Beck Verlags, Herrn Dr. Stephan Meyer, dafür, daß er uns auf behutsame Art geholfen hat, diese Aufgabe zu meistern. Wir danken auch unserer Bibliothekarin Leyla Schön für das Zusammenstellen der Bibliographie und die technische Hilfe bei der Erstellung der Endfassung der Manuskripte.

Berlin, im Sommer 1996 Die Herausgeber

Fremdkörper in der Seele

Von Ferdinand Haenel

Oft können wir beobachten, wie Menschen, die zu uns kommen, unter einem extremen Spannungsbogen vollkommen entgegengesetzter Gefühle, Empfindungen, Gedanken und Wertvorstellungen stehen. Viele erscheinen ohne Antrieb und Vitalität, wirken wie erstarrt und halten sich fest, können aber auch überaus reizbar in Wutausbrüchen kurzzeitig jegliche Kontrolle über sich verlieren. Manche erleben nur ein Extrem dieser Gegensätze und sind ganz abgekehrt von ihrer Gefühlswelt, spüren gar nichts und wirken wie abgestumpft, andere wieder drohen in Angst, Verzweiflung und Trauer zu versinken. Einige haben nur wenig Erinnerung an die Dinge, die sich mit ihnen unter der Mißhandlung zugetragen haben, andere haben dafür ein scharfes Gedächtnis behalten, in welchem alle Ereignisse photographisch überzeichnet sind.

Es ist, als habe das erlebte Gefälle von Macht und Ohnmacht in der Beziehung zum Täter das Ich und die Welt des Opfers in zwei oder mehrere Teile auseinandergerissen, als ob es jetzt fast nur noch in spannungsvollen Kategorien extremer Polaritäten existieren kann, die sich scharf und unerbittlich zwischen den äußeren Horizonten eines Entweder –Oder bewegen: Entweder allmächtig oder ohnmächtig, entweder gut oder böse, entweder Wahrheit oder Lüge, entweder Einbildung oder Wirklichkeit, entweder schwarz oder weiß. Schattierungen, Grauabstufungen, welche einer Photographie Tiefenschärfe geben, sind oft zunächst nicht wahrzunehmen.

Einbildung oder Wirklichkeit

Die 30jährige Frau S. kommt zum ersten orientierenden Gespräch in unsere Einrichtung. Bei der Begrüßung und den einleitenden Erklärungen fällt mir ihre Zurückhaltung und Verschlossenheit auf. Sie kommt aus einem Land in Südostasien und ist seit zwei Jahren in Deutschland, wo sie Antrag auf Asyl gestellt hat. Unter Tränen schildert sie, ihr derzeit größtes Problem sei, daß man ihr bei den Behörden und Gerichten bislang keinen Glauben schenke. Seit ihrer Ankunft in Deutschland vor zwei Jahren habe sie sich immer wieder bemüht, ihre seit der etwa einjährigen Haft in ihrem Heimatland bestehenden psychischen Probleme niederzuhalten. Anfangs sei ihr das wohl gelungen. Seit einigen Monaten jedoch werde sie wieder allnächtlich schweißgebadet und unter Herzklopfen von Alpträumen geweckt. Aber auch tagsüber in gewöhnlichen Alltagssituationen, z.B. in der vollen U-Bahn, die sie an die räumliche Enge in den damals überfüllten und überhitzten Gefängniszellen erinnere, oder bei der Begegnung mit zufälligen Passanten auf der Straße, in welchen sie Gesichter der Folterer von damals wiederzuerkennen glaube, werde sie von bildhaften Erinnerungen aus dieser Zeit und panischen Angstgefühlen überfallen. Ständig stehe sie unter der Anspannung einer inneren Übererregtheit und Reizbarkeit und gerate aus belanglosen Anlässen heraus leicht in Wutausbrüche.

Auch Meditationstechniken, in denen sie geübt sei, hätten ihr nur zwischenzeitliche, nicht jedoch nachhaltige Linderung ihres seelischen Druckes verschaffen können. Aus Anlaß der Ablehnung ihrer Widerspruchsklage auf Asyl beim Verwaltungsgericht sei sie jetzt ganz außer sich, fürchte ihre letzte innere Kontrolle zu verlieren und denke daran, sich das Leben zu nehmen.

Unter meinem vorsichtigen Nachfragen gibt sie folgenden Bericht über ihr Schicksal. Sie war in ihrer Heimat eine kaufmännische Angestellte in einem großen Textilbetrieb. Als sie an einem Montagmorgen an ihre Arbeitsstelle kam, wußte sie nichts davon, daß es über das Wochenende einen geheimen Putschversuch gegen die Regierung gegeben hatte, welcher aber niedergeschlagen worden war und in welchen vermutlich das gesamte Management ihres Betriebes verwickelt gewesen war. Infolgedessen war sie höchst verwundert darüber, niemanden in den Büros vorzufinden. Wenig später tauchten Polizeibeamte auf, welche ihr Fragen stellten, die sie nicht beantworten konnte. Man nahm sie mit und setzte das Verhör in der Behörde fort. Sie wurde vielfach geschlagen, mehrfach vergewaltigt und mit elektrischen Stromstößen und kalten, harten Wasserstrahlen gefoltert. Ein knappes Jahr blieb sie in Haft, zeitweise den unwürdigsten Umständen einer engen, dunklen, überhitzten Einzelzelle ohne ausreichende Nahrung ausgesetzt. Dank der Hilfe und Beziehungen von Verwandten kam sie nach einem Jahr schließlich frei und konnte ihr Land in Richtung Deutschland verlassen.

Ihre Schilderung wird immer wieder unterbrochen durch Augenblicke, in denen sie ihre Fassung verliert und Tränen und Verzweiflung nicht zurückhalten kann. Entsetzen und Mitgefühl machen mich zunächst sehr befangen.

Frau S.: „All diese Dinge liegen mittlerweile schon zwei Jahre zurück. Es ist mir ja in der Zwischenzeit auch gelungen, sie aus meinem Bewußtsein zu verbannen. Ich habe die Erfahrung gemacht, daß dies möglich ist. Doch jetzt hat meine Verzweiflung und Wut darüber, daß mir niemand zu glauben scheint, die alte Wunde erneut aufgerissen."

Ich antworte ihr: „Die psychischen Probleme, von denen Sie berichten, kennen wir sehr gut. Fast alle Menschen, die zu uns kommen, leiden unter ähnlichen Beschwerden wie Sie. Wir kennen das. Was Sie als Ihr Leiden oder Ihre Krankheit ansehen, ist eigentlich etwas ganz Normales, eine ganz normale Reaktion auf die abnorme und abstruse Erfahrung, die Sie im Gefängnis gemacht haben. Die Situation, die Folter ist es, die verrückt ist, und nicht Sie. Normal und ganz menschlich ist, wie Sie darauf reagieren."

Ihre Mimik hellt sich etwas auf. „Folter?", sage ich etwas provozierend, „eigentlich gibt es das gar nicht." Sie schaut irritiert und verstört auf. „Ich meine", fahre ich fort, „in kaum einem Staat geben die Regierungen offen zu, daß gefoltert wird. Eine schlichte, politisch ganz allgemein übliche Verleugnung, welche zur Folge hat, daß es im Bewußtsein der meisten Menschen Folter nicht gibt, allenfalls ganz am Rande in Berichten und Zahlen von amnesty international. Somit – und das ist auch eine Strategie der Täter – fällt es den Opfern schwer, Glauben zu finden für das, was ihnen widerfahren ist. Niemand schenkt den Opfern Gehör, keiner möchte mit Folter etwas zu tun haben. Die Realität des Alltagslebens läuft getrennt an der verleugneten, geheimen Realität der Folterkeller vorbei, ohne daß erstere von der zweiten Kenntnis nehmen will."

Frau S. hört mir jetzt ganz aufmerksam zu. Ich scheine etwas angesprochen zu haben, was sie tief beschäftigt. Im weiteren Gespräch bemerke ich, wie das Thema, niemand glaube ihr, ständig wiederkehrt und wir uns offenbar im Kreise bewegen. So frage ich: „Kann es sein, daß es Ihnen manchmal ebenso ergeht wie den Behörden, daß Sie auch daran zweifeln, ob sich die Dinge damals im Gefängnis so zugetragen haben, und daß Sie Ihrer Erinnerung selbst nicht mehr so ganz glauben können?"

Da beginnt sie heftig zu weinen. Ich hätte es ausgesprochen. Denn insgeheim zweifle sie daran, ob sie wirklich im Gefängnis gefoltert und vergewaltigt worden sei. Sie würde es selbst jetzt nach zwei Jahren nicht mehr glauben, wenn nicht die Alpträume, die Gedanken und Bilder wären, die ständige innere Anspannung und erregte Unruhe. So sei sie vor dem Gefängnis nie gewesen. Manchmal denke sie auch, sie habe sich das damals nur eingebildet und sei jetzt „einfach nur verrückt" geworden.

Die Geschichte von Frau S. ist ein Beispiel dafür, wie sich nach einem schweren existentiellen Trauma eine Perlschnurkette neuer kleinerer traumatischer Erfahrungen anschließt. Dadurch wird trotz aller ihrer Bemühungen, zu vergessen, ihre Erinnerung an das Gefängnis und dem, was sich darin ereignete, lebendig erhalten. Ähnlich wie sexuell mißbrauchte Kinder sieht sie sich einer Welt gegenüber, welche ihren Aussagen und

Angaben mißtraut oder diese nicht glaubt, mit der Folge, daß sie selbst ihre Geschichte für Einbildung zu halten und sich für „verrückt“ oder „krank“ zu erklären beginnt. Am Ende dieser Entwicklung ist sie es, die sich schuldig und beschämt fühlt: Ihre Verschlossenheit gegenüber Mitmenschen und Umwelt nimmt folglich zu. Ihre Erinnerungen an die erlebte Gewalt beginnt sie ganz in sich hineinzunehmen, einzuschließen, in sich zu versenken. Dadurch verstärkt sich ihr Gefühl der Isolation und des Ausgeschlossenseins von der Welt. Es ist, wie ich in den meisten Fällen erleben konnte, als ob das Opfer seine Gefängniszelle von damals innerlich mit sich weiterträgt.

Meine oben geschilderten Interventionen sind als Versuche zu verstehen, den passenden Schlüssel für diese innere Gefängnistür zu finden.

Entmündigung oder kämpferisches Durchsetzungsvermögen

Eine andere Patientin, Frau T. aus Südamerika, klagt über ständige Kopfschmerzen und wechselnde Schmerzen in den verschiedensten Körperregionen sowie anfallsweise auftretende Panikattacken mit Herzklopfen, Herzschmerzen und dem Empfinden von Atemnot, Schwindel und Todesangst. Seit ihrer Ankunft in Deutschland vor 5 Jahren hätten die Alpträume mit detaillierten szenischen Abfolgen der Folter mit Polizisten in Riesengröße aufgehört. Jedoch leide sie heute noch unter Gedächtnis- und Konzentrationsstörungen, Depressivität mit häufigem Weinen und schwerem Antriebsmangel.

Frau T. war früher in ihrem Land eine prominente Gewerkschaftsfunktionärin. Vor vielen Jahren schon hatte sie ihren Mann verloren, der ebenfalls inhaftiert worden und an den Folgen der Folter gestorben war. Für ihre zwei Kinder mußte sie nach dem Verlust ihres Mannes alleine sorgen.

Im November 1985 wurde sie wie alle Gewerkschaftsführer durch die Militärdiktatur entlassen. Während einer sich daran anschließenden Protest- und Briefaktion, die sie geleitet hatte, wurde sie verhaftet. Sie wurde schwer gefoltert. Nachdem sie nach zwei Monaten aus der Haft entlassen worden war, setzte sie ihre politischen und sozialen Aktivitäten fort. Daraufhin wieder eingesperrt, wurde sie erneut mißhandelt und nach erneuter Entlassung aus der Haft unter offene Bewachung gestellt und ständig bedroht, so daß sie sich gezwungen sah, mit ihren beiden Töchtern nach Deutschland zu fliehen.

Frau T. hat seit fünf Jahren mit ihren zwei Töchtern in Deutschland Asyl. In diesen fünf Jahren ihres Exils war Frau T. ständig krank. Wenn sie nicht antriebslos und depressiv die Tage zu Hause im Bett verbrachte, so war ihr Tagesablauf angefüllt mit ständigen Arztbesuchen: vom Orthopäden zum Internisten, von Frauenarzt zu Neurologen und so fort. Sie habe nichts, hätten einige Ärzte gesagt und sie fortgeschickt. Andere hätten ihr eine Zeitlang Medikamente und Spritzen verabreicht, bis auch hier die Ergebnislosigkeit solcher Bemühungen zum Abbruch der Beziehung geführt habe. Es gab schwerwiegende Probleme mit den Kindern, die einerseits durch die Hilflosigkeit und Gebrechlichkeit der Mutter früh in die Rolle von Erwachsenen gedrängt wurden und sich andererseits vor Schulkameraden und Freunden der invaliden Mutter schämten.

So fand auch das erste orientierende Gespräch im Beisein der älteren Tochter statt, da sich die Mutter außerstande sah, allein ihre Arztbesuche durchzuführen. Die Tochter paßte auf die Mutter auf. Und entspechend schlecht war infolge dieser Umkehrung ihre Beziehung zueinander. Die Tochter machte aus ihrer Aggressivität der Mutter gegenüber keinen Hehl, behandelte und kritisierte sie, als wäre die Mutter ein hilfloses Kind. Die Mutter wiederum sprach nur sehr gebrochen deutsch und benutzte die Tochter als Vokabellexikon. Sie ließ sich von der Tochter zum Opfer machen und entmündigen.

Mit Frau T. hatte ich insgesamt nicht mehr als acht Einzelsitzungen. Schon in der zweiten Stunde brach aus ihr heraus, was sie wohl fünf Jahre und länger in sich getragen hatte. Sie weinte und schien vollkommen in Tränen aufgelöst. Die Dolmetscherin war ebenfalls so aus der Fassung gebracht, daß sie manche erschütternde Details nicht mehr übersetzen konnte. Aber es kam letztlich nicht darauf an, *was*, sondern *wie* Frau T. erzählte. Sie erlebte einen großen Teil der Demütigungen und Kränkungen wieder; sie waren im Raum und ergriffen mich wie die Dolmetscherin: die völlige Ausgeliefertheit und Ohnmacht; die physischen und psychischen Kränkungen; Verzweiflung, aber auch Wut. All das war gegenwärtig, als hätten sich die Dinge nicht vor fünf Jahren, sondern gerade erst jetzt ereignet.

In den folgenden drei Stunden wurde Frau T. zunehmend kraftvoller und selbstbewußter. Eine andere Seite als die des gedemütigten Opfers, des hilflosen, entmündigten Kindes ihrer eigenen Tochter kam nunmehr zum Vorschein: die der kämpfenden Politikerin und ehemaligen Gewerkschaftsführerin. Beim Erzählen wirkte sie jetzt munterer, energischer und dominanter. Sie stellte sich vor, wie sie im Falle einer Amnestie und möglichen Rückkehr in ihren Heimatort Bürgermeisterin werden würde, da sie auch heute noch dort sehr populär sei und auch sicherlich gewählt werden würde.

Zu Beginn der fünften Stunde wird sie beim Niedersetzen von der durch das Fenster scheinenden Sonne geblendet. Ohne Zögern setzt sie sich einfach auf einen anderen Platz. Sie sagt, die Sonne im Gesicht erinnere sie an die damals beabsichtigte Blendung durch elektrisches Licht während des Verhörs. Umgekehrt habe sie auch Angst bei völliger Dunkelheit und in kleinen engen Räumen. Die bisherigen Sitzungen hätten ihr gutgetan. Sie versucht aktiv und auch ohne Aufforderung durch mich, auszuprobieren und zu testen, inwieweit ihr subjektives Empfinden von Besserung auch Bestand hat, wenn sie sich absichtlich einigen Auslösereizen aussetzt, welche bislang in ihr unerträgliche Angst hervorgerufen hatten. Auch die Kinder, so fährt sie fort, stellen erfreut fest, wie es der Mutter besser gehe, wie sie sicherer wirke. Frau T. kommt jetzt auch alleine ins Zentrum.

Nach acht Behandlungsstunden entschloß sich Frau T., die Behandlung zu beenden. Zum ersten Mal nach fünf Jahren der Invalidität und ständiger Arztbesuche hatte sie eine Arbeitsstelle gefunden. Zum ersten Mal seit fünf Jahren fühlte sie sich stark und selbstbewußt. Endlich könne sie für die Töchter ausreichend Geld verdienen und auch mehr für die Kinder da sein. Sie war sich sehr wohl im klaren darüber, daß es für sie noch viele ungelöste Probleme gab. Andererseits aber spüre sie auch, so sagte sie mir, wie die Weiterführung unserer Sitzungen ihr neu wiedergefundenes Selbstgefühl wieder zu beeinträchtigen drohe, so daß sie zunächst einmal darauf ganz verzichten wolle, um ihr neues Lebensgefühl voll und ganz genießen zu können.

Während der acht Einzelsitzungen ist es der Patientin gelungen, wieder Anschluß an ihre einstigen starken und kräftigen Ich-Anteile zu finden, die unter der Ohnmacht des gekränkten Ichs ganz und gar verschüttet worden waren. Es sieht so aus, als habe sich eine Blockade gelöst und als habe der wiedergefundene Zugang zum eigenen starken Ich-Anteil Frau T. in die Lage versetzt, ihren Weg der Bewältigung ihres Traumas alleine fortzusetzen. Mein Teil bestand allein darin, zuzuhören und zu Anfang gleich festzustellen, daß das, worunter Frau T. litt, uns sehr wohl als psychische Folterfolge bekannt war. Damit unterschied ich mich von einigen vorbehandelnden Kollegen, die der Patientin aus Hilflosigkeit und Verärgerung über den sich trotz aller Bemühungen nicht verändernden Gesundheitszustand mitteilten, „sie hätte nichts". Ähnlich wie im zuvor beschriebenen Fallbeispiel bedeutet eine Nichtanerkennung der Folter und ihrer Folgen eine weitere und erneute Traumatisierung der Betroffenen, in deren Augen sich die Gesellschaft eher auf die Seite der Täter, welche ja ebenfalls das Vorgefallene leugnen, zu schlagen scheint.

Ohnmacht und Allmacht

Ich erinnere mich an einen älteren Mann aus der Türkei, welcher schon lange in Berlin lebte und auf einer Urlaubsreise in seine Heimat ohne Gerichtsverfügung verhaftet und schwer gefoltert worden war. Da man ihm bei der Freilassung gedroht hatte, ihn wieder zu ergreifen, wenn er irgend jemand anderem davon berichten würde, hatte er sich aus Angst vor weiterer Verfolgung durch die Täter auch in Deutschland niemandem, auch nicht den nächsten Familienangehörigen, anzuvertrauen gewagt. Diesen fielen seine Depressivität und Antriebslosigkeit auf, was zunächst stationäre, auch zeitweise – wegen Suizidalität – geschlossene psychiatrische Aufenthalte zur Folge hatte. Später hatte er sich wieder ein wenig erholt, vor allem auch durch eine Arbeit, wo er als überaus fleißiger und rastlos tätiger Mitarbeiter geschätzt wurde. Ein Arbeitsunfall machte dieser Kompensations- und Bewältigungsstrategie ein jähes Ende. In der Klinik, wo er nach diesem Unfall mehrmals aufgenommen und behandelt werden mußte, fiel die große Diskrepanz zwischen den relativ geringen röntgenologischen Befunden und der Schwere seiner klinischen Beschwerden auf, was die Kollegen wiederholt zu diagnostischen Maßnahmen veranlaßte, die aber kein befriedigendes Ergebnis zeitigten. Schließlich vertraute sich der Patient, beharrlich und wiederholt von dem dortigen Aufnahmearzt befragt, diesem doch an. Dem Kollegen waren bei den wiederholten körperlichen Untersuchungen schon lange die Körpernarben aufgefallen, über deren Herkunft der Patient bislang keine befriedigende Erklärung gegeben hatte.

Der positive Behandlungsverlauf wird wesentlich erschwert und beeinträchtigt dadurch, daß sich die Allmacht der Täter und die Ohnmacht ihrer Opfer in der innerseelischen Realität der letzteren fortsetzt. Er kann vollkommen zum Erliegen kommen, wenn, wie im Falle der Kurden aus der Türkei, die Verfolgung der eigenen Landsleute und der im Lande verbliebenen nahen Familienangehörigen weitergeht. So habe ich während meiner bislang zweijährigen Tätigkeit im Behandlungszentrum erleben müssen, wie nach und nach mehrere Großfamilien, Männer, Frauen und kleine Kinder aus ein und demselben Dorf in Südostanatolien, nach Berlin flüchteten. Zuletzt sind zwei vier- bzw. zweijährige Kinder der dritten Generation ohne Eltern angekommen. Und so wurde ich Zeuge der allmählichen Entvölkerung und Zerstörung eines ganzen Dorfes sowie seiner über Jahrhunderte gewachsenen Lebensgemeinschaft.

Zu den individuellen Folgen von Verfolgung, Folter, Entwurzelung sowie der sehr oft unsicheren Aufenthaltssituation in Deutschland gehört auch, daß die Werte der patriarchalischen Tradition der Gemeinschaft zusammenbrechen. In einem Alter, in dem sie von Politik noch nichts oder nur wenig verstehen, nehmen Kinder wahr, wie ihre als allmächtig erlebten Väter Haus und Herd nicht mehr bewahren können und darüber hinaus unter dem Verlust ihrer körperlichen und seelischen Integrität sowie ihrer Heimat zu körperlichen und psychischen Invaliden geworden sind. Die Folgen sind Streitigkeiten innerhalb der jüngeren Generation und der Familienverbände, die nicht mehr mit einem gebietenden Wort der Alten geschlichtet werden können. Der Verlust an Autorität des Familienoberhauptes gesellt sich dann noch zu dem Gefühl individueller wie politischer Ohnmacht und verstärkt die Hilflosigkeit und Desorientierung aller Beteiligten. In dieser Situation taucht sehr oft in den therapeutischen Sitzungen die Frage nach Gott und dem Sinn dieses Leides auf, das wie eine Prüfung Gottes erscheint. Warum? Was haben wir denn getan? Welchen Zweck verfolgt Gott damit? Da sind auch wir Therapeuten natürlich am Ende unserer Weisheit. Das einzig Mögliche scheint in solchen Momenten, den Patienten nahezulegen, was ich mir in ähnlicher Lage auch für mich selbst nur wünschen könnte: Aufrecht im Ausharren zu sein und möglichst würdevoll die Dinge, die vorerst nicht veränderbar sind, hinzunehmen. Vielleicht gelingt es so, Stärke und Autorität der Älteren gegenüber den Jüngeren wiederherzustellen.

Ein kleiner Ausflug in die Theorie

Was geschieht in der Psychotherapie mit foltergeschädigten Menschen? Wie wirkt sie, und worin besteht ihr tieferer Sinn? Um diese Fragen zu beantworten, ist zunächst einmal der Vorgang der allgemeinen psychischen Entwicklung näher zu betrachten: Von Geburt an erfahren wir die Welt zuallererst in Beziehung und Kontakt zu den Menschen unserer nächsten Umgebung. Im allgemeinen sind das Mutter, Vater, vielleicht Geschwister, Großeltern, andere Verwandte, Freunde und Nahestehende. Die Summe aller Ereignisse und Situationen im Beziehungskontakt sowie das Wie dieses Kontaktes prägen die innere Erlebnisbreite, das Selbstverständnis und die Persönlichkeit im sich entwickelnden Ich-Bewußtsein des heranwachsenden Kindes und späteren Erwachsenen. Im glücklichen Falle haben wir als Kind die Liebe, Wertschätzung und Zuneigung, das Mitgefühl und emotionale Beteiligtsein, die Verläßlichkeit und das Interesse der Eltern oder anderer Bezugspersonen erlebt. In der Art, wie wir die Eltern erfahren haben, erleben wir heute die Welt und uns selbst. Wer als Kind die Liebe und die Wertschätzung von seiten seiner Bezugspersonen erleben durfte, ist dann auch später in der Lage, sich selbst wie auch andere zu lieben, zu achten und wertzuschätzen und eine Beziehung zur Welt zu entwickeln, worin er seine Anlagen und Fähigkeiten ungestört zur Entfaltung bringen kann. Die Bilder der Eltern und anderer Nahestehender als erste Lehrer und Wegbegleiter in unserem Leben ruhen in uns. Wir haben sie verinnerlicht, und sie können uns auch noch später, wenn wir erwachsen sind, bei wichtigen Lebensentscheidungen oder gar in Lebenskrisen bewußt oder unbewußt als innere Ratgeber dienen. Andererseits gibt es natürlich auch frühe konfliktreiche und frustrierende Erfahrungen mit den Eltern, die Risse und Schatten auf der glatten und glänzenden Oberfläche der guten Elternbilder hinterlassen und mit Gefühlen von Wut, Trauer und Verlassenheitsängsten verbunden sind. Die Legierung oder Verschmelzung der hochidealisierten „guten“ mit der „bösen“, frustrierend und ablehnend erfahrenen Seite der inneren Elternbilder zu einem einzigen, realistischeren Bild ist die besondere Aufgabe einer speziellen Entwicklungsphase im Alter von etwa 3–5 Jahren (Kernberg, 1989; Blanck/Blanck, 1989).

Solche inneren Bilder, in denen sich die frühen und ersten Erfahrungen mit Eltern und Nahestehenden widerspiegeln, bezeichnet man in der Fachsprache als Objektrepräsentanzen (verkürzt: innere Objekte). Diese repräsentieren nicht nur die Personen, sondern auch das räumliche und landschaftliche Umfeld. Die Wohnung, das Haus, in welchem wir aufwuchsen, das Dorf, die Stadt, Landschaft, Klima und Natur, all das findet im Inneren der Seele Repräsentanz, Spiegelbild und Widerhall. Entsprechend dem emotionalen Klima besitzen auch sie die Färbung des Angenehmen oder Unangenehmen, des „Guten" oder „Bösen". Erlebnissituationen, Begegnungen, Personen und unsere damit verknüpften Empfindungen, Gefühle und Wünsche, an die wir uns gerne erinnern, bilden den größeren Teil unseres bewußten Ichs. Andere sind verbunden mit von der Zensur des Über-Ichs verbotenen Regungen und Tendenzen in uns und bleiben dem Ich unbewußt, weil sie im Bewußtsein zu große Scham-, Schuld- und Angstgefühle wachrufen könnten. Die Summe aller inneren Objekte, bestehend aus allen guten und schlechten Lebenserfahrungen, ob bewußt oder unbewußt, ist sozusagen die Software der Seele. Sie bestimmt unsere Gefühle, Gedanken, Wertvorstellungen und Motive, kurzum: unser Selbstverständnis. Sie unterscheidet uns von Caspar Hauser, dem menschlichen Modell für ein reines Hardware-System ohne Programm.

Entscheidend für psychische Gesundheit und Stabilität sind die Erfahrungen mit den Bezugspersonen aus der Kindheit, aus denen sich die inneren Bilder, die sogenannten inneren Objekte oder Objektrepräsentanzen gebildet haben. Stehen sie untereinander oder mit den eigenen Bedürfnissen und Triebwünschen in zu großem Widerspruch, so kann das zu psychischen Symptomen führen.

Und etwas verkürzt kann man sagen, daß Psychotherapie nichts anderes bedeutet als die Erweiterung des eigenen Ich-Bewußtseins mittels einer Korrektur oder Erweiterung dieser inneren Elternbilder durch ein zusätzliches inneres Bild, durch ein neues, heilendes inneres Objekt, nämlich das des Psychotherapeuten oder der Psychotherapeutin.

Der Weg, der dahin führt, wird in der Psychoanalyse als Regression oder besser regressive Übertragung bezeichnet. Das heißt, je nach Behandlungsart stellt sich zwischen Patient und

Behandler langsamer oder schneller ein Beziehungsphänomen ein, in welchem der Patient unbewußt in frühkindliche Entwicklungsphasen zurückversetzt wird und gegenüber dem Behandler Gefühle und Haltungen entwickelt, die er als Kind den Eltern oder anderen wichtigen Bezugspersonen gegenüber hatte.

Im normalen psychotherapeutischen Alltag begegnen uns Menschen, welche aus den unterschiedlichsten Beschwerden heraus, z.B. aufgrund von Angststörungen, depressiven Symptomen, Phobien, Zwangserkrankungen, psychotherapeutische Hilfe suchen. Betrachten wir aber Menschen, die eine lebensbedrohliche Situation durchleben mußten, sei es Unfall, Katastrophe, Geiselnahme, Raubüberfall oder Haft und Folter, so fällt zunächst einmal auf, daß neben möglichen einzelnen, individuell verschiedenen psychosomatischen Beschwerden alle Betroffenen über dieselben – mehr oder minder belastenden – psychischen Symptome der posttraumatischen Belastungsstörung (PTSD)* klagen. Hierzu gehören die szenische Wiederkehr der traumatischen Ereignisse in Alp- und Tagträumen sowie in Gedanken und Vorstellungen verbunden mit Angstzuständen und körperlichen, vegetativen Begleiterscheinungen wie z.B. Herzrasen, starkes Schwitzen und Zittern. Das innere Erregungsniveau kann zu einer ständigen Daueranspannung mit kaum kontrollierbarer innerer Aggressivität angehoben, umgekehrt aber auch bis zur vollkommenen Abstumpfung und Antriebslosigkeit herabgesetzt sein. Meist findet sich auch ein der klassischen Phobie ähnliches Beschwerdebild (Pseudophobie) sowie eine durch Aufmerksamkeits-, Merkfähigkeits- und Gedächtnisstörungen herabgesetzte kognitive Leistungsfähigkeit. Nimmt man diese Beschwerden als Ausdruck einer Körper-Seelensprache wörtlich, so könnte man übersetzen: Die Bedrohung von damals ist nicht vergangen, sondern noch gegenwärtig.

Falls äußerlich der Anlaß der Bedrohung verschwunden ist, kann das ja nur bedeuten, daß sich in den Betroffenen das Traumaerlebnis eingepflanzt hat, daß es in ihnen gegenwärtig ist als ein inneres Bild, welches zu den bereits aus der frühen

Lebensentwicklung bestehenden inneren Objekten hinzugekommen ist. Es beinhaltet: Situationen, beteiligte Personen und vor allem das Erleben der erlittenen Ohnmacht, des Ausgeliefertseins, tiefer Kränkungen und Entwürdigungen, und ist mit einer derartigen seelischen Energie besetzt, daß demgegenüber alle früheren inneren Objekte verblassen, bedeutungsleer und entwertet werden.

Und in der Tat beklagen die Betroffenen, daß sie von den Geschehnissen nachts in Träumen, tags in Gedanken und Tagträumen beherrscht werden, wogegen je nach Schwere des Traumas die Persönlichkeit und Lebensgeschichte aus der Zeit davor in den Hintergrund treten können. Zusätzlich werden die Erinnerungen und Bilder aus dem Trauma als ichfremd erlebt. Es ist, als ob ein Fremdkörper in der Seele ruht. Der durch Unglück, Katastrophe oder Folter/Hafttrauma hervorgerufene Bruch im bisherigen Daseinskontinuum des Menschen erzeugt ein neues inneres Bild/ Objekt, welches mit der bisherigen Vorstellung vom Ich nicht in Übereinstimmung gebracht werden kann, weil es zu große Scham-, Schuld- und Angstgefühle hervoruft. Das Ich kann offenbar damit nur leben, wenn es dieses Objekt als nicht zum Ich gehörig, als Fremdkörper betrachten und von sich abspalten und einkapseln kann (Dreyfuss, 1941; Jakobson, 1959).

In Anlehnung an die oben angeführten Gedanken über die Enstehung von inneren Objekten in der Kindheitsentwicklung und ihrer Veränderung oder Korrektur durch die Psychotherapie müssen wir uns fragen, was Psychotherapie und die psychische Reaktion auf eine traumatische Erfahrung gemeinsam haben, wenn beide, die erste im heilenden, die letztere im schädigenden Sinne in der Lage sind, Veränderungen dieser inneren Objektwelt im Seelenleben eines Menschen herbeizuführen.

Die Antwort ist: die Regression. Offenbar tritt sie im Falle einer Naturkatastrophe oder eines von Menschen nicht verursachten Unglückes ebenso auf wie bei gewalttätigen Übergriffen durch Mitmenschen als Folge des Erlebens völliger Ohnmacht, der Hilflosigkeit und des Ausgeliefertseins, wenn alle

Möglichkeiten versagt haben, die Situation als Erwachsener zu meistern. Wer sich gänzlich ohnmächtig und hilflos ausgeliefert erfährt, tendiert dazu, sich in die Kindheit zurückzuversetzen, dorthin also, wo er in solchen Situationen der Hilflosigkeit Unterstützung und Zuwendung der Eltern oder anderer Nahestehender erfahren hat. Das ist eine Art Selbstschutz, der verhindert, daß die in solchen Momenten auftauchende Daseinsangst sich ins Unerträgliche steigert (Ehlert/Lorke, 1988).

Es ist eine häufig gemachte Beobachtung, daß Opfer natürlicher Katastrophen nicht so stark an deren psychischen Folgen leiden wie Opfer von Gewalt durch Mitmenschen. Dies läßt sich zum einen daher erklären, daß die Regression sich in der Beziehung von Mensch zu Mensch am ungestörtesten ausbilden kann. Zum anderen spielen dabei auch das extreme Macht-Ohnmachtgefälle zwischen Täter und Opfer und das grenzenlose leiblich-seelische Ausgeliefertsein des Opfers eine Rolle. Man kann sagen: Ebenso wie bei einem Patienten auf der Couch des Psychoanalytikers entsteht in der Täter-Opfer-Beziehung eine Regression. Während die Psychotherapie jedoch auf seelische Heilung hinarbeitet, zielt die Folter auf Vernichtung des Opfers ab. Aufgrund von Übermacht und Isolation vollzieht sich die Regression in letzterem Zusammenhang wesentlich schneller.

Bei den meisten unserer Patienten sind die seelischen Verletzungen schwerwiegender als die körperlichen. Sie heilen nicht oder sehr selten spontan, wirken statt dessen wie ein Seelenfremdkörper, der meist abgespalten vom Bewußtsein in der Seele ruht, der aber andererseits unter alltäglichen Umständen in Nacht- und Tagträumen ins Bewußtsein gelangen kann, wo er unwillkommen ist und unerträgliche Angst und Schamgefühle erzeugt. Einen großen Teil seiner psychischen Energie, mithin der Lebensfreude und Gestaltungskraft, muß ein dergestalt traumatisierter Mensch aufwenden, um diesen inneren Fremdkörper aus seinem bewußten Selbstbild fernzuhalten.

Was läßt sich anhand dieses kleinen Modellausschnittes über die Zielrichtung der Psychotherapie extrem traumatisierter Menschen sagen? Wir können bei unseren Patienten erleben, daß sich in der Schwäche der alten, guten und stabilen inneren Objekte der frühkindlichen Erfahrung gegenüber den neuen, inneren Bildern traumatischer Herkunft das erlebte Macht/Ohnmachtgefälle zwischen Täter und Opfer wiederfindet. Daher besteht unabhängig von den bestehenden einzelnen Psychotherapierichtungen der therapeutische Ansatz zunächst einmal darin, die guten, das heißt emotional stützenden inneren Objektanteile zu stärken. Das beginnt zuallererst mit dem Versuch, Mißtrauen zu beseitigen und dem Patienten eine vertraute Beziehung anzubieten, wie er sie schon in früherer Zeit erlebt hat; dann im zweiten Schritt durch Erzählen, bildhaftes Vorstellen in körperlicher Entspannung, Malen, Körperbewegung, Rollenspiel an diese positiven Ressourcen der guten inneren Objektanteile anzuknüpfen. Das erste Ziel ist die Stärkung des Selbst, des Selbstbewußtseins im Patienten. Von dort aus führt dann der Weg genau in dieselbe Richtung, welche die Seele des Patienten in den täglich und nächtlich wiederholten, aber unzureichenden Versuchen der Selbstheilung beständig einzuschlagen sucht, nämlich zum Wiedererleben der traumatischen Erlebnisse, diesmal aber unter Mitgehen, Anleitung und Schutz des therapeutischen Begleiters. Dadurch wird dem Patienten Gelegenheit gegeben, alle bis dahin aus Überlebensgründen in der damaligen Situation zurückgehaltenen Gefühle und Empfindungen der Angst, Ohnmacht, Verzweiflung und Wut nach- und auszuleben oder, wie die Gestalttherapie es ausdrücken würde, die offene, große und erdrückende Gestalt des Traumas abzuschließen, damit die, die Folter physisch überlebt haben, auch im psychischen Sinne Überlebende werden und nicht Opfer bleiben.

Das klingt recht einfach. In der Praxis jedoch bedeutet das für beide, Patient und Therapeut, viel Geduld und Ausdauer, ein ständiges Vor- und Heran-, aber auch wieder Zurückgehen, manchmal auch Unterbrechung und Wiederaufnahme der therapeutischen Sitzungen, wenn der Patient, aber auch der Therapeut(!) es sich wieder zutraut, ein Stück weiterzugehen.

Hierzu ein Beispiel. Ein 32jähriger, verheirateter Mann aus Doboj in Bosnien, Vater zweier Kinder, lebt seit 1992 als Flüchtling in Berlin. Er stottert und steht unter großem seelischen Druck und großer Anspannung. Vor seinem inneren Auge belagern ihn Freunde, Verwandte und Nachbarn, die beim Überfall der Serben auf seine Heimatstadt umgekommen sind. Er hat überlebt, aber mit eigenen Augen miterleben müssen, wie sein Vater, andere Familienangehörige, Freunde und Nachbarn erschlagen wurden. All diese Menschen bevölkern nun mit bleichen Gesichtern und bedrohlich hämischen Mienen seine Innenwelt. Seine Ehefrau und die Kinder erleben ihn oft als abwesend. Wenn er in Zuständen solcher Abwesenheit angesprochen wird, schlägt er um sich, seine Umgebung und sich ganz vergessend. Seine Kinder erleben ihn teilweise als nicht vorhanden, teilweise als unberechenbar und gewalttätig. Wie die Serben. „Papa, bitte schlag mich nicht wie die Serben", bettelt der Ältere unter den Schlägen des Vaters.

Eine monatelange pharmakologische Behandlung mit Psychopharmaka jeglicher Art und in allen erdenklichen Varianten bringt keine Veränderung. So kommt Herr I. zu uns. Nach dem ersten Gespräch ist er sehr erleichert, weil er davor befürchtet hatte, ich sei ein Psychiater, der ihn mit Elektro- und Kaltwasserschocks behandeln würde.

Danach legte Herr I. mir gegenüber eine unangemessen hohe Wert- und Überschätzung an den Tag. Als er sich aber kurz darauf in seiner Hoffnung auf schnelle Genesung durch meine für ihn „magischen" Fähigkeiten betrogen sah, begann er auf mich einen sehr starken Druck auszuüben. Er meinte ungeduldig, ich wisse doch nun, wie es um ihn stehe, was solle er noch erzählen, dieses ewige Sprechen, es nütze gar nichts, und wenn ich ihm nichts verschreiben oder sonst etwas Medizinisches unternehmen würde, wolle er wieder gehen. In seiner Phantasie hielt er mich für allmächtig. Meine Einwände, in denen ich ihm zu erklären suchte, worin realistischerweise meine Hilfe für ihn bestehen könne, schlug er in den Wind.

Überhaupt war der zeitliche Rahmen der Therapie Gegenstand wiederholter und energischer Auseinandersetzungen. Ich versuchte ihm zu erklären, daß wir beide zur Bewältigung dessen, was sich mit ihm ereignet habe, aller Erfahrung nach viel Zeit benötigen würden. Denn seelische Veränderungen nähmen Zeit in Anspruch wie das Wachsen einer Planze. Als psychotherapeutisch tätiger Arzt sei es meine Aufgabe, für genug Erde, Wasser und Wärme zu sorgen, damit die Pflanze wachsen könne. Bilder, Allegorien, Metaphern hatte Herr I. immer sehr gut verstanden. Es waren Bilder, worunter er litt, aber in Bildern hatte er sich auch immer sehr gut verständlich machen und verstehen können. Jetzt aber schüttelte Herr I. den Kopf, wollte und verstand mich als Chirurgen, der ihm innerhalb kurzer Zeit seine Bilder wie einen Fremdkörper oder ein Geschwür aus seinem Kopf herausoperiert. In seinen Augen schien ich jetzt als ein großer Zauberer, welcher ihm jedoch aus unerklärlichen Gründen seine Künste vorenthalten wollte.

Eigentlich war hierdurch in den ersten Stunden schon der Therapie- und Beziehungsabbruch vorprogrammiert. Doch plötzlich trat etwas Anderes, ganz Unvorhergesehenes ein. Aufgeregt und verängstigt kommt er in die folgende Stunde. Unmöglich könne er mit seiner Familie zurück nach Bosnien, auch wenn der Krieg dort einmal zu Ende gehen sollte. Denn die bosnische Regierung würde alle Bosnier, die sich im Exil aufhielten, später als Deserteure zur Rechenschaft ziehen. Er und seine Familie würden dann von den eigenen Landsleuten umgebracht werden. Nun habe ihm ein Sozialarbeiter in seinem Berliner Wohnheim mitgeteilt, daß die Aufenthaltsgenehmigung für ihn und seine Familie demnächst auslaufe und er bald zurück nach Bosnien müsse. Es war eine sehr turbulente Stunde, in welcher ich gemeinsam mit ihm seine Gedanken und Befürchtungen auf ihre Realität hin abklopfte. Ich meinte, es sei natürlich nicht von der Hand zu weisen, daß bei allem, was sich gegenwärtig dort ereigne, die Flüchtlinge bei einer späteren Rückkehr unter ihren im Krieg gebliebenen Landsleuten zu leiden hätten. Doch auf dieser beängstigenden Idee hatten sich in seinem Kopf weitere Mutmaßungen gepfropft, die darin gipfelten, seine Helfer im Heim betrieben die Rückkehr seiner Familie nach Bosnien. Dem versuchte ich mit rationalen Argumenten zu begegnen. Ich hatte jedoch damit wenig Erfolg und sah, wie sehr er an seiner Überzeugung festhielt. Was ich aber auch sah und mit einer gewissen Erleichterung vermerkte: Indem er nun die anderen in seiner Wahrnehmung für extrem „böse" und als Verfolger ansah, war ich jetzt aus seiner früheren Übertragung als ein Zauberer, der ihm aus „böser" Absicht seine Kunst vorenthielt, herausgenommen. Statt dessen war ich für ihn wieder der „gute" Retter, welcher ihn vor den „bösen" Absichten der anderen in Schutz nehmen konnte. Es war deutlich, wie Angst- und Bedrohungsphantasien für ihn so lebhaft werden und an die Stelle der Realität gelangen konnten. Zu ertragen ist das nur, wenn dieser extrem „bösen" Welt eine extrem „gute" gegenübertreten kann. In letztere war ich in seinen Augen wieder gelangt. Ich war also wieder Zielfläche seiner guten Übertragung. Somit war die Chance, die Therapie weiterzuführen, wieder gegeben.

Diese entwickelte sich in der Folge zunächst ganz gut weiter. Mit Hilfe von Entspannungs- und Atemübungen im Liegen, durch welche Körperempfindungen, Bilder, Gedanken, Erinnerungen und Gefühle in ihm wachgerufen und lebendig wurden, welche nichts mit dem krassen und bedrückenden Spannungsbogen von extrem gut/böse, Täter/Opfer oder Macht/Ohnmacht zu tun hatten, sondern in wohltuend kontrastreicheren Schattierungen dazwischen lagen, gelang es Herrn I. allmählich, in mir nicht den guten oder bösen „Übermenschen" zu sehen, sondern mich in seinen Gedanken und Bildphantasien als Freund und Wegbegleiter anzunehmen. In einer solchen Phantasiereise führte er mich einmal an seinen Heimatort, wo sonntagnachmittags zu Friedenszeiten der ganze Kreis seiner Verwandten- und Freunde, Kinder wie Erwachsene, in Eintracht zusammensaß und sich am Baden, Grillen und Spielen erfreute. Ich ließ mir viele Einzelheiten dieser schönen Szene schildern. Eine äußerst wertvolle und kostbare Erinnerung an die damalige Unversehrtheit des traditionellen Gemeinschaftslebens und Brauchtums mit seinen Freuden, aber auch mit seinen moralisch restriktiven Geboten, deren Wert und Sinnhaftigkeit sich nach der entsetzlichen Heimsuchung des Bürgerkrieges in der jetzt so gänzlich zerfallenen und destruktiven Gegenwart schmerzvoll offenbart.

Doch später traten wieder die beängstigenden Bilder der Toten auf, die ihn beherrschten und den Raum vieler Stunden einnahmen. Dann fühlte sich Herr I. wie von den Rachegöttern der alten Griechen gejagt und gehetzt. In solchen Momenten, wenn ich dann die kleinen aufbauenden Erfolge wieder gänzlich zunichte werden und mich wieder dem alten Räderwerk seiner stereotypen Redewendungen und seinem Druck, ein Medikament zu verschreiben oder andere medizinische Maßnahmen einzuleiten, ausgesetzt sah, stand auch ich unter Gefühlen der Ohnmacht und Hilflosigkeit und glaubte, völlig zu versagen.

„Ich verstehe Sie sehr gut, Herr I.", entgegnete ich einmal, als er mich wieder unter Druck setzte, „aufgrund dieses Drukkes, den ich im Augenblick empfinde, und meinen Gefühlen, manchmal auch ebenso wie Sie hilflos und ohnmächtig zu sein, kann ich mich sehr gut in Ihre Situation hineinversetzen. Es kommt nicht nur darauf an, *was* gesprochen, sondern *wie* gesprochen wird. Und hieraus erlebe ich ähnliche Gefühle der Bedrohung, des inneren Drucks der Ohnmacht wie Sie. Nur sehen Sie, ich bleibe hier fest auf meinem Stuhl sitzen, weil ich aus der Erfahrung mit Ihnen weiß, daß es auch sehr schöne und aufbauende Abschnitte in unserem gemeinsamen Kontakt gegeben hat und auch wieder geben wird."

Solche Interventionen, die auch – ungeachtet dessen, was sich noch alles ereignen sollte – speziell auf die Zusicherung meiner Verläßlichkeit sowie der kontinuierlichen Fortsetzung der therapeutischen Sitzungen abzielten, halfen manchmal weiter. Aber es gab auch Streitgespräche zwischen uns, in denen er hartnäckig von mir Garantien über seine Heilung und Therapiedauer einforderte. Und trotz unserer augenblicklichen

Gegensätzlichkeit – ich dachte ja nicht im Traum daran, ihm etwas zuzusichern, was ich nicht wissen konnte – entspann sich in solchen Augenblicken zwischen uns eine positiv lustvoll kämpferische Atmosphäre, als seien wir beide feilschende Händler auf einem orientalischen Basar. Und er lachte laut auf, wenn ich ihm das sagte, und die Konfrontation war wie weggeblasen. Auch barg mein Wink auf seinen Beruf als Tuchhändler auf dem Balkan für ihn den Hinweis: Nicht alles, was an mir einmal war, haben die Serben zerstört.

Und immer wieder begaben wir uns auch hinab zu den Bildern der Toten, die die innere Vorstellungswelt des Patienten belagerten. Von manchen dieser Toten ließ ich mir eingehend und wiederholt die Geschichte beschreiben, wie sie starben, was gewesen war, bevor sie starben. Was mir damals schon auffiel: Die Gestalt des Vaters, der auch in dieser Welt der Toten weilte, blieb selten erwähnt und blaß trotz meiner Fragen und zaghaften Versuche, die Achtsamkeit des Patienten zu ihm hinzulenken.

In diesem Abschnitt der Therapie bewegten sich meine Fragen häufig in dieselbe Richtung: Die Toten, wie sehen sie aus? Ob sie Herrn I. vielleicht etwas sagen wollen, oder ob er einem von ihnen eine Frage stellen oder etwas mitteilen möchte? Oder auch: Die Toten, warum gehen sie durch die Straßen? Ruhen sie nicht sonst in Gräbern? Was könnte es sein, das sie umtreibt? Wie eigentlich werden die Toten nach altem Brauch in der Heimat bestattet?

Mehrere Wochen werden bestimmt durch diese Thematik. Was wie eine Wiederholung erscheint, sind immer wiederkehrende Annäherungen an irgendetwas. Wir beide, Herr I. und ich, lernen, mit den Bildern umzugehen und dabei der Angst und dem Druck standzuhalten; einmal wöchentlich, zur gleichen Stunde, am gleichen Wochentag, in demselben Raum mit demselben Dolmetscher.

Dann wieder ein jäher Wechsel. Von anderen Bildern, die gewaltsam in seine Gedanken und Vorstellungswelt hineinbrechen, ist jetzt plötzlich die Rede. Bei jeder Frau, welche ihm zufällig auf der Straße begegne, tauche in ihm der Wunsch auf, mit ihr sexuell zu verkehren. Tag und Nacht schwebe ihm das Bildnis einer solchen zufälligen Passantin vor Augen, mit welcher er in seiner Vorstellung seine sexuellen Wünsche befriedige. Ebenso unerbittlich wie früher die Toten verfolgen ihn nun solche Phantasien wie ein Zwang und lassen ihn nicht mehr los. Ich nehme es einfach und selbstverständlich entgegen. Natürlich komme es mal vor, daß Männer solche Phantasien haben. Damit will ich ihn von dem Druck seiner Scham- und Schuldgefühle, die ihn dabei begleiten, entlasten, was mir aber nicht gelingt. Statt dessen lastet jetzt auf mir der frühere Aktionsdruck, indem mich Herr I. wie zu Anfang unserer Begegnung drängt und bittet, ihm diese Vorstellungen wegzumachen – von außen wie ein Chirurg, der einen Fremdkörper entfernt. Ich bin ratlos. Es ist, als stünden wir wieder genau am Anfang der Therapie. Ich mache aus meiner Ratlosigkeit keinen Hehl. Da beginnt er mich wieder zu kritisieren und abzuwerten. Wieviel Zeit ich denn noch bräuchte, ihn zu heilen? Ob ich denn gar nichts wisse? Nicht einmal die Tatsache, daß Serben junge Bosnier zwängen, mit ihren Müttern sexuell zu verkehren? Unter seiner heftigen Anklage gegen mich scheint er plötzlich irgendwo hängenzubleiben. Für einen kurzen Moment ist er abwesend. Da hake ich nach. Wo er denn im Augenblick gewesen wäre? Er kann es nicht sagen. Er stottert – wie früher gelegentlich auch schon, aber jetzt hindert es ihn gänzlich am Sprechen. Wann dieses Stottern zum ersten Mal aufgetreten sei, frage ich. Und erfahre: Im Keller seines Vaterhauses, als die Serben seinen Vater erschlugen. Wie überrascht ich war! Natürlich, das war es, das ist es, worum sich alles dreht. Und meine Überraschung war um so größer, als ich feststellte, daß all die Fakten dieses grausamen Ereignisses und der zeitliche Zusammenhang mit seinem Stottern schon zum Zeitpunkt der ersten Anamneseerhebung für mich offenbar gewesen waren, ich sie aber im Verlauf eines dreiviertel Jahres wieder „vergessen“ hatte. Dieses Kernerlebnis hatte ich ganz am Anfang in seiner Bedeutung für Herrn I. durchaus richtig eingeschätzt, wie sich jetzt herausstellt. Doch bis jetzt hatte ich es gemeinsam mit Herrn I. ausgeblendet und gemieden. Es war kein richtiges „Vergessen“ meinerseits gewesen, ich kannte die Fakten. Es war deren tiefe Bedeutung für Herrn I., die ich „vergessen“ hatte.

Eine Sitzung später schildert er noch einmal das unbeschreibliche Chaos auf den Straßen bei Beginn des Überfalls. Wie alle Bewohner in Panik um ihr Leben durcheinanderliefen; dahin, dorthin; Schüsse und Artilleriefeuer; und wie der Wind laut heulte; Detonationen und brennende Häuser. Wie Freunde, Bekannte die Straße hinunterrannten, sich oder andere in Sicherheit zu bringen; oder anderen zu helfen oder sich gar zu bewaffnen, um sich zur Wehr zu setzen. Sie alle fanden sich wieder, mitten auf dem Marktplatz aufgetürmt zu einem Berg von Leichen. Herr I. gerät in heftige Erregung. Es sind jetzt seine Gedanken, die zu rennen beginnen und die jetzt Sprünge machen, abreißen, jäh die Richtung wechseln wie zerrissener Wind, es fallen Namen, mit denen er Täter bezeichnet, Herr I. schreit den Dolmetscher an, er sei doch dieser B., der seinen Vater umgebracht habe, wendet sich dann zu mir in derselben Weise, scheint auch mich zu verkennen als diesen B.

„Stopp!“, sage ich und versuche ihn zurückzuholen. „Wir sind hier im Therapieraum, nicht auf der Straße in Doboj damals zur Zeit des Überfalls!“ Ich gebe ihm wieder, was ich beobachtet habe. Wie damals er und die Bewohner durcheinanderliefen in dem panischen Durcheinander, so fliehen und überschlagen sich jetzt, wenn er davon berichtet, ganz in entsprechender Weise seine Gedanken. Und ich mache gemeinsam mit ihm eine kleine erdende Atem- und Bewegungsübung im Stehen, um seine Gedanken wieder fest auf die Erde zu bringen. Was zum Glück gelingt.

In der folgenden Stunde sprach ich behutsam das Ereignis im Keller seines väterlichen Hauses an und wies darauf hin, daß wir uns gemeinsam ganz vorsichtig ihm nähern könnten, oder daß, wenn dies noch nicht für ihn möglich sei, zumindest hierdurch unsere gemeinsame Wegrichtung markiert sei, nämlich zurückzukehren zu der Situation, wo vor seinen Augen der Vater ermordet wurde. Da stieß Herr I. einen Schrei aus, der mir durch Mark und Bein ging, mich zutiefst erschreckte und erschütterte. Es war das erste Mal, daß ich ihn so tief emotional erlebte. Und am Ende dieser Sitzung war er in recht nachdenklicher und weicher Stimmung, fragte nach, ob nicht ein Angehöriger von ihm auch hierher ins Behandlungszentrum und vielleicht gar zu mir in Behandlung kommen könne. Erfreut und überrascht nahm ich seine Bitte als Hinweis seines wiedergefundenen Vertrauens entgegen.

Dennoch will sich Herr I. drei Stunden später verabschieden. Er überhäuft mich mit Vorwürfen derselben Art wie zu Anfang der Therapie. Er leide noch unter denselben Beschwerden wie vor einem Jahr bei seiner Ankunft. Meine Psychotherapie helfe nicht, sondern habe seinen Zustand nur noch verschlimmert. Und schuld daran sei ich, wenn er vermehrt seine beiden Kinder schlage. Nein, er brauche keine Psychotherapie, sondern reine medizinische Diagnostik und Hilfe. Mit Tabletten und Spritzen. Oder, wie er gehört habe, durch eine spezielle Röntgenuntersuchung, mit welcher man sein Gehirn auf einem Bildschirm abbilden und das darin befindliche Feuer, welches die Bilder in ihm erzeuge, lokalisieren könne, um es dann anschließend mit Hilfe einer Spritze wie mit einem Maschinengewehr wegzuschießen.

Meine Versuche in einer Rückschau zu klären, was gewesen sei und wo wir jetzt beide stünden, fruchten nichts. Herr I. ist sehr aufgeregt, gegen mich aufgebracht und ungehalten. Er findet erst wieder Ruhe, als ich mich mit seinem Weggang einverstanden erkläre. Erleichtert scheint er aber innerlich aufzuatmen, als ich ihm sage, für den Fall, er wolle die Therapie fortsetzen, wüßte er ja, wo ich zu finden sei.

Vielleicht hatte Herr I., wie wir es auch bei anderen Patienten erleben, einfach von sich aus die Unterbrechung nötig, weil ihm der Gang der Therapie zu dicht und zu nah war und er Zeit brauchte, um weiterzumachen. Oder er fürchtete, psychisch auseinanderzubrechen, ohne daß meine Person die Stärke besäße, ihn wieder aufzufangen und zusammenzusetzen. Vielleicht war ich unter seiner ständig lauernden und bedrängenden Erwartung, ich solle ihn endlich kurieren, zu unfrei und dazu verführt, etwas zu schnell vorzugehen. Vielleicht kommt er später wieder. Vielleicht ist aber, was ihm widerfahren, einfach zu schwer und zu übermächtig, als daß eine Durcharbeitung für ihn möglich ist. Kommt er wieder, bleibt er weg? Ich weiß es nicht. Es waren immerhin 60 Therapiestunden mit ihm.

Dieses Beispiel soll deutlich machen, mit welchen schweren psychischen Folgeerscheinungen ein psychisches Trauma verbunden sein kann, besonders in einem Bürgerkrieg derartigen Ausmaßes, wo sämtliche gesellschaftlichen Regeln der Moral, der Tradition, der Religion außer Kraft gesetzt werden und es nichts mehr von einem kollektiven Über-Ich, nichts an Ge- und Verboten, keine das gesellschaftliche Leben regelnde Richtschnur gibt. All das ist weg und läßt den Einzelmenschen völlig verstört und orientierungslos zurück. Auf diesem Boden ereignet sich nun ein schweres Trauma, welches auch die bisherigen Wertvorstellungen und Gebote des individuellen Über-Ichs des einzelnen in seiner Familie einreißt. Das Unmögliche, es ereignet sich. Der Vater wird ermordet. Was warnend hinter dem individuellen Bewußtseinshorizont in mythologische Sinnbilder verbannt und eingefaßt ist, hier wird es plötzlich real. Die existentielle, reale Angst vor der eigenen Vernichtung konfluiert mit der Angst vor den eigenen, weit ins Unbewußte hinausgedrängten, „vergessenen“ und tabuisierten Triebwünschen der Kindheit, bestehend in der Hinwendung zur Mutter und dem Wunsch, der Vater möge verschwinden. Die Folge ist das Gefühl der Schuld am Tode des Vaters, als ob das Opfer der Täter gewesen sei. Entsprechend auch die starke Angstabwehr in Form der Regression in frühe, präödipale Entwicklungsstufen. Entsprechend auch die Heftigkeit, mit der mir Herr I. zwischenzeitlich immer wieder vorwarf, ich trüge schuld daran, daß es ihm noch immer so schlecht ergehe, daß er seine Kinder schlage.

Marco Pascha. Was macht diese Arbeit mit uns? – Über die Gefährdung der Therapeuten und Helfer

In der Türkei kursieren Anekdoten über Marco Pascha, einen „Irrenarzt" und Leiter einer Krankenanstalt für „Irre". Die Persönlichkeit dieser prominenten, historischen Gestalt um die Jahrhundertwende in Istanbul sowie auch sein Berufsfeld hat die Gemüter seiner Zeitgenossen offenbar derart erregt, daß noch heute Geschichten von Marco Pascha in den Köpfen der Nachkommen lebendig sind und sich auch in der Literatur verewigt haben. So auch die letzte, vom unglücklichen Ende des Marco Pascha anläßlich eines Betriebssausfluges, einer kleinen Bootstour des Arztes mit seinen Patienten. Marco Pascha sei ins Wasser gefallen, wird erzählt. Und die Kranken stürzten sich hinterher, ihm zu helfen. Und ertranken alle. Wie der Arzt. Denn auch Marco Pascha hatte nicht schwimmen können.

In dieser etwas hämischen und spöttischen Geschichte ist eine tiefe Weisheit verborgen. Im Gegensatz zu den Patienten des Marco Pascha, welche ihrem Arzt blind vertrauen und ihm in den Tod nachspringen, ist gewöhnlich der Mensch, bevor er sich in psychotherapeutische Behandlung begibt, kritischer. Seine stumme, oft unbewußte Frage zu Beginn eines bevorstehenden therapeutischen Prozesses lautet: Wie tief reicht die Persönlichkeit, Lebenserfahrung und Kenntnis des anderen, wie weit ist er bereit mich zu begleiten, ohne daß er selbst unsicher wird und ins Schlingern gerät? Kann er schwimmen und wird er mich auch über tieferem Gewässer und bei stärkerem Wellengang, Strudel und gefahrvoller Strömung halten können und es auch wollen?

Patienten testen unbewußt ihren Therapeuten, wie weit sie sich auf ihn verlassen können, und ihre Bereitschaft, sich einzulassen, ist unbewußt damit verknüpft, in welchem Grade der Arzt und Therapeut bereit ist und bislang bereit war, in persönliche Abgründe des eigenen Unbewußten hinabzublicken. Dies ist eine Binsenweisheit und Grundregel der Psychotherapie ganz allgemein, besonders aber gilt sie für Menschen mit der Erfahrung eines extremen existentiellen Traumas. Das Unerträgliche und Unsagbare noch einmal durchzuerleben ist nicht nur für den Betroffenen schwer erträglich, nein auch für uns, die wir therapeutische Hilfe leisten wollen. Und nach zwei Jahren psychotherapeutischer und ärztlicher Tätigkeit im Behandlungszentrum für Folteropfer stelle ich fest, daß die Tiefe des Kontaktes mit den Patienten mit der Bereitschaft, eine Übertragung zu mir zu bilden, zugenommen hat, andererseits glaube ich aber, erst am Anfang mit den Patienten zu stehen, gemessen an der Unfaßbarkeit der Ereignisse, welche diese Menschen mitbringen.

Es gibt viele Möglichkeiten, wie sich der Therapeut unbewußt immer wieder aus dem Kontakt zu seinem Patienten hinausmanövrieren kann, wenn es ihm zuviel wird. Und sicherlich, ganz notwendigerweise ist dies oft der Fall. Konkret bedeutet der „richtige" Kontakt zum Patienten eine angemessene Distanz zu ihm. Zu große Nähe wie zu große Distanz kann bedeuten, daß ich als Therapeut den Patienten oder heikle Bereiche seiner Lebensgeschichte meiden will. Und die Gefühle, Gedanken und Phantasien, welche sich in mir im Kontakt mit dem Patienten einstellen, die sogenannte Gegenübertragung, können mir als wichtiges Meßinstrument dienen, welches mir – vorausgesetzt, ich schenke dem Beachtung – mitteilt, wo ich mich dem Patienten gegenüber im Augenblick befinde.

Einer meiner ersten Patienten im Behandlungszentrum für Folteropfer war ein Junge im Alter von 15 Jahren aus Bangladesh. Was er mir gleich in der allerersten Stunde mitteilte, war eine einzigartig grauenvolle Geschichte. Ohne jegliche äußere Zeichen einer emotionalen Beteiligung, wie ein Kind, welches den Eltern vom letzten Schulausflug erzählt, berichtete er detailgetreu und minutiös die Umstände und den Ablauf der Ermordung seines Vaters, eines damals einflußreichen Politikers und Parteiführers, durch ein Kommando von 30 Männern einer gegnerischen Partei. Und davon, wie Wochen später bei einem neuerlichen Überfall vor seinen Augen die Mutter von den Mördern seines Vaters vergewaltigt und er anschließend als

Geisel genommen wurde, womit man die Mutter zur Rücknahme ihrer Anzeige bei der Polizei bewegen wollte. Während dieser Geiselhaft brach er sich, als man ihn zu Boden stieß, den linken Unterarm. Aufgrund der fehlenden ärztlichen Versorgung entwickelten sich erhebliche Komplikationen mit schwerer lokaler Entzündung und später einer generalisierten bakteriellen Infektion, welche nach seiner Freilassung aus der Geiselhaft zu einer mehrmonatigen stationären Behandlung in einem örtlichen Krankenhaus führten. Linke Hand und linker Unterarm, welche um ein Haar hätten amputiert werden müssen, blieben mit schweren Kontrakturen und Fehlstellungen.

Den Rest des durch Enteignung und Krankenhausbehandlung aufgezehrten Eigentums verwandte dann die Mutter darauf, ihren Sohn vor weiteren Übergriffen zu bewahren und nach Deutschland zu schicken.

Zum Zeitpunkt, als er zu mir kam, lebte er in einer ziemlich heruntergekommenen Unterkunft für Jugendliche in einem Stadtteil Berlins, in welchem Ausländer häufig Überfällen deutscher Jugendlicher ausgesetzt waren. Mein erster Impuls war, ihm Halt und Unterstützung durch eine bessere soziale Umgebung zu geben. Daher organisierte ich einen Platz in einer kirchlichen Einrichtung, mit eigenem Zimmer und Familienanschluß. Deutschunterricht, weiterführende Schule, die Möglichkeit später vielleicht Abitur zu machen und auf die Universität zu gehen, all das war vorbereitet. Ebenso eine operative Korrektur der Hand- und Armfehlstellung.

Nun, was tat er? Er lehnte ab. Wohl wissend um den Wert meiner Bemühungen und die Komfortabilität der ihm vermittelten Einrichtung wollte er dennoch dort nicht bleiben, sondern wieder in ein Flüchtlingsheim zurück, wo er sein Sozialgeld monatlich ausgezahlt bekam und auch noch nächtlich durch Blumenverkauf u.a. Geld hinzuverdienen konnte, was ihm in der kirchlichem Einrichtung untersagt war. Er wollte schnelles Geld verdienen und sparen zum Unterhalt und zur Unterstützung seiner Mutter. Hinzu kamen Schulden von 800.- Mark, welche er bei Landsleuten gemacht haben wollte, um seine ausstehende Telefonrechnung für Ferngespräche mit seiner Mutter in Dhakar bezahlen zu können. Um doch noch seine Zustimmung zu erreichen und ihn von der Straße und dem Nachtleben wegzubringen, war ich beinahe versucht, ihm aus einem Fonds unserer Behandlungseinrichtung den Betrag bereitzustellen.

Nun es ist ganz offensichtlich, wie verstrickt und befangen ich war gegenüber diesem Patienten. Was ich für richtig hielt, war nicht das, was er wollte. Er dachte an einen Aufenthalt von etwa zwei Jahren in Deutschland, während dessen er schnell Geld verdienen wollte, um bald darauf mit einem für die Verhältnisse seines Landes kleinen Vermögen wieder zur Mutter nach Hause zurückzukehren. Trotz aller möglichen Gefährdungen hatte er schlicht und einfach Heimweh. Und ich? Ich übersah das und war statt dessen identifiziert mit seiner Mutter, die ihm bei seiner Abreise in Dhakar den Auftrag mitgegeben hatte: Geh nach Europa, gehe zur Schule, studiere an der Universität, und wenn du mit einem akademischen Beruf ein reicher und einflußreicher Mann wie dein Vater geworden bist, dann kehre zurück und nimm Rache für dessen Tod.

Und ebenso wie er, um weiterleben zu können, seine Gefühle, die mit seiner traumatischen Erfahrung zusammenhingen, aus seinem Bewußtsein verbannen mußte, statt dessen Tag und Nacht rastlos in der Stadt unterwegs war, so war auch ich damit beschäftigt, durch rastloses Organisieren eines sozialen Netzes und Zukunftsplanung für ihn die in mir auftauchenden Gefühle von Hilflosigkeit und Ohnmacht sowie Entsetzen, Trauer und Wut zu meiden und fernzuhalten. Ich will damit nicht sagen, daß soziale Unterstützung grundsätzlich ein Fehler ist, nein, sie ist wichtig und notwendig, solange sie nicht eine Grenze überschreitet und, anstatt Grundbedürfnisse zu erfüllen, bevormundet und weiter dazu dient, ganze Gefühlsbereiche in der Therapie außer acht zu lassen.

Bemerkenswerterweise findet sich an diesem Beispiel eine Verknüpfung von zu großer mit zu kleiner Distanz. Meine Distanz dem Patienten gegenüber war insofern zu groß, als ich mehr mit seiner Mutter als mit ihm und seiner Lage identfiziert gewesen war, aber auch wiederum zu klein, wenn ich durch unablässiges, rastloses, soziales Tätigsein dasselbe tat wie er und meine eigenen Gefühle dabei überspielte und mied.

Weitere Indikatoren, welche auf eine zu große Distanz im therapeutischen Kontakt zwischen Behandler und Patient schließen lassen, können sein: beim Therapeuten auftauchende Langeweile und Lustlosigkeit, Verspätungen, Vergessen oder Nichteinhalten von Terminen auf Seiten des Therapeuten. Oder ich bin während der Behandlungsstunde unachtsam, meine Phantasie schweift woandershin, ich schaue aus dem Fenster. Oder ich empfinde Ärger, vielleicht gar Geringschätzung gegenüber dem Patienten. Oder Mißtrauen und sogar Feindseligkeit gegen ihn. Oder ich vermeide gewisse Themenbereiche, gebe mich mit seinen schnellen Antworten zufrieden. Es ist klar, daß solche Gegenübertragungen beim Therapeuten der Entwicklung und dem Fortgang einer psychotherapeutischen Beziehung wenig dienlich sind.

Wenn in solchen Fällen die Therapie stagniert oder durch Abbruch gefährdet wird, ist im Falle einer zu geringen Distanz des Therapeuten im Kontakt mit extremtraumatisierten Patienten zunächst der Therapeut selbst gefährdet. Wie Marco Pascha in der obigen Anekdote kann in solchem Falle der Behandler selbst wie der Patient psychische wie auch psychosomatische Symptome erleiden und durch Schlaflosigkeit, Alpträume, innere Unruhe, Angespanntheit und erhöhtes inneres Erregungsniveau nebst körperlichen Beschwerden sein inneres Gleichgewicht verlieren, so daß er gemeinsam mit seinem Patienten in Angst, Beziehungs- oder Verfolgungsideen, Hilflosigkeit und Ohnmachtsgefühle zu versinken droht.

Derartige Gefühle, innere Haltungen und Einstellungen kennt sicherlich jeder, der mit extremtraumatisierten Menschen in Kontakt kommt. Es ist ganz selbstverständlich, daß solche auftauchen, und ein Zeichen dafür, daß Beziehungskontakt überhaupt besteht. Wichtig aber ist, daß sie mir bewußt werden. Entweder, indem ich mir selbst über den Verlauf der Behandlungsstunden Klarheit zu verschaffen suche, oder aber durch entsprechende Fallsupervision, mit deren Hilfe ich anhand meiner Falldarstellung vor Kollegen (interkollegiale

Supervision) oder einem Supervisor (klassische Supervision) von anderen eine Rückmeldung bekomme, ob ich dem Patienten zu weit oder zu nah bin und welche Kurskorrektur ich vornehmen könnte, um der Möglichkeit einer Stagnation im Therapieverlauf oder zu großer Verstrickung mit den beschriebenen eigenen persönlichen Gefährdungen zu entgehen. In diesem Sinne habe ich oben betont, welch wichtiges Meßinstrument oder Kompaß die Gegenübertragung ist, wenn man sie nicht außer acht läßt und sinnvoll zu nutzen weiß.

Hinsichtlich des oben angeführten Fallbeispiels aus Bosnien mag sich jeder ausmalen, in welchen Strudeln von Gegenübertragungsgefühlen ich hin- und hergeworfen wurde. Da war zuallererst die Versuchung, mich als großen Zauberer, Retter und Alleskönner vorzustellen. Eine Versuchung, welcher ich vielleicht in den Augen eines kritischen Betrachters möglicherweise insofern erlegen bin, als ich überhaupt die Behandlung übernahm in der Meinung, da etwas tun zu können; hierauf dann die jäh erfolgende Entwertung meiner Person und meiner Arbeit mit den sich in mir einstellenden Gefühlen, insuffizient und ohnmächtig zu sein. Das wurde wieder abgelöst durch Phasen, in welchen sich ein stabilerer, vertrauensvollerer und ruhigerer Beziehungskontakt zum Patienten herstellen ließ und die Sitzungen kleinen Segelschiffen ähnelten, welche aus Sturmböen heraus in ruhigere Gewässer gelangen und mit langsam sich füllenden Segeln endlich an Fahrt gewinnen. Und darauf wieder Wetterwechsel und stürmische See, in der mir der Patient indirekt klarmachte, wie seiner Auffassung nach meine therapeutischen Interventionen ihn gefährdeten. Zum Beispiel dadurch, indem er mir überall blaue Flecken am Körper zeigte und erklärte, wie er von einem Fahrrad angefahren worden sei, weil er auf der Straße ganz abwesend an unsere letzten Stunden gedacht, sich erregt und nicht achtgegeben habe. Besonders natürlich auch, wenn er seine phasenhaft auftretenden Zustände völliger Abwesenheit beschrieb, in denen er meinte, sich auch mal vor den Zug werfen zu können, oder seine impulsiven Ausfälle, in denen er Familienmitglieder bedrohte. Hier wird deutlich, wie er mich in seiner Übertragung zu mir als Täter sah. Denn in seinen Augen trug ich Schuld an allem, was ihm Schlimmes widerfuhr und was er Schlimmes tat. In solchen Krisen mußte ich zusehen, daß ich nicht mit in sein Agieren hineingeriet, dadurch, daß ich aus Verärgerung und zu geringer Empathie für seine psychische Lage ihn loszuwerden suchte oder mich durch ängstlich überfürsorgliche Aktionen und Interventionen in seinem Helferkreis verführen und verstricken ließ, oder durch beides, indem ich ihn in die Psychiatrie einwies. Vielmehr schien mir bei allen solchen Krisen eines entscheidend zu sein: daß ich einfach sitzen blieb, nicht weglief, die Kontinuität der Behandlung immer wieder zusicherte und mich nicht allzusehr in meinem Selbstwertgefühl und meiner inneren zentrierten Gelassenheit aus dem Gleichgewicht bringen ließ. Denn genau das war es, was ihm damals widerfuhr. Sein schwerst traumatisches Erlebnis beim Überfall der Serben hat ihm, dem vordem psychisch und körperlich gesunden Mann, Selbst und Selbstwertgefühl aus der Verankerung gerissen. Und das kann nur wieder einen Anker finden durch einen Helfer, dessen Verbindung zum Grund zumindest einigermaßen fest und gesichert ist.

Eher in einer zu geringen und nicht so sehr in der zu großen Distanz, so meine Einschätzung, liegt die große Gefahr für alle von uns, die in diesem Bereich als Helfer tätig sind: in der Überidentifizierung mit den Opfern. Und wie bei unseren Patienten kann auch unser Selbstwertgefühl ausgehebelt werden. Wir können ebenfalls wie sie Ängsten, im extremen Falle auch Beziehungs- und Wahnideen, unterliegen. Oder wenn wir es nicht aushalten können, daß der Patient auch in der Übertragung zu uns eine „böse" Täterseite abbildet, so können wir versucht sein, gemeinsam mit ihm kämpferische Aktivitäten gegen eine „böse" Außenwelt zu entwickeln, z.B. im Kampf gegen Behörden um Aufenthaltssicherung oder soziale Unterstützung, welche alle Energien aufbrauchen. Eine der typischen Folgen: das beschleunigte burn-out-Syndrom des Helfers, der gegenüber der Not und dem seelischen und sozialen Druck seiner Klienten nicht die notwendige Distanz und Abgrenzung vornehmen kann.

Wie am Fallbeispiel des Mannes aus Doboj dargestellt, kann auch der Behandler in der Beziehung zum Patienten dem Spannungsbogen extremer Polaritäten ausgesetzt sein. Je nachdem, wie fest oder locker sein eigenes Selbstwertgefühl sitzt, schwingt der Therapeut mit oder nicht. Wünschenswert ist natürlich, daß der Arzt und Therapeut eine ausreichende innere Stabilität besitzt, bei allem, was sich ereignet, seine innere, realistische und in Erfahrung begründete Zentriertheit behält, an deren Vorbild sich der Patient orientieren und wachsen kann. Umgekehrt: Je labiler das Selbstwertgefühl im Behandler, um so größer die Auslenkung, mit welcher er mit dem Patienten mitschwingt, zum Beispiel zwischen unrealistischen und überwertigen Vorstellungen der eigenen therapeutischen Möglichkeiten und depressiver Ohnmacht, vermeintlich gar nichts für seinen Patienten tun zu können.

Dieses Mitschwingen in begrenzter Auslenkung ist grundsätzlich notwendig und Bedingung für einen empathischen, therapeutischen Kontakt. Es sollte aber als Teil seiner Gegenübertragung dem Behandler bewußt sein. Wo nicht, läuft er Gefahr, diese Gefühle gegenüber Patienten oder Teamkollegen auszuagieren (Lansen, 1993).

Ein Behandler, der sich im Kontakt mit einem Patienten derzeit als „Versager" fühlen muß, erfährt somit, physikalisch ausgedrückt, eine negative Ladung. Was macht er mit ihr? Ist er sich ihrer bewußt oder nicht? Er kann sie natürlich an den Patienten zurückgeben, indem er ihn ärgerlich zurechtweist. Diesem nimmt er aber damit gleichzeitig die Möglichkeit, etwas von dem beherrschenden eigenen Ohnmachtsgefühl an ihn weiterzugeben. Pflegt aber der Behandler diese negative Ladung bei sich zu behalten und in sich einzuschließen, so besteht auf Dauer die Gefahr, daß er selbst depressiv und sogar suizidgefährdet wird. Oder nehmen wir an, er kann diese negative Ladung auch nicht bei sich behalten und bewußt werden lassen, da sie andernfalls sein labiles Selbstgefühl und therapeutisches Selbstverständnis zu sehr beschädigen würde. In diesem Fall bleibt ihm nur die letzte Möglichkeit, diese negative Ladung loszuwerden, indem er still und leise die Arbeit eines Kollegen herabwürdigt und somit wieder zu einem vermeintlich positiven Ladungsträger wird. Und der Kollege? Er kann sie wiederum weitergeben an einen anderen Kollegen. Auf diese Weise bilden sich stille, unsichtbare Kriechströme negativer psychischer Ladungsträger unter den Teamkollegen. Im täglichen Umgang können sie zu Seitenhieben durch Handlungen sowie waffenscharf zugespitzten Halbsätzen oder beiläufigen Bemerkungen führen, welche im Vergleich zu anderen medizinischen, psychotherapeutischen und psychosozialen Institutionen, die nicht mit Opfern von Gewalt und Mißbrauch zu tun haben, auffallend häufig gegenseitige Entwertung, Mißachtung und manchmal gar Verdächtigungen beinhalten.

Im äußersten Falle, wenn in einem Kollegenteam der stille Fluß psychischer Ladungsträger nach einer Richtung ausgerichtet ist, kann es zur Polarisation kommen, in welcher sich die Ladungen wie in einem Kondensator aufladen, bis es zum galvanischen Funkenüberschlag mit Zusammenbruch des Teams kommt.

Infolge einer kollektiven Gegenübertragung kann sich auch in einer ganzen Institution die Überzeugung ausbilden, die einzige Einrichtung zu sein, welche „richtig" mit extremtraumatisierten Menschen umgeht. In diesem Falle entsteht interessanterweise eine dogmatisch erstarrte therapeutische Grundhaltung im Kontakt mit Menschen, deren Schicksal es war, mit Dogmen und ihren Vertretern zusammengetroffen und in Konflikt geraten zu sein, und die jetzt an den Folgen eines solchen Zusammentreffens zu leiden haben.

Was passiert in einem solchen Falle? Wer als einzelner oder als Institution einen derartigen Alleinvertretungsanspruch erhebt, weist zumindest in dieser dogmatisch erstarrten Haltung eine Eigenschaft auf, welche auch den Tätern, den Verfolgern der Patienten eigen war. Die therapeutische Beziehung mit foltergeschädigten Menschen rufen im Therapeuten Aspekte hervor, die denen der Täter ähnlich sind. Bleiben sie für ihn unbewußt, läuft er Gefahr, genau in diese Richtung hin zu agieren (Lansen, 1993; Bustos, 1990; Wilson/Lindy, 1994).

Abschließende Gedanken

Die obige Darstellung bezog sich nicht nur auf gelungene Behandlungsabschnitte, sondern auch auf solche, die nicht so glatt abgelaufen sind und in welchen sich Klippen und Fußangeln für den Behandler aufgetan haben. Aber aus ihnen können wir am meisten lernen. Meine Absicht war es gewesen, deutlich zu machen, wieviel Energie und Achtsamkeit im Umgang mit Patienten, Kollegen und mit sich selbst die Beziehung zu den Patienten erfordert. Für mich ist es in der psychotherapeutischen Behandlung schwer traumatisierter Menschen immer wieder die Erfahrung eines kleinen Wunders, wie Menschen trotz der erlebten Destruktivität und Unmenschlichkeit wieder zurückfinden können zu ihren Wurzeln und Quellen inneren Wachstums; wie im Verlaufe von Monaten sprachlicher und körperlicher Ausdruck fester und entschiedener werden, Gesichtszüge weicher und offener, Schmerzen und Schmerzschonhaltung mit Muskelverspannungen allmählich nachlassen, Mißtrauen, Vertrauen und Hoffnungslosigkeit neuer Hoffnung weichen und alte gesunde Persönlichkeitsanteile aus der Zeit vor der Heimsuchung wieder zum Vorschein treten. Wichtig aber ist, daß wir den Patienten und auch uns hierfür genügend Zeit, Geduld und sehr viel Aufmerksamkeit *vor allem für die kleinen Veränderungen* geben. Es ist ungemein wichtig, Veränderungen bei Patienten in der Größenordnung eines feinen, filigranen Millimetermaßstabs wahrzunehmen, die Patienten zum Weitermachen zu ermuntern, zu bestärken und sich nicht durch ihre übergroßen Erwartungen oder durch eigene Ungeduld verführen zu lassen, allzu schnelle Fortschritte erzielen und dieselben dann mit einem Zollstock beurteilen zu wollen.

Seelisches Trauma durch Folter – Heilung durch Psychotherapie?

Von Norbert F. Gurris

Folter ist für die Opfer in nie zuvor gekannter Weise *unvorhersagbar*, gleichzeitig *unausweichlich* und zumeist *unkontrollierbar*. Sie kann daher auch nicht „bewältigt" werden. Der fast immer unerwartete Zusammenbruch des Selbst, der Selbst*werte* führt zu einem Erleben eigenen totalen Versagens, der Zuschreibung von eigener Schuld und damit zu überwältigenden Schamgefühlen. Der unter der Folter oft unausweichliche Verrat von Freunden, Verwandten und Gesinnungsgenossen konnte nicht vorausgesehen werden.

Oft deckt das Bewußtsein dies später wieder zu mit der Folge verstärkter, aber diffuser Scham- und Schuldgefühle, die sich in quälenden psychosomatischen Symptomen ausdrücken. In vielen Fällen findet eine „traumatische Bindung" an die Folterer statt, indem diese im nachhinein unterschwellig geschützt und geschont werden, manchmal kommt es sogar zur Identifikation mit dem Peiniger. Viele Opfer erleben keine eindeutige, zielgerichtete Wut und Aggression gegenüber den Folterern, sondern eher gegen sich selbst: Sie kann sich auch in einer gegen eine schuldlose Umgebung gerichteten Zerstörung ausdrücken.

Ein Klient: „*Zuerst dachte ich, sie würden mich totschlagen. Darauf war ich gefaßt, und hätten sie es doch nur getan. Aber das Schlimmste waren die Pausen; ich wußte nie genau, ob und wann sie mich wieder quälen würden. Statt dessen haben mich die Folterer langsam aufgesogen mit ihren Bemerkungen über mein Geschlecht, mit schlechten Witzen, grausamer als der Schmerz war auch das Alleinsein nach der Folter, da bin ich verrückt geworden. Ich habe mich gefühlt wie ein Tier, ein ge-*

tretener Hund, der trotzdem immer abhängiger wird von der Gnade seiner sadistischen Herren.“

Was geschieht unter der Folter?

Diese Frage ist sprachlich und emotional nur näherungsweise zu erfassen. Die Folter*wirklichkeit* entzieht sich sogar für den Gefolterten im nachhinein zumeist der Faßbarkeit, der Widerspiegelung im Denken, Verstehen und Bewerten, da der Kern des Menschen, seine Persönlichkeit, fundamental erschüttert und verletzt wurde.

Durch Folter wird die seelisch-körperliche (psychosomatische) Einheit des Menschen und seines Organismus bedeutend und tiefgreifend gestört.

Angegriffen werden die Funktionen des autonomen Nervensystems, also all die Systeme des Organismus, die das Zusammenspiel der biologischen Funktionen in genialer Weise organisieren. Die von Menschen im Lebensalltag zumeist als „automatisch“ erlebten autonomen Funktionskreise wie z.B. die Zusammenarbeit der Organe, der Nervenimpulse, der Hormonausschüttungen und Informationsübermittlungen, um ein „Fließgleichgewicht“ zu gewährleisten, sind nicht nur die Grundvoraussetzungen für Leben, sondern stellen psychobiologisch einen Urschutz mit Sicherungen und Alarmsystemen vor Gefahren und Bedrohungen sicher, aktivieren Anpassungs-, Kampf-, Abwehr- und Fluchtreaktionen. Zumeist erst in Krisen- und Erschütterungssituationen stellen sich Menschen die Frage: „Warum schlägt eigentlich mein Herz jeden Tag, jede Minute und Sekunde so zuverlässig? Warum wird aufgenommene Nahrung in Energie umgesetzt bzw. verdaut? Warum leisten all meine Organe und das Nervensystem jeden Tag ununterbrochen und unermüdlich diese Arbeit für mich, ohne kaum je Dank dafür zu ernten?“ In der westlichen Welt haben die Vertreter der Hypnotherapie nach Milton Erickson die Bedeutung dieses psychobiologischen „Unbewußten“ in der Psychotherapie hervorgehoben und die „weisen und schützenden“

Kräfte und Ressourcen, die grundsätzlich „gute Absichten" haben, als Quelle der Heilung in die Psychotherapie aufgenommen. Diese Weisheit und diese Kompetenz wurden in vielen Jahrtausenden menschlicher Entwicklungsgeschichte erworben. Auch wenn sie im „normalen" Leben eher verschlüsselt erscheinen, indem sie nur „funktionieren", so werden sie doch dann sehr deutlich und beobachtbar aktiviert, wenn der Mensch in existentielle Bedrohung gerät. So kann sich während der Folter das entwicklungsgeschichtlich viel jüngere Großhirn schon teilweise von seiner Arbeit und seinen Fähigkeiten verabschiedet haben. Schmerzen, Todesangst und Verlust der Selbst-Werte lassen dann ein koodiniertes Wahrnehmen, Denken, Bewerten und planvolles Handeln nicht mehr zu.

Dennoch verfügt der noch lebende Organismus über Notfallreaktionen, können eine Zeitlang komplexe Handlungsabläufe automatisch organisiert werden, können auch Reaktionen des Schutzes, der Flucht oder auch der Erstarrung erzeugt werden, die das Großhirn mit seinem erworbenen Werte- und Moralsystem nicht mehr verstehen oder billigen würde. Es würde nicht mehr in die vertrauten Landkarten des Denkens und Bewertens passen, wenn ein erwachsener Mensch völlig hilflos wird, wenn er weint und um Gnade bettelt, wenn er in panischer, unkontrollierbarer Angst Urin und Stuhl lassen muß, wenn er wünscht, endlich getötet zu werden statt so zu vegetieren, aber ihm selbst diese letzte Autonomie verwehrt wird. Das nackte biologische Überleben kann in diesem Zustand den Gefolterten dazu führen, alles und jeden zu verraten. So findet sich das Opfer nach der Folter als körperlich noch irgendwie lebend wieder, aber als seelisch zerstört.

Für die Behandlung von Folteropfern ist dieser Aspekt des Traumas von grundlegender Bedeutung: daß über lange Strekken das „weise Unbewußte", diese lebenserhaltenden Kräfte, noch und immer wieder angegriffen und verletzt wurde, als die bewußte Kontrolle schon verloren war und auch Gefühle und Empfindungen kaum noch wahrnehmbar waren. Für die unter den extremen Bedingungen immer noch schützenden und adäquaten Notfall-Reaktionen, wie Betteln, Flehen, Weinen oder Verraten, verdammen sich die Betroffenen im nachhinein selbst, sie sprechen sich schuldig und bestrafen sich dafür. Von außen erscheint der gefolterte Mensch dann oft als jemand, der sich selbst nicht mehr traut, der Wut und Haß gegen sich selbst aktiviert, der sich bestraft, indem er sich schädigt, der seinen Körper nicht mehr spürt, ihn ablehnt oder als Fremdkörper empfindet. Es ist, *als würde sich im Menschen die eigene Ausstoßung vollziehen.*

Der Körper wiederum scheint seine durchlebte Agonie, die Verletzungen und Zerstörungen spiegeln zu wollen, und dies um so stärker, je zensierender, abweisender und abspaltender sich das alte Selbst im Wahrnehmen, Denken und Bewerten verhält. So demonstriert der Körper Schmerzen in allen möglichen Erscheinungsformen. Weit mehr haben diese eine symbolische Form, als daß sie als Symptome von nachvollziehbaren zugrundeliegenden organischen Störungen auszumachen sind. Sie sind oft diffus und überall im Körper präsent. Sie erscheinen einmal als verzögerter, nachholender Ausdruck von Schmerzempfinden, das unter der Folter nicht mehr zugelassen oder nicht mehr wahrgenommen werden konnte. Sie erscheinen aber auch wie ein Hilfeschrei und Signal des Unbewußten an das Bewußte nach der Folter: *Akzeptiere die Verletzungen, unterstütze und achte die guten unbewußten Kräfte, die nach Lebenserhaltung streben, integriere die Erfahrungen der Folter als Realität in die alten Muster des Selbst. Notfalls verändere dein Lebensscript entsprechend.*

Solange diese Signale vom Bewußten nicht erfaßt und gewürdigt werden können, stabilisieren sich die Schmerzempfindungen nach den Regeln des Teufelskreises: Sie werden aufrechterhalten und verstärkt durch muskuläre Verspannungen, durch Wahrnehmung des Schmerzes als lästigen Fremdkörper. Agonie und Entfremdung zwischen „Kopfmensch" und „Bauchmensch", die innere Zerrissenheit des Opfers, scheinen sich tragisch fortzusetzen und wirken perfide als Langzeit„erfolg" der Folterer. Ein Klient erlebte und beschrieb seine Schmerzen und Mißempfindungen als fressendes Ungeheuer, ein anderer als die Kralle des Teufels, ein dritter als würgende Schlingpflanzen aus Metall. Vorherrschende Wünsche sind oft, sich von den Schmerzen auf magische Weise zu befreien, entweder durch alle möglichen Medikamente oder durch die phantasierte Allmacht der Therapeuten, schlimmstenfalls durch Selbsttötung. Therapeuten erleben sich deshalb oft hilflos, als würden die Klienten ihnen die Schmerzen anklagend vor die Füße werfen.

Aus der Sicht der Psychotherapie aber haben die psychosomatischen Schmerzen auch eine zunächst sinnvolle und leicht nachvollziehbare Funktion: Sie verhindern das bewußte gedankliche und sprachliche Integrieren der Folterwirklichkeit; mit anderen Worten: Sie ermöglichen und stabilisieren das *Vermeidungsverhalten*, eines der Hauptmerkmale von Verhaltensweisen, die Menschen nach extremer Traumatisierung zeigen. Wer also Schmerzen empfindet, kann nicht klar denken und schlußfolgern, kann demzufolge nicht „an das Schreckliche denken". Je mehr sich der Betroffene auf die Schmerzempfindungen konzentriert und mit der Zeit ausgeprägtes Schmerz*verhalten* (Flor, 1991) zeigt mit entsprechender Schmerz*erwartung* und Muskelanspannung, desto sicherer funktioniert die Vermeidung. Schmerz und Vermeidung sind also ein Rettungsversuch und dürfen nie als Simulation oder fehlende Motivation für eine „aufdeckende" Behandlung gesehen werden.

Während der Folter finden auf körperlicher und damit auch auf der psychobiologischen Ebene des Unbewußten *Konditionierungen* (= Lernen im weitesten Sinne) statt: Es werden Notfall-Reaktionen und sogar Veränderungen des Organismus erzeugt, die auch nach dem Trauma fortwirken, indem sie sich in ursprünglicher oder ähnlicher Form wiederholen. Die Foltererlebnisse erscheinen wie ein eingekerbtes Schema, als habe der Organismus extreme Reaktionsmuster auf extreme Reize gelernt, die er auch nach der Folter, wie ein neu installiertes Programm und scheinbar losgelöst von der ursprünglichen Bedrohung, nun immer wieder reproduziert. Lern- und Verhaltensmodelle eignen sich zur einfachen Erklärung, wie sich

Vermeidungsverhalten und damit im weiteren Sinn einige Symptome der posttraumatischen Belastungsstörung (PTSD*) aus den Foltersituationen herausbilden können.

Die Situationen von Verfolgung, Mißhandlung, Vergewaltigung und Folterungen können als komplexe Reizmuster angesehen werden, die *extrem aversiv* sind, d.h., besonders schmerzhaft und bedrohlich, oft schock- und überfallartig, nicht vorhergesehen und daher besonders unkontrollierbar und unausweichlich. Die natürlichen Reaktionen sind Schmerz und Furcht, begleitet von hoher Nervenerregung. Menschen, die nicht gefoltert wurden, erinnern sich vielleicht an Lebenssituationen wie Trennung oder Verlust eines Menschen durch Tod oder an die Folgen eines schweren Verkehrsunfalls, in denen sie während einer erträglichen Zeitspanne eine ständige nervliche *Übererregung* mit *Schlaflosigkeit*, *Alpträumen* sowie *Angst-* und *Panik*reaktionen erlebt haben. Die Folter mit Angriff und Verletzung des Selbst führt oft zu einem Dauerzustand sehr starker Erregung und *Überwachheit* (*Hypervigilanz**)

In der Gesamtsitutation der Folter werden also alle möglichen anwesenden Reize zu Erinnerungsreizen, die mit der Schmerz- und Furcht-Reaktion verbunden werden. Das können die Stimmen der Folterer sein, Farbe oder Ausstattung des Raumes, Beschaffenheit der Folterwerkzeuge, die Gerüche, Geräusche und Lichtverhältnisse während der traumatischen Situation. Aber auch die in diesen Situationen ablaufenden Gedanken und Empfindungen werden zu inneren Auslösern, die auch später noch emotionale Angstreaktionen auslösen, wenn die Foltersituation beendet ist. Dieses gelernte (konditionierte) Muster besteht auch dann fort, wenn die Gefahrenwahrscheinlichkeit der Folter nicht mehr besteht, also auch nach der Flucht ins Exil und auch dann, wenn ein Leben in Sicherheit durch Anerkennung des Asyls garantiert ist.

So können irgendwelche Umgebungsreize, die normalerweise bedeutungslos sind, beim traumatisierten Menschen „geladen" sein und Reaktionen auslösen, wie sie während der Foltersituationen abliefen:

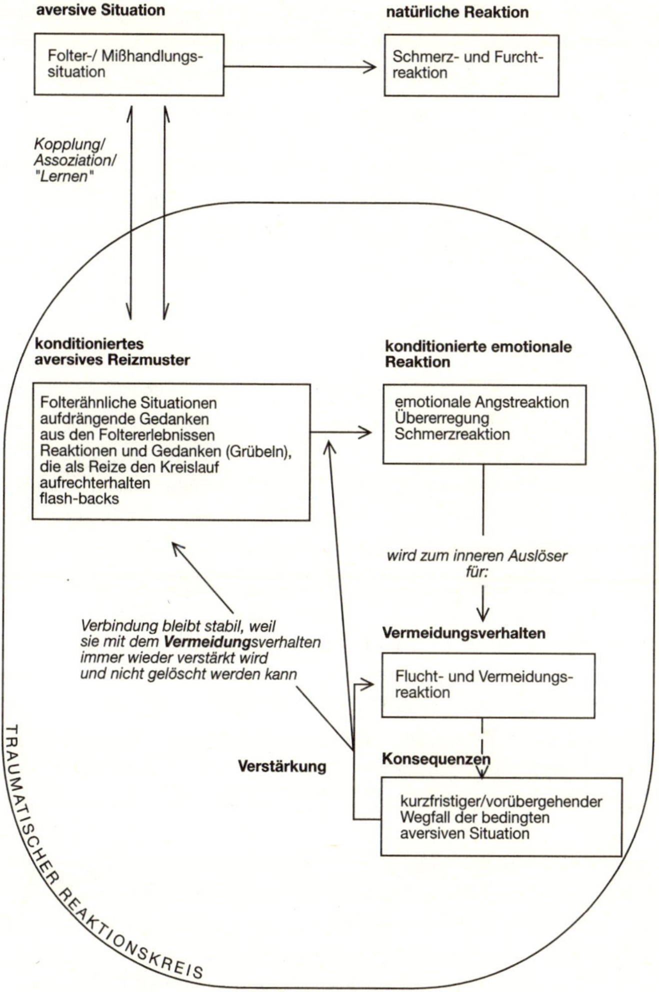

Abb. 1: Der traumatische Reaktionskreis
(in Anlehnung an Reinecker, 1994)

Ein Klient aus dem Iran erzählte mir, wie er in seinem Heim Schweißgeruch wahrgenommen habe. Der Geruch habe ihn überfallartig an das Militärgefängnis erinnert und zwar so intensiv, daß er die Erinnerung gleichzeitig mit dem Geruch von Blut, Dreck und Erbrochenem, mit den Schreien der Gefolterten und mit seinen eigenen Schmerzen unter der Folter verband. Plötzlich entstand so wieder das gesamte Schreckensszenario seiner Erlebnisse. Eine plötzliche panische Angst sei in ihm aufgestiegen. Eine aufsteigende starke Erregung mit Herzrasen, Schweißausbruch, Atemnot und Empfindungen, der Kopf würde platzen und die Gelenke würden zerreißen, habe ihn zur panischen Flucht veranlaßt. Er sei aus dem Zimmer ins Freie gerannt und dann ziellos in der Stadt herumgeirrt. Der Zustand habe vier Stunden angehalten, bis die Erregung abgeflaut sei.

Eine bosnische Klientin konnte nicht mehr mit dem Bus oder mit der U-Bahn fahren, weil Klickgeräusche sie an die entsicherte Pistole erinnerten, mit der sie tagelang während der Vergewaltigungen durch Tschetniks bedroht worden war.

Als Folge dieser veränderten Wahrnehmung der Umwelt, in der alle möglichen Dinge die gelernten Angstreaktionen auslösen können, werden sehr umfangreiche Vermeidungsstrategien ausgebildet. Vielfach vermeiden die Betroffenen ganz alltägliche Handlungen, z.B. Verkehrsmittel und Kontakte mit anderen Menschen. Manche trauen sich überhaupt nicht mehr in die Öffentlichkeit und isolieren sich. Manche entwicklen auch Zwangsverhalten, indem sie z.B. immer wieder kontrollieren müssen, ob die Tür verschlossen ist, oder Waschzwänge, indem sie sich bildhaft-rituell von Schuld, Ehrbeschmutzung und Scham reinzuwaschen versuchen. Eine andere Form von Vermeidungsverhalten kann sich in besinnungsloser Überaktivität äußern oder in übersteigerter Politisierung, durch die die eigenen Foltererfahrungen abgespalten, manchmal auch geleugnet oder umgedeutet werden. Vielfach wird das Vermeidungsverhalten unterbrochen durch Phasen, in denen sich Folteropfer bedingunglos, heftig und überflutend in traumatische Konfrontationen hineinstürzen. Sie konfrontieren sich plötzlich wieder mit schmerzhaften und gefährlichen Situationen. So hören wir von bosnischen Männern in der Gruppentherapie, daß sie sich in ihren Clubs immer wieder mit grausamen privaten Videofilmen, welche Greueltaten aus ihrer Heimat dokumentieren, stimulieren. Es scheint, als wolle die Seele verzweifelt Lösungen aus diesen Selbstüberflutungen suchen, als würde ein Mensch in ohnmächtiger Wut eine Wunde traktieren, um mit einem selbst erzeugten Schmerz den darunterliegenden Schmerz zu betäuben.

Tragisch ist bei all diesen Formen von Vermeidungsverhalten, daß genau dieses Verhalten die ursprünglich gelernte Angstreaktion immer wieder verstärkt. Die Vermeidung, die zu kurzfristiger Entlastung führt, verhindert damit immer wieder die Auflösung der Angstreaktionen. Also schließt sich mit der Vermeidung der Teufelskreis, der mit den Jahren immer stabiler werden kann. Aus diesem Grunde können die so bezeichneten posttraumatischen Belastungsreaktionen und -symptome ein Leben lang erhalten bleiben. Auch heute noch hören wir z.B. von Überlebenden des Holocaust, die im hohen Alter wieder unter Symptomen leiden, von denen sie geglaubt hatten, sie seien eingedämmt. Tatsächlich können sich Symptome zurückbilden in Lebensphasen, die durch positive Belastungen wie Arbeit, Ehe und Kinderaufziehen geprägt sind. Das ganze Erscheinungsbild kann aber wieder mit ursprünglicher Heftigkeit aufbrechen, wenn die Kinder aus dem Haus gehen oder wenn Menschen aus der Arbeitswelt in den Ruhestand entlassen werden oder wenn sich eine Lebenssituation dramatisch verändert:

Ein iranischer Klient, der vor fast 20 Jahren unter dem Schahregime gefoltert worden war, entwickelte heftige Reaktionen, als die Mauer in Berlin fiel. Dieser Mensch hatte in der DDR seine marxistisch orientierte Identität stabilisieren können. Der von außen herbeigeführte Zusammenbruch dieser Identität wirkte wie ein Dammbruch für die zugedeckten Foltererfahrungen. Plötzlich erlebte er vergessen geglaubte Foltersituationen mit photographischer Schärfe wieder in Alpträumen, mit körperlicher Erregung, Angst und Panik, so als würde er gerade wieder gefoltert werden.

Manche unternehmen Selbstheilungsversuche, die wie Vermeidungsverhalten erscheinen, versteigen sich in Philosophien, in komplizierte Erklärungsversuche von etwas, das intellektuell kaum erklärbar ist, oder sie wenden sich anderen Opfern zu, um diesen zu helfen, ohne das eigene Trauma verarbeitet zu haben.

Allein *Gedanken* an Fragmente der Foltersituation, die sich oft überfallartig aufdrängen, können die gesamte traumatische Reaktion auslösen: Es treten Angst- und Fluchtreaktionen mit starker Körpererregung und mit Schmerzempfindungen auf. So kommt es auch im Denken und Erinnern zu Vermeidungsversuchen, indem die meisten Opfer viel Energie aufwenden, um sich nicht zu erinnern, um nicht „daran" zu denken.

Aber auch dies gelingt nicht, da sich Fragmente, Fetzen der schrecklichen Erinnerung unwillkürlich und überfallartig immer wieder aufdrängen wie eine Invasion aus dem Nicht-Bewußten. Dieses Phänomen wird *flash-back** genannt, das plötzliche Auftreten von schrecklichen Bildern aus Foltersituationen. Im Gegensatz zu Alpträumen treten diese also im Wachzustand auf. Sie werden begleitet von nervlicher Übererregung, Angst und Panik, also von Zuständen, wie sie während der tatsächlichen Folterungen auftraten.

Die Einschränkung im Denken verhindert aber auch das angemessene Bewerten von neuen Situationen und Ereignissen. Es können keine sinnvollen Schlußfolgerungen entstehen, die als Resultat die realistische Einschätzung von Gefahr oder Sicherheit haben. Die *biologische Grundsicherheit* des Menschen ist somit erschüttert, die Wahrnehmung verändert, seine Fähigkeiten von Bewertung und Einschätzung sind gestört.

Auf kognitiver Ebene (Denken und Bewerten) werden die zuvor im Leben erworbenen Grundannahmen über die Welt und das eigene Selbst zerschlagen. Solche Grundannahmen sind in Anlehnung an Janoff-Bulman (1992):

- Die Welt ist hinreichend geordnet und sinnvoll.
- Die Welt ist im Grunde gerecht.
- Die persönliche Sicherheit des Individuums ist gewährleistet.

- Das Individuum kann sich selbst schützen, wenn es bedroht ist.
- Die Menschen sind im Grunde hilfreich und gut.
- Der Mensch kann auf der Grundlage von Wahlfreiheit Entscheidungen treffen und Situationen beeinflussen und kontrollieren.
- Ereignisse und Verhalten sind in einem gelernten Rahmen einschätzbar und vorhersagbar.
- Die Beziehung zum eigenen Selbst ist einschätzbar und vertraut.
- Die Bezüge zu anderen Menschen sind einschätzbar.
- Es gibt Auswege aus bedrohlichen Situationen.

Diese Grundannahmen sind je nach Kultur und politischer Situation verschieden ausgeprägt. Aber es sind Annahmen der Menschen, die dem *Grunde nach* universelle Gültigkeit haben. Bei Langzeittraumatisierungen in bedrohten und verfolgten Gemeinschaften können diese Grundannahmen aber auch schon bei Kindern tief erschüttert sein. Ähnliches gilt für Kinder und Kindeskinder von Gefolterten. Wirklich zerschlagen, wie Janoff-Bulman es bezeichnet, werden diese Annahmen aber unter der selbst erlittenen Folter, während des Angriffs auf die Identität des Individuums.

Das Vertrauen zu sich selbst und zu anderen Menschen ist unter der Folter systematisch so sehr verletzt worden, daß ich oft von Klienten höre:

„Was muß ich für ein Mensch sein, daß mir das passiert ist."

„Mein Körper ist häßlich und beschmutzt, ich will meinen Körper nicht mehr."

„Mein ganzes Leben ist zerstört. Ich kann keinem Menschen erzählen, was ich erlebt habe."

„Meine Seele ist krank, mein Kopf verrückt, ich lebe wie ein Vogel mit gebrochenen Flügeln, wie ein verdorrter Baum, der seine Blätter verloren hat."

Gefolterte Menschen trauen ihrer Wahrnehmung nicht mehr: Andere Menschen werden als bedrohlich erlebt, selbst dann, wenn diese sich freundlich und unterstützend verhalten.

Gegenüber Freunden und selbst gegenüber dem Ehepartner und den Kindern kann es zu unangemessener Aggression kommen, zu Verständnislosigkeit, Kontakt- und Kommunikationsstörungen. Oftmals erleben wir eine bedrückende *Sprachlosigkeit* zwischen Gefolterten und den Familienangehörigen. Den Opfern ist es zumeist nicht möglich, das wirklich Erlebte mitzuteilen. Unterschwellig aber können in ihnen übersteigerte Bedürfnisse nach Verständnis, Fürsorge und Schonung entstehen. Gefühle von Minderwertigkeit, Hilflosigkeit und Rollenverlust können unlösbare Konflikte in Familienbeziehungen hervorbringen. Es ist auch zu beobachten, daß sich manchmal Angehörige und Freunde angesichts der unfaßbaren Schrecken der Folter von den Opfern auf subtile Weise abwenden und sie meiden, da die Begegnung auch in ihnen Angst, Abwehr und Vermeidung auslöst.

Manchmal erleben Gefolterte in ihren Partnern auch Fragmente von Folterverhalten und Folterwahrnehmung wieder, projizieren dies in ihr Gegenüber hinein und leben Gefühle aus, die während der wirklichen Foltersituationen blockiert und verschüttet waren.

Nicht selten erfahren wir, daß beide Ehepartner gefoltert wurden. Bei einem Paar wurde besonders deutlich, daß die Folter in ihrer Langzeitwirkung die Beziehung danach grausam und quälend zerstörte. Es kam zu gegenseitigen Projektionen über Macht und Hilflosigkeit, zu einem grausamen „Spiel", wer von beiden Schrecklicheres erlebt hatte, zur Zuschreibung von Foltermethoden an den anderen, zu gegenseitigen unerfüllbaren Ansprüchen an Verständnis und Fürsorge, zum Verlust der Liebesfähigkeit, die beide gegenseitig einzuklagen suchten. Nach beinahe 20 Jahren dieses verzweifelten Kampfes wurde die Ehe geschieden.

Wege der Psychotherapie mit gefolterten Menschen

Die Vielfalt menschlicher Existenz in den jeweiligen kulturellen und sozialen Bezügen erfordert in der Therapie Um- und

Neudenken, Beweglichkeit und Anpassung an verschiedene Ebenen menschlichen Erlebens und Verhaltens.

Starre Theoriemuster therapeutischer Schulen und therapeutischer Ideologien taugen nicht mehr für Herausforderungen, denen wir in der Behandlung extrem traumatisierter Folteropfer begegnen. Vielmehr müssen Behandlungsphilosophien entwickelt werden, die ermöglichen, daß Klienten und Therapeuten *in Bewegung geraten*. Erstarrung, Entsetzen und der Teufelskreis der psychotraumatischen Belastungen der Opfer erfordern Bewegung und Beweglichkeit; Qualitäten, für die die Therapeuten Modell und Erlösungshoffnung sind. Erforderlich ist die Fähigkeit, *Ebenen* zu wechseln, mit Mobilisierung von Erlebens- und Verhaltensmöglichkeiten. Der Wechsel von Ebenen kann sich in der spielerischen und kreativen Verfügbarkeit vieler Methoden und Inhalte von auch sehr verschiedenen Therapiekonzepten vollziehen. Mit der Vielfalt der Methoden, Ebenen und kreativen Möglichkeiten ist auch das sogenannte *Setting* in der Therapie kein starres Korsett mehr. Das Setting bezeichnet die Gestaltung der Therapie insgesamt. Sie reicht von der Raumgestaltung und -größe über das Inventar (Stühle, Sessel, Matratzen, Decken, Teppich, Gegenstände mit Aufforderungscharakter, Symbolgegenstände, Psychodramabühne) hin zu: Wie begegnen sich Therapeut und Klient? Sind es sogar zwei oder mehr Therapeuten in der Sitzung, arbeiten wir mit einer Gruppe, einem Paar oder mit der ganzen Familie der Klienten? Ist noch ein Dolmetscher anwesend?

Das klassische Setting der Therapie, in der ein Therapeut im Blickkontakt dem Klienten gegenüber sitzt, kann reduzierend wirken und Gefahren der *Re-Traumatisierung* bei Folteropfern in sich bergen. Vergegenwärtigen wir uns: Dem Klienten sitzt die Autorität des staatlich lizensierten Therapeuten gegenüber, der sehr persönliche und intime Fragen stellt. Oder der Therapeut hüllt sich in Schweigen, fixiert gelegentlich oder ständig den Klienten und scheint auf etwas zu warten. Bei gefolterten und mißbrauchten Menschen kann diese Situation schnell sehr unangenehme Gefühle auslösen, und sie reagieren auf die Behandler mit starker Angsterregung, mit Mißtrauen oder mit

Aggression, als wären diese Folterer oder Vergewaltiger. In späteren Phasen der Therapie treten jedoch durchaus immer wieder Gelegenheiten auf, dem psychoanalytischen Konzept von Übertragung und Gegenübertragung zu folgen, wenn nämlich der Klient deutlich erkennbar Aspekte des negativen Täterbildes auf den Therapeuten überträgt. Der Therapeut kann dann den „gordischen Knoten" lösen, wenn er, für den Klienten deutlich nachvollziehbar, die negativen Annahmen des Klienten durchkreuzt und sich entgegen der Erwartung nicht wie ein Täter oder *der* Täter verhält (Fischer/Gurris, 1996). Oftmals sind die Täterübertragungen bei unseren Klienten von außen nicht beobachtbare innere Verhaltensketten hinter einer höflichen, manchmal auch unterwürfigen Fassade, die Therapeuten zunächst verborgen bleiben können. Stabiles Vermeidungsverhalten, Angst und Mißtrauen führen dazu, daß die Opfer oft *nicht sprechen können*. Auch für Therapeuten ist der Horror der konkreten Traumasituationen schier unglaublich und im Grunde nicht einfühlbar. Bei Therapeuten können so ebenfalls Angst- und Vermeidungsreaktionen ausgelöst werden, die wiederum bei den Klienten zu der Annahme führen können, sie könnten ihr Schicksal dem Therapeuten nicht zumuten bzw. der Therapeut bestätige damit sogar das negative Selbstbild von Selbstablehnung und Zuschreibung von eigenem Versagen und Schuld.

Eine Gratwanderung müssen wir auch hinsichtlich der Gefahr vollziehen, daß wir über moralische oder sogar politische Identifikation mit dem Klienten überfürsorglich und damit grenzüberschreitend agieren. Andererseits können wir aber auch dazu verführt werden, unsere eigene Betroffenheit über das Gehörte hinter professionellen Masken zu verbergen. Wir müssen also mit den Grenzen gefolterter Menschen wie auch mit unseren eigenen Grenzen sehr sorgsam und authentisch umgehen. Wenn dies, selbst in bester helfender Absicht, nicht gelingt, kann sich der therapeutische Prozeß leicht ins Gegenteil verkehren, und die Traumatisierung wird stabilisiert. Helfer sind, wie mittlerweile in vielen Behandlungseinrichtungen der Welt schmerzhaft erfahren, nicht nur *burn-out**-Gefahren ausgesetzt, sondern auch der sogenannten *stellvertretenden Traumatisierung* (Lansen, 1992). Fehlt die angemessene Reflexion und Supervision der Arbeit, so kann solch ein Behandlungszentrum auch tatsächlich fast zu einem „Folterzentrum" werden: Paranoide Gedanken, Täter- und Opferbeschuldigungen, Ausstoßen und Isolierungen können sich unter den Helfern eines Teams ausbreiten, und sie können darin so gefangen sein, daß sie durch diese Phänomene selbst gelähmt und traumatisiert werden. Eine weitere Gefahr für Therapeuten ist die *Illusion:* Mit dem Wuchern omnipotenter Phantasien und Wunschvorstellungen besteht die Gefahr, daß (verständliche) therapeutische Hilflosigkeit, aber auch Überidentifikation mit den Opfern sowie ausgebrannte Helferillusionen verdeckt werden. Die Illusion, multikulturell kompetent arbeiten zu können, kann dann auf Kosten der Ehrlichkeit und Authentizität von Therapeuten gehen. Leicht wird der eigene kulturelle Hintergrund abgewertet oder gar verleugnet. Ehrlichkeit, Selbstkongruenz und Selbsterfahrung – gewöhnlich in der eigenen Kultur! – aber sind fundamentale professionelle Voraussetzungen, um Psychotherapie mit Folterüberlebenden praktizieren zu können.

Das bedeutet, daß „westliche" Therapeuten, die im Aufnahmeland ihrer gefolterten Klienten praktizieren, im wesentlichen auch ihr erlerntes „Handwerk" in verschiedenen Therapiemethoden beherrschen und anwenden. Gegenüber Aspekten der jeweils anderen Kultur können sich Therapeuten nur in einer Lernhaltung wiederfinden. Diese ständige Lernhaltung in jedem Einzelfall ist jedoch erforderlich, um überhaupt mit den Wertesystemen anderer Menschen arbeiten zu können. Das Wenige, das die Therapeuten verstanden haben, müssen sie dann auch wieder in den eigenen kulturellen und methodischen Kontext rückübersetzen. So gestatten zum Beispiel hypnotherapeutische Konzepte die Nutzung von inneren Bildern, Metaphern, Geschichten und Märchen aus der anderen Kultur für den Klienten. Der Therapeut ist dabei „nur" der Agent dieser Verwendung des „Materials", das die Klienten hervorbringen.

Für Menschen, die ins Exil fliehen mußten und dort auch Fuß fassen wollen, ist es neben Wahrung und Wertschätzung ihrer kulturellen Identität notwendig, sich auch in der neuen Umgebung zurechtzufinden. So sind dann Therapeuten für sie auch Repräsentanten dieses Exils, von denen die Klienten mit Recht erwarten, daß sie ihnen auch Sichtweisen und Informationen über das Exilland vermitteln. Es ist daher therapeutische Aufgabe, den Klienten aufklärend-einfühlsam und in nicht verletzender oder abwertender Form Sichtweisen dieser Exil-Kultur zu vermitteln.

Oft stellt man uns die Frage: Können Therapeuten „das alles" aushalten? Die Antwort auf diese Frage muß sehr differenziert ausfallen. Einige Aspekte sind:

Wenn Therapeuten nicht dem Irrtum verfallen, *alles* einfühlen und verstehen zu müssen, was den Klienten widerfahren ist, wenn sie ihre Grenzen wahren und ehrlich mit sich sind, dann können sie in einfühlender Anteilnahme, aber auch mit professioneller Sicherheit sich gemeinsam mit dem Klienten dem Folterkomplex nähern und als Agent der Klienten helfen, jenen bei sich zu integrieren.

Therapeuten müssen nicht immer „aushalten" im Sinne von selber ertragen, sondern sie können mit dem Nachvollziehen der Folterwirklichkeit nur so weit gehen, wie sie es selbst vermögen. Darüber sind sie den Klienten auch klare Signale und Mitteilungen schuldig. Bleibt dieses Feed-back aus, besteht die Gefahr, daß der Klient sich um den Therapeuten sorgen muß und Schuldgefühle entwickelt, er habe diesen zu sehr mit seinem „Schmutz" belastet. Therapeuten sind eben auch Modell und zuständig für das Nicht-Aushalten- und Nicht-Ertragen-Können. Die Botschaft an den Klienten ist: Das kann und muß kein Mensch aushalten!

Therapeuten sind zuerst Menschen. Die Arbeit mit Folteropfern kann nicht mit gleichbleibender Kraft und Intensität geleistet werden. Es gibt Tage oder Zeiten, in denen Therapeuten verletzbarer und weniger in der Lage sind, sich den „Abgründen" zu nähern. Deutliche Befindlichkeitsveränderungen sollten ebenfalls den Klienten in einfacher und offener

Weise (ohne versteckte Klage) rückgemeldet werden. Auch dies ist ein Modellverhalten mit der Botschaft: Ich will mich gesunderhalten, mir selbst etwas Gutes antun, will Kraft schöpfen und diese einteilen, und nicht zum vermeintlichen Wohl des Klienten über alle Grenzen gehen. Denn: Ausgebrannte Therapeuten sind eine Zumutung für Klienten.

Integrative Psychotherapie mit gefolterten Menschen

In der Gestaltung der Therapie ist es sehr oft sinnvoll, von einer verhaltenstherapeutischen Phase in eine psychodramatische oder gestalttherapeutische zu wechseln, daneben auch hypnotherapeutische oder familientherapeutische „Techniken" und Sichtweisen einzuarbeiten oder eine nonverbale Gestaltung an der Malwand zu inszenieren oder mit einem Zeichenstift, am Boden sitzend, etwas Unaussprechliches zu Papier zu bringen. Eine erstarrte Körperhaltung kann durch Befreiung vom Stuhl, auf dem man sitzt, durch Hinwendung zum Licht des Fensters mit Einführung einer Atemübung oder einer *geleiteten Phantasiereise* gelöst und in Bewegung gebracht werden.

Ziel der Therapie ist die *bewußte Verinnerlichung* der Gesamt-Traumawirklichkeit in das Selbstkonzept des Klienten, so daß er irgendwann sagen kann: Ja, das habe ich wirklich erlebt, das ist mir geschehen, aber das ist auch Geschichte. Das Erlebte gehört zu mir, und ich lebe damit. Ich bin nicht mehr Opfer, sondern ich bin Überlebender. Für diese Integration bedarf es auch einer Vielfalt von methodischen therapeutischen Schritten auf verschiedenen Ebenen in einem *lebendigen Setting*. Dazu gehören vor allem auch Aufklärung und Informationen, die Vermittlung von (auch körperlichen) Bewältigungsfertigkeiten und die Suche nach neuen Sinngehalten des Lebens.

Psychotherapie in Aktion – ein Beispiel

Herr A. war Tierarzt in Bosnien. Er reiste vor dem Krieg unermüdlich über die vielen kleinen Dörfer seiner Region, kannte all die einfachen Menschen im Umkreis von ca. 60 km. Er liebte seinen Beruf über alles. Herr A. ist über sich selbst entsetzt: Er, der vor dem Lager immer kerngesund war, fühlt sich krank und „wahrscheinlich im Kopf verrückt". Herr A., der Mediziner, versteht seine Schmerzen nicht. Er hat starke Kopfschmerzen, es fährt ihm immer wieder in den Rücken, er hat Schmerzen in den Beinen. Sein Herz spielt verrückt. Er schwitzt, muß immer wieder mal plötzlich aufspringen und aus dem Raum laufen. Er kann nicht mehr schlafen, hat schreckliche Gedanken. Wenn er schläft, jagen ihn Alpträume. Er ist reizbar, kann nur mühsam Ausbrüche verhindern. Dann schießt ihm das Blut ins Gesicht, die Lippen färben sich bläulich, er scheint ständig „unter Strom" zu stehen, als würde alles in ihm gleich explodieren, er ist rast- und ruhelos.

Herr A. versucht, höflich-interessiert zu sein, während seine zart-bitteren, zynischen Äußerungen mit einem Unterton von Verachtung und das Spiel seiner Mimik verraten, wie sehr er das Vertrauen in die Welt und in die Menschen verloren hat. Mühsam versucht er sich als eine Art Galgenvogel, um irgendeine „Haltung" zu bewahren. Das Sitzen auf dem Stuhl wird ihm zur Qual. Er scheint die erste Stunde wie eine Kampfsituation zu erleben. So sagt er beispielsweise: *„Warum sitzen wir hier herum und reden, statt meine Schmerzen wegzumachen? Ihr solltet besser meinen Kopf röntgen, EEG, Computertomographien machen, und: Wo gibts denn hier die guten deutschen Tabletten? Ihr seid reich und lebt im Frieden, was versteht ihr schon von dem, was ich erlebt habe."*

Therapie der Symptome

Herr A. kommt nicht zur Ruhe. Sein andauernder Zustand von Erregung und schmerzhafter Verspannung quält ihn Tag und Nacht. In einer einfachen Skizze kläre ich ihn über den Zusammenhang von Erregung, Verspannung und Schmerzen auf. Dazu das skizzierte Modell der Vermeidung (vermeiden, an das Trauma denken und darüber sprechen) als Teufelskreis.

Einleuchtend ist für Herrn A. auch, daß der traumatische Schock des Erlebten psychologisch und sogar biochemisch Veränderungen in den Organismus eingraviert hat mit Überwachheit und Übererregung ohne einen aktuellen Anlaß. Bei der schematischen Zeichnung des Großhirns und des Rückgrates mit einfachen Reiz-Reaktionsmodellen schmunzelt Herr A. Er habe als Mediziner nicht gewußt, daß man es so einfach darstellen könne.

Mit seinem Einverständnis üben wir verschiedene Atem- und Entspannungsverfahren ein. Als Therapeut gleiche ich mich dem Rhythmus des Klienten an und demonstriere auch selbst als Modell verschiedene Übungen. Nach jedem Übungsteil gibt der Klient Rückmeldung über sein Befinden, vor allem über seine Schmerzempfindungen. Für Herrn A. ist nun überraschend, daß er noch Unterschiede im Schmerzempfinden erleben kann. Ich verstärke die Sensibilität für Unterschiede und ermutige, die Übungen auch mehrmals am Tag zu Hause oder während eines Spaziergangs durchzuführen.

Mit Herrn A. ist es sehr schön möglich, die inneren Organe seines Körpers in der Vorstellung vor seinem „inneren Auge" plastisch werden zu lassen. Diese Vorstellungskraft verstärkt die Entspannung. Z.B.: „*Während Sie Ihrem Atem folgen im Ein und Aus, können Sie sich vorstellen, wie dieser sich im ganzen Körper ausbreitet, wie ein warmes Licht oder wie eine heilende Kraft. Vielleicht können Sie sich dabei auch vorstellen, wie mit jedem Ausatmem die Muskeln Ihrer Magenwände und des Darmes entspannen, während gleichzeitig Ihr Herz ruhig und gleichmäßig schlagen kann im Rhythmus des Atems, welcher wie Wellen des Meeres kommt und geht, ... kommt und geht. Vielleicht können Sie sich die inneren Räume Ihres Körpers vorstellen, den Brustkorb mit den Lungenflügeln und dem Herzen, das ruhig und gleichmäßig schlagen kann, den Bauchraum, wie eine große warme und sichere Höhle, den Beckenraum, groß und warm, wie eine sichere und schützende Höhle, die weit und weiter werden kann ...*"

Solche entspannenden Vorstellungsreisen durch den Körper sind erste Gegenmaßnahmen (Gegenkonditionierung) gegen die im Körper gespeicherten Foltererlebnisse, die sich in Erregung, Verspannung und Schmerz (Angst) ausdrücken. Der Klient erlebt Unterbrechungen der Unruhezustände. Gleichzeitig gewinnt er ein Stück Kontrolle über seinen Körper zurück, mit dem Gefühl, jenen Zuständen nicht immer ausgeliefert zu sein.

Das Leben vor dem Trauma zurückholen

Viele gefolterte Menschen sind derart in ihrem Foltertrauma gefangen, daß sie ihr ganzes Leben als wertlos und von der Folter überschattet erleben. Wenn wir nach der Erinnerung an die Zeit vor dem Foltertrauma fragen und die Klienten klagen, es gebe keine guten Erinnerungen mehr, so müssen wir manchmal sagen: „*Wenn das so wäre, würden Sie heute nicht lebendig vor uns sitzen.*" Wir geben dann Informationen über die Wirksamkeit vor-traumatischer Ressourcen des Menschen, daß diese auch die Gefolterten, trotz Schädigung, am Leben erhalten, daß diese nicht zerstört sein können, sondern nur durch die schrecklichen Erlebnisse verschüttet sind. Ich lade dann ein, mit mir zusammen auf Vorstellungsreisen zu den verschütteten Ressourcen zu gehen, und ermutige die Klienten, das „weise Unbewußte" zu entdecken. Zunächst erinnere ich an den Zustand zwischen Wachsein und Schlafen, die kurzen, aber intensiven Augenblicke, in denen sich viele Vorstellungen vor dem inneren Auge abbilden können. Die Imagination dieses Zustands erzeugt bereits eine leichte erwünschte Trance, die durch entspannende Vorgaben noch verstärkt werden kann.

Ich beobachte bei Herrn A., wie er sich bereits in einem leichten Trancezustand befindet. Nach einem kurzen Flimmern der Augenlider sind die Augen halb geschlossen. Der Mund ist ebenfalls halb geöffnet, seine Hände liegen auf dem Bauch, der sich gleichmäßig hebt und senkt. Ich lade Herrn A. ein, sein „inneres Auge" auf die Zeit vor 1992 zu lenken, einen inneren „Suchscheinwerfer" einzuschalten und nach Szenen oder Bildern zu suchen. Ich frage, welche Jahreszeit es in der Vorstellung sein kann, wie und wo er steht oder geht oder sitzt oder liegt. Ich bitte ihn, die Umgebung zu beschreiben und sich eine Szene herauszusuchen, die ihm angenehm ist. In dem Bild, das in Herrn A. ersteht, sieht er sich im Auto durch Landschaften Bosniens fahren, von Patient zu Patient. Er sieht die Menschen auf den Dörfern, die ihn kennen, die ihn gerufen haben und die ihn mögen. Er sieht vor sich die Tiere, die er behandelt, stellt sich jetzt Gespräche, Sprüche und Witzeleien im Kontakt mit den Dorfbewohnern vor. Während dieser Vorstellung entspannen sich seine Gesichtsmuskeln, die Mimik wird ganz weich. Sein Körper sinkt noch etwas weiter zurück in den Stuhl. Ich ankere und verstärke jetzt dieses Bild durch die Vorstellung der Gerüche in dieser Szene, lasse ihn auch durch verschiedene Gerüche wandern. Dann folgt die Vorstellung verschiedener bekannter Geräusche aus dieser Szene, schließlich Farben, Hell- und Dunkeltöne sowie Körper- und Hautempfinden. Die Verankerung dieser positiven Ressourcenbilder mit den Qualitäten der Sinneswahrnehmung stabilisiert die Wirksamkeit der positiven Innenbilder.

Besonders wirksam ist die Kopplung mit Gerüchen. Gerüche haben eine Bedeutung als besonders frühe und zuverlässige Sinnesqualität in der Menschengeschichte. Auch im vorsprachlichen Sinne können Eindrücke durch Gerüche gut aktiviert werden. Auch Herr A. „weiß" jetzt Situationen dieser Sinneseindrücke, ohne diese in Worte fassen zu müssen. Gegen Ende der Vorstellungsreise bitte ich ihn noch einmal, die Szene mit Gefühlen zu verbinden. Er nennt Gefühle von Stolz, Zufriedenheit, Anerkennung und Spaß (wobei er lächelt), ihm fällt ein, wie er nach der Arbeit mit den Tieren mit Dorfbewohnern in der Kneipe beim Schnaps zusammensaß. Auch diese Szene lasse ich Herrn A. noch einmal auskosten, solange er im Trancezustand ist. Schließlich gebe ich noch eine stärkende Suggestion:

„Wann immer es Ihnen in den nächsten Stunden oder Tagen guttut, kann sich Ihr Unbewußtes diese Szene wieder vor Ihr inneres Auge holen, Sie können die vertrauten und angenehmen Gerüche wieder riechen, die normalen Geräusche hören und die bekannten Farben wieder sehen, wenn Sie sich diesen

Tag vorstellen, wie Sie als Tierarzt auf dem Lande herumreisen. Vielleicht können Sie dann auch wieder fühlen, wie stolz, wie frei und wie zufrieden Sie diese Vorstellung machen kann, und Sie werden wissen, daß Ihnen niemand dieses innere Bild fortnehmen und zerstören kann, egal, wo auf dieser Welt Sie sich befinden. Sehen Sie sich nun noch einen Moment um in Ihrer Szene, bedanken Sie sich bei diesem Bild, und verabschieden Sie sich davon, während Sie wissen, daß Sie es jederzeit in den nächsten Stunden oder Tagen wieder aufsuchen können. Kehren Sie nun hierher in den Raum zurück in einer Zeit, die für Sie angemessen ist. Nehmen Sie nun zwei oder drei tiefe Atemzüge, ballen Sie kräftig beide Fäuste, recken, strecken und räkeln Sie sich. Wenn Sie spüren, daß Sie gähnen möchten, lassen Sie es einfach zu. Die Augenlider können nun bald wieder aufklappen."

Die Reaktion von Herrn A. auf diese Vorstellung in Trance ist Überraschung: „*Ich wußte nicht, daß das noch in mir steckt!*" Herr A. hat auch eine Zeitlang seine körperlichen Schmerzen „vergessen". Er ist noch beeindruckt von der positiven Wirkung dieses Vorstellungsbildes, ein Verlust- oder Trauergefühl über das Verlorene stellt sich nicht ein, sondern er äußert spontan: „*Ich würde gern eine Zeitlang in Berlin oder Umgebung bei einem Tiermediziner ohne Bezahlung helfen. Das würde mir guttun.*"

Andere Klienten haben bei der Einführung von positiven Bildern aus der Zeit vor dem Trauma leicht überwältigende Verlust- und Trauergefühle: Die verlorene Heimat, die Trauer um ermordete Angehörige und Freunde, die Fremdheit im Exil, der Verlust politischer Ideale und die Zerstörungen durch die Folter.

Ich informiere die Klienten vorher, daß positive Bilder leicht gestört werden durch diese sich aufdrängenden Gefühle oder durch Schreckensbilder aus der Folter. Ich erkläre, daß sie den überfallartigen flash-backs ähnlich sind und daß wir dieses unbeabsichtigte Geschehen zuerst einmal unter Kontrolle bringen müssen, indem wir es „einkapseln" wie ein Geschwür. Das Ziel ist, diese schrecklichen Gefühle und die große Trauer nicht

„unangemeldet“ hereinzulassen. Sie sind es wert, daß sie in ihrer Ganzheit zur richtigen und gewünschten Zeit von uns „eingeladen“ werden in unser „geschütztes therapeutisches Haus“. Sie dürfen daher nicht wie streuende Metastasen in unserem Alltag herumvagabundieren und schon gar nicht in unsere positiven Ressourcenbilder einbrechen. Um diese Bilder zu schützen, lernen wir dann, sie zu „rahmen“. Dazu ist es hilfreich, Signale zu setzen durch „Gedankenstop“, durch willentliche Veränderung der Körperhaltung oder durch eine Veränderung des Atems und durch Konzentration auf sich entspannende Körperregionen unterhalb des Kopfes. Eine einfache Metapher ist hierfür hilfreich: Man drückt wie auf den Knopf der Fernbedienung, um von dem schrecklichen Programm xy auf das erwünschte Programm umzuschalten, oder mit einer anderen Metapher: Es gilt, die Leitung mit dem Folterer zu kappen.

Herrn A. helfen diese Fertigkeiten bei der Bewältigung der flash backs, die ihn außerhalb der Therapiestunden oft überfallen. Ich informiere ihn, daß dieses Abgrenzen gegenüber den Invasionen des Schreckens nur zu Beginn eine hilfreiche „Technik“ ist, um sich vorübergehende Erleichterung zu verschaffen. Ich erkläre unsere These, daß die Schrecken der Folter in Körper und Seele „gefroren“ sind, daß sie also nicht vergessen oder sonstwo außerhalb hingepackt werden können. Auch können sie auf Dauer nicht einfach ausgeschaltet werden. Auch wenn wir das „Geschwür“ des Traumas einkapseln können und müssen, wird es ein Druckkessel mit explosiver und zerstörender Energie bleiben. Herr A. kann sich nun schon gut auf diese Sichtweise einlassen. Ihm fällt ein Sprichwort aus Bosnien ein: *„Lieber Nasenbluten als Gehirnbluten.“* Seine mißtrauische Abwehr zu Beginn der Therapie ist einer nun neugierigen und einlassenden Haltung gewichen. Sein sarkastischer Galgenhumor verflüssigt sich mehr und mehr in entlastende Witzeleien, die vom Therapeuten als wichtige Ressource unterstützt werden. Nun ist es Zeit für den nächsten Schritt:

Ich mache Herrn A. den Vorschlag, mich „in diesen sicheren und bekannten Therapieraum“ einzuladen, mich an seinen schrecklichen Erlebnissen teilhaben zu lassen. Ich erinnere daran, wie er am Anfang glaubte, in zehn Minuten allen Schrecken erzählen zu können. Ich mache ihm deutlich, daß wir dafür Stunden und Tage Zeit haben. Ich gebe ihm Sicherheit, daß wir dies auch noch in drei Monaten oder in einem Jahr wiederholen können.

Ich informiere Herrn A. genau über das Vorgehen. „*Wenn wir uns nun hier das Geschwür ‚Lager‘ ansehen, können Sie mit mir zusammen in diese schrecklichen Bilder einsteigen. Wir werden dies Schritt für Schritt tun. Sie haben jederzeit die Möglichkeit, das Vorgehen zu unterbrechen. Ich werde Sie bitten zu versuchen, jeden dieser Schritte, Bilder und auch Einzelheiten in Worte zu fassen. Einige Worte und Sätze werde ich wiederholen, manchmal werde ich Sie fragen: ‚Was geschieht jetzt?‘ Ich bitte Sie, die Worte und Sätze in der Gegenwartsform zu fassen. Wir werden dies in mehreren Durchgängen wiederholen. Zwischen diesen Durchgängen können wir wieder entspannen, so wie Sie es kennen, oder eine kleine Phantasiereise zu einem ‚Ort Ihrer Ruhe und Kraft‘ machen* (bei Herrn A. war dies ein Vorstellungsbild aus der Kindheit: Nach dem Fußballspielen allein und erschöpft auf einer Wiese unter einem Baum liegen). *Das erste Mal wird es Ihnen sehr schwer fallen, Worte und Sätze zu formen. Auch werden sich unangenehme Empfindungen einstellen, so wie bei Ihren flash-back-Überfällen; es kann sein, daß Sie stark schwitzen, daß Ihr Herz rast, daß Sie Wut und Angst erleben. Aber all dies ist in Ihnen vorhanden, es ist der Inhalt des Geschwürs, und wir werden darauf achten, daß er Sie nicht vergiftet. Sie werden aber erleben, daß Sie schon beim zweiten oder dritten Mal flüssiger sprechen und daß Ihnen plötzlich viele Einzelheiten einfallen, die Sie nicht mehr wußten. Wir werden auch nach jedem Durchgang ‚messen‘, ob sich Ihre Schmerzen verändern. Manch-*

mal werden diese zwischendurch stärker, meistens werden die Schmerzen jedoch geringer, je mehr Durchgänge gemacht werden. Sie können sicher sein, daß ich mich heute als Therapeut stabil fühle und hören *kann, was Sie erlebt haben. Ich werde so weit mit Ihnen mitgehen, wie ich kann. Sie brauchen sich daher nicht um mich sorgen.*"

Ich bitte nun den Klienten, mit mir aufzustehen und einige Minuten mit mir im Raum umherzuwandern. Ich befinde mich als Therapeut etwa einen halben Schritt seitlich hinter ihm. Aus dieser Position kann ich seine Gedanken und Gefühle doppeln. Das Bewegen im Raum unterstützt ein erwünschtes „Schweifen" der Gedanken.

Herr A. spricht: „*Ich soll also heute über das Lager sprechen, als ich hierher kam, hatte ich mir das leichter vorgestellt.*"

Therapeut: „*Achten Sie auf Ihre innere Stimme, hören Sie eine innere Stimme? Nehmen Sie zwei oder drei leichte Atemzüge, hören Sie in sich hinein.*"

Herr A: „*Ja, zwei Stimmen.*"

Therapeut: „*Geben Sie beiden Stimmen einen Platz, vielleicht eine Stimme an Ihrer rechten Seite und eine Stimme an Ihrer Linken, oder vielleicht auch irgendwo im Raum, geht das?*"

Herr A. wählt die beiden inneren Stimmen zur Linken und zur Rechten. Er beginnt mit der linken Seite. Ich lasse seinen Kopf etwas zur linken Seite und nach unten neigen, um ein „Beiseite-Sprechen" zu erleichtern. Er beginnt: „*Es ist wirklich wie ein Geschwür. Ich will endlich darüber sprechen, vielleicht geht es hier. Zu Hause kann ich es ja nicht. Auch im Club mit meinen Freunden geht das nicht. Ich werde es schon schaffen hier, aber ...*"

Ich hatte mich seitlich hinter die linke Seite von Herrn A. gestellt, die Seite , die jetzt die „Stimme hat". Nach dem ‚*aber*' sage ich: „*Stop! Lassen Sie diese Stimme noch einmal in Ihrem Ohr klingen. Die Stimme sagt: ‚Ich will versuchen, endlich über das Lager zu sprechen, ich möchte mich erleichtern, hier in diesem Raum?*'"

Herr A.: „*Ja.*"

Therapeut: „*So, jetzt hören wir die andere Stimme.*"

Ich neige nun von hinten leicht seinen Kopf zur rechten Seite, nach unten. Ich bitte die Dolmetscherin, sich spiegelbildlich zu mir hinter den Klienten zu stellen und aus dieser Position direkt die Stimme der rechten Seite zu übersetzen:

Herr A.: *„Es ist immer dasselbe, ich habe Angst, daran zu denken, wenn ich anfange, daran zu denken, rege ich mich gleich auf.“* Der Körper von Herrn A. beginnt leicht zu schwanken, ich sehe, wie ihm das Blut in den Kopf schießt.

Therapeut (jetzt hinter der Dolmetscherin): *„Ich habe Angst, daß ich mich aufrege, ich brauche Schutz.“*

Herr A.: *„Ja, aber eigentlich ...“*

Therapeut: *„Stop! Schenken Sie dieser Stimme noch einen Moment Aufmerksamkeit, hören Sie ihr gut zu! ... Bedanken Sie sich nun bei dieser Stimme, die für Schutz sorgen möchte.“* Ich trete nun vor den Klienten und frage: *„Wollen wir uns diese beiden Stimmen noch einmal anhören und ansehen?“* Herr A. ist noch etwas benommen und fragt: *„Wie denn das?“*

Ich dirigiere ihn auf einen kleinen Hocker. *„So, jetzt können Sie sich das mal von oben ansehen.“* Ich bitte die Dolmetscherin, neben mir auf dem Boden Platz zu nehmen. Wir erscheinen nun als die linke und die rechte Stimme. Ich bitte die Dolmetscherin, den rechten Part zu übernehmen und den Dialog mit mir, der linken Stimme, vor dem Klienten zu spiegeln. Die Dolmetscherin hat jetzt die zusätzliche Aufgabe, ihre und meine Dialogseite jeweils zu übersetzen.

Herr A. ist aufgrund seiner Position der erhöhten Ebene entlastet, schmunzelt während des Geschehens. Noch bevor die Darstellung ganz beendet ist, unterbricht er uns lachend und springt vom Hocker: *„Ach, Sie beide sind doch ein gutes Paar, lassen wir die beiden Stimmen doch zusammenarbeiten. Die eine traut sich, und die andere paßt auf.“*

Wir nehmen wieder unsere ursprünglichen Positionen im Raum ein, die Dolmetscherin wieder etwas im Hintergrund. Ich betone die Bedeutung der sorgenden „Paß auf“-Stimme und schlage vor, daß diese während der folgenden Konfrontation mit dem Lager deutliche Signale geben kann. Ich frage Herrn A., wie sie das tun kann.

Herr A.: *„Ich hebe den rechten Arm, und dann machen wir Pause."*

Therapeut: *„Und was dann?"*

Herr A.: *„Wieder so eine von Ihren Entspannungsreisen, oder* (lachend) *rausgehen und 'ne Zigarette rauchen."*

Therapeut: *„Haben Sie 'ne Idee, welche der Entspannungsreisen Sie dann möchten?"*

Herr A.: *„Ja, das mit der Wiese und dem Baum, und am besten, wie ich da liege und 'ne Zigarette rauche."*

Herr A. ist jetzt lockerer geworden. Das Wichtige: Wir haben sogenannte Widerstände (Ängste) nicht durchbrochen und ihn auch nicht in das Vorgehen hineingetrickst. Wir haben uns auch nicht stundenlang sitzend an diesen Widerständen verbal oder per Mimik und Gestik abgearbeitet.

Entscheidend ist, daß der Klient die Sicherheit gewinnt, jeden Schritt des Vorgehens für sich entscheiden zu können. Wir haben ihn nicht einfach verbal zu einer Zustimmung „überredet", sondern haben diese *compliance** mit ihm zusammen erarbeitet, dazu die Bewegung und Freiheit im Raum genutzt. Auf diese Weise war auch sein Körper in Aktion, hat teilgehabt am Konflikt, am Dialog.

Ich informiere über den nächsten Schritt: *„Ich werde mich gleich* neben *Sie auf das Sofa setzen. Ich werde Sie nach einer kleinen Entspannung bitten, sich den Tag vorzustellen, als Sie in das Lager gebracht wurden. Wir beide stellen uns, nebeneinander sitzend wie im Kino, eine Leinwand auf der gegenüberliegenden Wand vor, also dort drüben. Sie können dann versuchen, sich die Ereignisse aus dem Lager vorzustellen, so als würden sie jetzt gerade vor uns wie ein Film ablaufen. Sie wissen, Sie können jederzeit den Film anhalten oder zurückspulen oder in Zeitlupe oder in Zeitraffer ablaufen lassen, oder, das Wichtigste, Sie können ihn ganz abstellen, indem Sie Ihren rechten Arm heben. Machen Sie das mal jetzt."* Herr A. lächelt und weist mit dem ausgestreckten Arm auf die Dolmetscherin: *„Das ist Ihre Seite!"*

Ich wechsle den Platz und setze mich neben den Klienten. Die Veränderung dieser Sitzebene ist sehr wichtig! Die Traumakonfrontation kann nicht stattfinden, wenn Therapeut und Klient sich Aug in Aug gegenübersitzen. Die Vorstellungsebene wäre gestört durch die Person des Therapeuten. Wir umgehen damit in dieser Phase auch ganz bewußt den „Übertragungswiderstand“, von dem Psychoanalytiker sprechen. Es ist in dieser ersten Phase der Traumakonfrontation nicht angebracht, daß der Klient Fragmente des Schreckens auf den Therapeuten überträgt. Der Therapeut übernimmt jetzt noch eindeutig den Part des Miterlebens und ist der unterstützende Mensch.

Ich sitze nun neben Herrn A. auf dem Sofa und führe eine kurze Körperentspannung ein. Dann bitte ich Herrn A., sich mit mir zusammen die Leinwand vorzustellen.

Therapeut: *„Stellen Sie sich auf der Leinwand den Tag vor, an dem Sie von den Tschetniks abgeholt werden. Sie sagten mir, es war der 2. Juli 1992. Stellen Sie sich diesen Tag vor, als wäre er heute, der 2. Juli. Es ist Sommer, wo befinden Sie sich gerade, regnet es, scheint die Sonne, ist es bewölkt? Vielleicht können sich die Augen schließen, oder sie können geöffnet bleiben, während Ihr Mund, Ihre Lippen Worte formen können, Sie können jetzt damit beginnen.“*

Herr A.: *„Ja, es war am 2. Juli morgens. Ich sitze zu Hause und will gerade gehen. Ich höre Motorgeräusche von einem LKW draußen. Dazu Männerstimmen, jemand brüllt etwas. Ich höre Frauen schreien und Männer schimpfen. Ich will ans Fenster, aber da kommen schon zwei Tschetniks rein und halten mir ihre Maschinengewehre vor meinen Kopf. Sie schreien mich an: ‚Was sitzt Du noch rum, wir wollen Dich auf einen schönen Ausflug einladen, oder willst Du unsere Einladung ausschlagen?‘ Ich frage: ‚Was soll das? Was wollt ihr von mir?‘ Als Antwort schlägt mir einer seinen Gewehrkolben auf den Kopf. Ich falle auf den Boden und werde getreten.“*

Therapeut: *„Die Tschetniks treten Sie? Wo an Ihrem Körper treten sie, wo spüren Sie den Schmerz? Ich werde jetzt meine linke Hand zwischen Ihre Schulterblätter legen, damit ich besseren Kontakt mit Ihrer Stimme habe.“*

Herr A. stöhnt auf, ich frage noch einmal: *„Wo am Körper werden Sie getreten?“*

Unwillkürlich kommt Bewegung in seinen Körper, und er zeigt mit bewegter Gestik die getretenen Bereiche des Körpers. Er zeigt auf die Magengrube, den Kopf und den Unterleib. Die motorischen Bewegungen dazu tun ihm gut, erlösen ihn aus der Erstarrung. Ich spiegele und moduliere dann seinen Atem: *„Nehmen Sie zwei leichte Atemzüge und lassen Sie Ihren Aus-Atem tief in den Bauch hineinfließen. Legen Sie Ihre Hände auf den Bauch und spüren Sie den Rhythmus des Atems. Vielleicht kann Ihr Gesäß noch etwas tiefer in das Sofa hineinsinken. Was geschieht jetzt?"*

Herr A.: *„Ich merke, wie mein Kopf blutet."*

Therapeut: *„Wie spüren Sie das?"*

Herr A.: *„Es läuft warm an meinem Kopf herunter. Ich kann aber wieder aufstehen. Sie stoßen mich zur Tür raus. Dort sind schon viele andere Männer, viele bluten, einige liegen am Boden. Frauen und Kinder schreien. Unter den Tschetniks, die drum rumstehen, sehe ich meinen Schulfreund Ervin* (Name geändert). *Er sieht mich auch, erst guckt er weg, dann sieht er mich an und zündet eine Zigarette an. Ich rufe: ‚Holla, Ervin, hast du einen neuen Job?' Er dreht sich um und geht weg."*

Therapeut: *„Bleiben Sie noch einen Augenblick bei dieser Begegnung. Sie sehen Ihren Schulfreund auf der Seite der Folterer."*

Herr A. schüttelt den Kopf und atmet schwerer: *„Das ist wohl ziemlich verrückt, oder?"*

Therapeut: *„Ja, das ist Irrsinn! Wenn Sie sich jetzt Ihren ehemaligen Freund vorstellen in dieser Szene, haben Sie einen Impuls, ob Sie ihm etwas sagen könnten oder was Sie mit ihm tun könnten?"*

Herr A.: *„Weiß nicht, doch, ich würde ihm vieles sagen."* Dann verbittert-zynisch: *„Ich werde ihm sicher mal einen Kaffeebesuch abstatten, und da würde ich ihm schon was sagen oder vielleicht würde ich ihn einfach ansehen wollen, wer weiß?"*

Therapeut: *„Gut, das bewahren wir für später auf. Gehen wir wieder in die Szene rein, was passiert jetzt?"*

Die Begegnung mit dem Schulfreund ist eines der Schlüsselerlebnisse, durch die die Schmerzen der Mißhandlung und der

Folterungen mit Nichtverstehen und Sinnlosigkeit angereichert werden. Hier beginnen das bisherige Selbst-Verständnis des Menschen und sein vertrautes Verständnis der Umgebung zusammenzubrechen. In späteren Therapiestunden werden in der Vorstellung noch einmal Dialoge mit diesem ehemaligen Freund geführt, in denen es therapeutisch darum geht, die verzweifelte Suche des Klienten nach irgendeiner Art Sinn zu begleiten, wenn möglich auch überhaupt neue Sinngedanken zu entwickeln. Allein daß der Therapeut dies gemeinsam im „Sokratischen Dialog" mit dem Klienten tut, kann ein Stück Trost im Versuch des Verstehens bringen. Selten kann ein früherer innerer seelischer Friede wiederhergestellt werden. Für viele Klienten ist es erschreckend, wie sehr sich in ihrem Inneren Wut-, Haß- und auch Rachegefühle eingenistet haben, die sie vorher nie gekannt hatten. Es tat dem Klienten A. gut, diese Gefühle dem Therapeuten mitteilen zu können. Mit Unterstützung des Therapeuten entschied er sich in einer späteren Sitzung, vor dem Kriegsverbrecher-Tribunal in Den Haag auszusagen.

Die Traumakonfrontation wird unterdes weitergeführt. Der Klient berichtet ausführlich über die Fahrt auf der Pritsche des LKW auf Irrwegen in ein serbisches Lager. Beim Klienten werden erneut Gefühle der Angst, der Ungewißheit und vor allem der Sorge um seine Familie wach. Zu diesem Zeitpunkt weiß er noch nicht, wo sich seine Familie befindet.

Im folgenden noch ein Ausschnitt aus Szenen im Lager:

Herr A.: *„Ich werde in einen Raum gebracht, in dem ich allein gelassen werde. Die Tür wird abgeschlossen. Aus Nebenräumen höre ich Schreie von Männern. Ich sehe die Wände des Raumes, sie sind mit Blut bespritzt."*

Therapeut: *„Sie spüren den Kontakt mit meiner Hand zwischen Ihren Schultern? Ist es möglich, einen Moment bei diesem Bild zu bleiben? Sie* hören *die Schreie, Sie* sehen *das Blut an den Wänden, Sie* denken ...?"

Herr A.: *„Jetzt ist es aus mit mir, sie werden mich umbringen, hoffentlich geht's schnell. Das Schlimmste ist, daß ich meiner Frau, meinen Kindern nichts mehr sagen kann."*

Therapeut: „*Sie können sich dort sehen, allein in dem Raum und in Todesangst?*"

Herr A.: „*Ja, diese Todesangst, die kommt später nochmal, als sie mich zur Erschießungsstelle geführt haben. Ich habe mindestens zweimal abgeschlossen mit allem. Und dann war da noch der Tag in einem anderen Lager, wohin sie mich dann verschleppt haben, an dem sie mir sagten, sie hätten meine Frau und meine Kinder schon umgebracht. Das war der schlimmste Tag. Später stellte sich heraus, daß sie mich angelogen haben, um mich zu provozieren.*"

Therapeut: „*Was hätten Sie Ihrer Frau und Ihren Kindern sagen wollen, in diesem Raum allein, mit dieser Todesangst?*"

Herr A.: „*Versucht, rauszukommen, gebt das Haus auf, rettet Euer Leben, lebt für mich weiter. Auf Wiedersehen in einer anderen Welt.*"

Therapeut: „*Sind das tröstende Gedanken, in den Sekunden der Todesangst?*"

Herr A.: „*Ja, das sind die wichtigsten Gefühle, daß du dich irgendwie anständig verabschieden kannst und daß du weißt, daß die anderen in Sicherheit sind.*"

Therapeut: „*Sehen Sie sich diese beiden Gefühle noch einen Moment an, die Todesangst, sie werden mich umbringen, es ist aus, auch wo Sie jetzt diese Gefühle im Körper spüren* (Herr A. ist in dieser Vorstellung körperlich wie erstarrt), *und senden Sie jetzt den Gedanken von Trost, den Gedanken an die Sicherheit Ihrer Familie, daß sie weiterleben kann, in ihren Körper hinein ..., geht das?*"

Herr A. (durchatmend): „*Ja, der Gedanke tut gut, so macht alles wenigstens einen Sinn.*" (Sein Körper löst sich wieder aus der Erstarrung.)

Therapeut: „*Gehen Sie noch einen kurzen Moment zu dieser Todesangst, wie Sie erwarten, daß alles aus ist. Diese Angst, die sich überall ausbreitet im Körper. Jedes Lebewesen hat in solchen Momenten diese Angst. Stellen Sie sich vor, daß sie ein Ausdruck all der weisen unbewußten Kräfte in Ihnen ist, die Sie schützen wollen. Wenn Sie sich diese Angst als den letzten Versuch Ihres Unbewußten vorstellen, Sie zu beschützen, so können Sie sich vielleicht vorstellen, wie Sie sich auch für diese Angst bedanken? Vielleicht können Sie verstehen, daß diese Angst später immer mal wieder kommt, ja kommen muß, um Sie zu beschützen, weil Sie in diesem Erlebnis, das Sie jetzt mit mir teilen, wirklich am Abgrund stehen. Können Sie diese Angst später achten, da sie im Grunde Gutes will ...?"*

Herr A.: *„Ja, so hab ich das noch nicht gesehen, bis jetzt wollte ich die Angst immer weghaben, weil ich dachte, sie frißt mich auf."*

Hier ist für einen Moment die Überleitung entstanden, die zu den Symptomen der posttraumatischen Belastungsstörung führt. Die Symptome erhalten einen Sinn. Die Umdeutung von überfallartigen Angstanfällen in schützende Kräfte, die sich folgerichtig aus dem Erlebten ergeben, befreien den Klienten von der Sichtweise, sich selbst als gestört zu erleben. Er kann seine Symptome als sinnvolle psychobiologische Reaktion auf das Erlebte sehen. Damit verringert sich auch sein Vermeidungsverhalten: Er kann Gedanken an die Todesangst, die absolute Hilflosigkeit in der Bedrohungssituation wieder zulassen. Er kann dadurch auch darüber sprechen und mit therapeutischer Hilfe die Suche nach Sinn aufnehmen.

In dieser Sitzung gehen wir durch alle schrecklichen Erlebnisse im Lager auf diese Weise hindurch. Es folgen noch detaillierte Szenen, wie er mißhandelt und gefoltert wurde. Besonders belastend ist für Herrn A., wie er auch sexuell gefoltert wurde, indem ihm Gegenstände in den Anus eingeführt wurden, wie Söldner auf seinem nackten Körper urinierten. Er konnte überhaupt erst darüber sprechen, als der Therapeut ihm mitteilte: *„Wir wissen, daß viele Männer in den Lagern auch sexuell auf jede denkbare Weise gedemütigt wurden."* Es tat Herrn A. gut, mit dem Therapeuten dann die Ebene zu wechseln und Gedanken über die *Absichten* der Folterer zu entwikkeln. Ein Stück Sinnverständnis entstand durch den Versuch der Übernahme der Sichtweisen der Folterer: *Wie kann man einen Menschen am wirksamsten zerstören? Was ist schlimmer und wirkt länger als die Schläge? Wie erzeugt man lebenslange Beschämung und Schuldgefühle?*

Herr A. erfuhr einen Tag nach Ankunft in dem Lager, daß auch seine beiden Söhne dorthin verschleppt worden waren, daß seine Frau in einem anderen Lager war, in dem Frauen massenhaft vergewaltigt wurden. Er erlebte die grausame Ermordung seines Schwagers mit, die Quälereien an seinen Söhnen und an vielen anderen Lagerinsassen wie auch die Hinrichtungen oder das Zu-Tode-Quälen seiner Leidensgefährten. So hatte auch Herr A. Schuldgefühle, überhaupt überlebt zu haben; Schuldgefühle, wie wir sie von Überlebenden des Holocaust kennen.

Mehrere Sitzungen und viele Stunden haben wir so gemeinsam mit seiner Trauma*wirklichkeit* verbracht, eine Wirklichkeit, die durch nichts aus der Welt zu schaffen ist. Der Klient brauchte die Therapie, die Menschen des Behandlungszentrums, die bereit waren, mit ihm diesen Weg noch einmal zu gehen. Mit Herrn A. gingen wir diesen Weg mehrmals wiederholend, bis es beinahe ein Ritual geworden war. Während seine Seele zuvor die größte Energie benötigt hatte, um diese Wirklichkeit irgendwie hinwegzuschaffen und zu vergraben, kann er nun das Schreckliche, das er erfahren hat, als zu sich, zu seinem Selbst gehörig sehen und akzeptieren. Die Schmerzzustände treten kaum noch auf, die ständige Übererregung hat sich deutlich verringert. In seiner freigesetzten seelischen Energie ist wieder ein wenig Platz für unbefangenen und herzhaften Humor und sogar für Zukunft. Manches Mal haben wir während der Stunden herzhaft und laut gelacht. Auch dies gehört zur Therapie, die das Überleben als Sinn sucht. Vor einigen Wochen fand Herr A. einen Tierarzt in Berlin, der ihn in seiner Praxis hospitieren läßt.

Im nächsten Abschnitt der Therapie werden wir nun seine Frau und seine Kinder zu gemeinsamen Familientherapiesitzungen einladen. Die Familie ist als Ganzes, als System traumatisiert. Es genügt nicht, ein einzelnes Mitglied aus der Familie zu behandeln, auch wenn dieses am schlimmsten gefoltert wurde. Das Trauma ist in das Verständnis und Verstehen der ganzen Familie zu integrieren, damit Sprachlosigkeit und krankmachende Delegationen überwunden werden und verhindert wird, daß das Unausgesprochene wie ein Virus die Familie befällt und dort weitere Zerstörungen anrichtet.

In einer der letzten Stunden sagte Herr A.: *„Als ich am Anfang hierher kam, war ich ein anderer als jetzt. Ich habe hier gelernt, Spuren meines Lebens anzusehen und sie festzuhalten. Ich spüre jetzt besonders Lust, meine Arbeit wieder aufzunehmen. Am schlimmsten ist für mich jetzt das Warten, daß ich hier nicht arbeiten kann. Ich möchte so bald wie möglich zurück nach Bosnien, um meine Arbeit viel sinnvoller und bewußter zu machen. Ich sehe auch meine Zukunft mit neuen Augen. Ich glaube, ich bin ein bißchen weise geworden. Ich bitte Sie, mir meinen Therapie-Verlauf aus Ihrer Sicht aufzuschreiben. Ich möchte dieses Schreiben gern wie eine Urkunde aufbewahren.“*

Dennoch: Wir sind uns nicht sicher, wir haben nicht im üblichen Sinne ein Gefühl von „Heilung“. Auch wenn manchmal der Eindruck entsteht, Herr A. habe seine Folterer innerlich besiegt, so befällt mich ein Gefühl unbestimmbarer Sorge, wenn er manchmal völlig ruhig und abgeklärt dasitzt, sich in Schweigen hüllt, so als habe er irgendwo für sich abgeschlossen – was alles bedeuten kann.

Bruno Bettelheim, der sich nach seinen KZ-Erfahrungen sein Leben lang damit auseinandergestetzt hatte, schrieb:

„What cannot be talked about can also not be put to the rest, and if it is not, the wounds continue to fester from generation to generation.“ (Bettelheim, 1984, S. 166)

Die Spur des Schmerzes – Psychosomatische Störungen bei Folterüberlebenden

Von Mechthild Wenk-Ansohn

„Wenn ich meine Augen schließe, sehe ich schreckliche Bilder vor mir, Soldaten dringen in unser Haus ein, sie schlagen alles kaputt, die Kinder schreien, sie kommen auf mich zu ..."

Die Patientin sitzt mir gegenüber und hat den Blickkontakt zu mir verloren. Ihre Augen sind weit, angstvoll in die Ferne gerichtet. Dann senkt sie für Sekunden den Kopf. Als sie wieder zu mir schaut, huscht für einen Moment der Ausdruck von Traurigkeit über ihr Gesicht, dann versucht sie zu lächeln. „Ich versuche meine Gedanken anzuhalten, an etwas anderes zu denken, versuche nicht zu sehen, was vor meine Augen kommt, aber es gelingt mir nicht. Tag und Nacht habe ich Kopfschmerzen. Können Sie nicht meinen Kopf röntgen und sehen, woher diese entsetzlichen Schmerzen kommen? Sie haben mich auch auf den Kopf geschlagen, vielleicht findet sich hier der Grund für meine Beschwerden." Bei diesen Worten furcht sie angestrengt die Stirn; es wird sichtbar, wie sie die Muskeln des Kopfes anspannt, um die Gedanken anzuhalten, und versucht, die Augen vor den auftauchenden Bildern zu schließen. Aber es gelingt ihr nicht. Durch die Flucht nach Deutschland hat sie sich retten können, in ihren Gedanken jedoch hat sie die Peiniger mitgebracht, zu tief haben sich die bedrohenden, verletzenden und erniedrigenden Situationen in ihr Gedächtnis eingegraben.

Auf dem Röntgenbild würden wir nichts sehen, was die Schmerzen erklärt. Vielleicht würden wir Reste einer älteren Verletzung von Hirngewebe im Computertomogramm sehen – aber auch diese Veränderungen erklären in den meisten Fällen die Schmerzen nicht. Mit Medikamenten können wir die

Schmerzen eine Zeitlang lindern, aber nicht lösen. Die Schmerzen, die sich im Körper ausdrücken, stammen oft aus der Seele, drücken Unerträgliches aus. Etwas, was ein Mensch vergessen will, aber nicht vergessen kann, Gefühle, die bedrohlich sind.

Ich biete ihr an: „Wir können uns Zeit miteinander nehmen. Wenn Sie möchten, können Sie mir jede Woche etwas von dem erzählen, was Sie bedrängt, von dem, was Ihnen so schmerzlich war in Ihrem Leben, daß Sie es nicht vergessen können. Wir können es uns zusammen anschauen. Ich möchte Sie kennenlernen, nicht nur, was Sie erlitten haben, sondern auch, wie Sie vordem gelebt haben und was früher in Ihrem Leben für Sie wichtig und stärkend war."

Wenn die Patienten zu uns kommen, sind körperliche Störungen oft der Anlaß, Hilfe zu suchen. Wir finden Narben, Bewegungseinschränkungen als Folge von Verletzungen, Gehbehinderungen durch Schmerzen in den Füßen nach wiederholten Schlägen auf die Fußsohlen (Falanga). Letztere lassen sich durch krankengymnastische Übungen und orthopädische Einlagen lindern, aber nicht heilen. Oder die Patienten kommen mit Zahnbeschädigungen, Trommelfell- oder Augenverletzungen. Diese sind sichtbar und können behandelt werden. Häufig sind äußerlich am Körper keine Spuren der Folter sichtbar. Und dennoch äußern fast alle Patienten anhaltende Schmerzen. In den wenigsten Fällen finden wir körperliche Ursachen, die diese Schmerzen erklären. Das Trauma hat eine tiefe Spur in der Seele hinterlassen. *Der Schmerz ist die verkörperte Erinnerung.*

In einer der darauffolgenden Stunden spricht die Patientin erneut von ihren Kopfschmerzen. „Immer sind sie da, sie lassen mich nie los, immer gleich." Ich frage sie nach dem Wie des Schmerzes, d.h. nach seiner Art und Intensität, und auch danach, wie er an den verschiedenen Tagen der letzten Woche war. Ich bitte sie, den Schmerzverlauf symbolisch mit farbigen Stiften auf Papier auszudrücken.

Es fällt ihr nicht leicht, denn sie ist Analphabetin und es ist für sie ungewohnt, einen Stift in der Hand zu halten. Dann beginnt sie mit Spaß, verschiedene Farben auszuprobieren, und wählt Rot für den Schmerz. Uns beiden fällt auf, wie auf der Zeichnung das Rot an einzelnen Tagen unterschiedlich intensiv ausfällt. Sie ist erstaunt darüber, daß der Schmerz doch nicht immer so gleichbleibend war, wie sie es zunächst in Erinnerung gehabt hatte.

Ich zeige auf ein besonders starkes Rot und frage nach, was an diesem Tag Besonderes gewesen war. Daraufhin erinnert sie sich: „Am Abend davor rief mich meine Tante an aus meinem Heimatdorf. Sie haben meinen Onkel abgeholt. Er hat fünf Kinder, und meine Tante ist schwanger. In der Nacht bin ich aufgewacht, mein Mann war auch wach. Ich hätte geschrien, meint er." – „Erinnern Sie sich, ob Sie geträumt hatten?" – „Ja. Ich war zu Hause." – „Hier in Ihrem Heim in Berlin?" Sie schaut mich verwundert an: „Nein, im Haus in Kurdistan. Als *sie* kamen, habe ich gerufen: ‚Tötet meine Kinder nicht, tötet meine Kinder nicht!'" Sie weint. Nach einer Weile erzählt sie davon, wie sie im sechsten Monat ein Kind verloren hat nach einem Überfall durch Militärs auf ihr Haus und Schläge auf ihren Bauch. „Nach einer Woche mußte mir dann im Krankenhaus das tote Kind entfernt werden – die Gebärmutter und die Eierstöcke auch. Jetzt bin ich nur noch eine halbe Frau."

Die fünfunddreißigjährige kurdische Patientin aus der Türkei (im weiteren Text als Patientin A bezeichnet) ist Mutter von drei Kindern. Sie verließ mit ihrer Familie das Land, nachdem sie und ihr Mann mehrfach gefoltert worden waren. Bei der körperlichen Untersuchung zeigten sich Spuren von Folterungen, über die sie bislang nur andeutungsweise sprechen kann. Auch mit ihrer Familie spricht sie nicht über das, was ihr widerfahren ist. Zwei ihrer Kinder sind ebenfalls in ärztlicher Behandlung wegen psychosomatischer Beschwerden. Körperlich leidet sie selbst auch an Rücken- und Unterleibsschmerzen. Die psychische Symptomatik umfaßt Schlafstörungen mit Alpträumen, in denen sie Verfolgungs- und Foltersituationen immer wieder durchlebt, auch tagsüber kommen ihr Bilder, derer sie sich nicht erwehren kann. Sie hat depressive Zustände, Ängste, innere Unruhe und Konzentrationsstörungen.

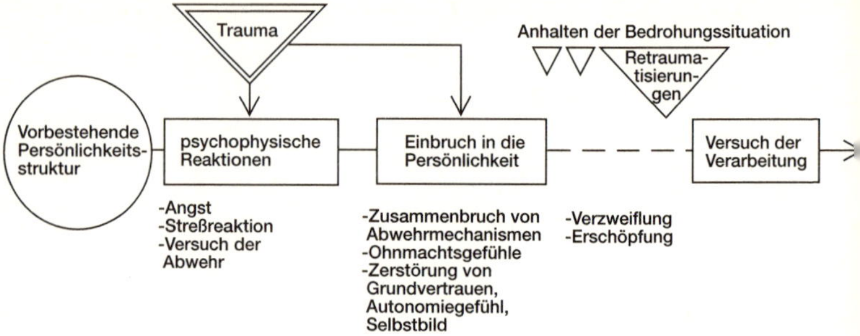

Eine große Rolle spielt neben dem selbst Erlebten auch die Sorge und Trauer um nahe Freunde und Familienangehörige; zehn von ihnen, darunter auch Kinder, sind in den letzten zwei Jahren entweder gewaltsam umgekommen und zum Teil zerstückelt aufgefunden worden oder gelten als verschollen bzw. befinden sich in Haft.

Gegen Ende der Stunde schauen wir erneut auf den aufgemalten Kopfschmerzverlauf der letzten Woche. Ich frage sie, wie es war, als die Schmerzen wieder etwas nachließen. „Manchmal spüre ich die Schmerzen weniger, wenn ich mit meinen Kindern spiele, mich ablenke. Aber an dem Montag, da war mir sehr übel und ich habe mich übergeben. Danach ließen die Schmerzen nach. Ja, das ist manchmal so, wenn ich mich übergebe, dann fühle ich mich besser."

Ich erzähle ihr von unserer deutschen Redewendung, daß man etwas zum Kotzen findet, und frage, ob es im kurdischen Sprachgebrauch etwas Ähnliches gibt. Sie bejaht. „Es ist wirklich zum Kotzen, was die mit mir getan haben, wie die Tiere waren sie. Direkt danach, da war ich oft sehr wütend. Aber das ist lange her, jetzt kann ich nur noch weinen, wenn ich an alles denke."

Ihre Äußerung läßt mich annehmen, daß ihre Wut auf die Peiniger ihr zur Zeit nicht mehr zugänglich ist, sie zumindest keine Möglichkeit findet, diese auszudrücken. Ich frage sie, ob sie zur Zeit in alltäglichen Situationen Wut empfindet

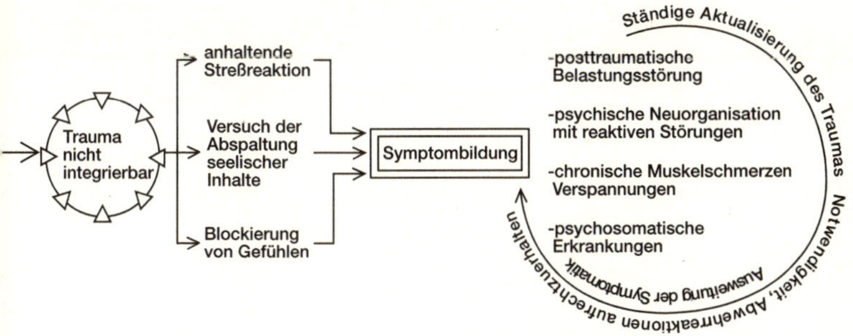

Abb. 2: Vom Trauma zur Symptombildung

und diese zeigen kann. „Nein, ich bin eigentlich immer freundlich. Aber manchmal, mit meinen Kindern, da platzt mir schnell der Kragen. Da bin ich manchmal so ungerecht, kann mich gar nicht kontrollieren – und dann schäme ich mich dafür."

Ihr Schamgefühl ist ein Thema, das in den ersten Stunden immer wieder zur Sprache kam. Sie schämt sich vor mir. Sie schämt sich vor der Rechtsanwältin, vor dem Beamten in der Anhörung (leider werden bislang Frauen oft durch männliche Anhörer befragt). Allen hat sie möglichst offen preisgeben müssen, was sie durchlitten hat. Auch vor ihrem Ehemann empfindet sie Scham und kann über ihre traumatischen Erlebnisse mit ihm nicht sprechen. Sie schämt sich vor ihren Kindern, wenn sie weint. – Scham, Selbstentwertung, aber auch Schuldgefühle prägen ihre Empfindungen: „Was muß ich für ein Mensch sein, daß mir so etwas zustoßen mußte? Und habe ich überhaupt ein Recht, zu fliehen und hier für mich zu sorgen, wenn Familienangehörige und Freunde im Heimatland weiter leiden?"

Der Kopfschmerz der Patientin ist das körperliche Symptom eines komplexen inneren Geschehens. Er hat die Funktion, Gefühle der tiefsten Verletzung und Scham zu binden, die weder mit ihrem früheren Selbst- und Weltbild noch mit den Herausforderungen der gegenwärtigen Exilsituation vereinbar sind.

Das auf Seite 86/87 abgebildete Schema versucht, den Zusammenhang zwischen Trauma und Symptombildung aufzuzeigen, Beobachtungen und Gedanken zu ordnen, um zu einem tieferen Verständnis zu gelangen (Abb. 2).

Vorbestehende Persönlichkeit

Wir erleben einen Menschen, der zu einem bestimmten Zeitpunkt seines Lebens eine traumatische Situation oder gar lange anhaltende Traumaphasen erlebt hat. Vor dem Trauma hatte er eine Persönlichkeitsstruktur, die sich in der Auseinandersetzung seiner eigenen Kräfte, Wünsche und Impulse mit den Möglichkeiten und Grenzen der Realität sowie ihren alltäglichen Gefahren entwickelt hatte. Er lebte in einem familiären und sozialen Zusammenhang, einer Kultur mit Regeln, Verboten und Tabus. Für alltägliche Belastungssituationen hatte er Verhaltensweisen und Abwehrformen der Angst entwickelt.

Die meisten unserer Patienten waren vor der erlebten Verfolgungs- und Foltersituation ohne wesentliche Störungen, weder sie noch Familienmitglieder berichten von einer prätraumatischen Symptomatik. Einige aber wuchsen in einer von Verfolgung und Gewalt gezeichneten Familie und Umgebung auf. Manchmal war bereits der Vater in der Kindheit länger in Haft, und die Angst war ein ständiger Begleiter in der Kindheit, so daß wir damit rechnen müssen, daß eine höhere Verletzlichkeit vorbesteht.

Eine sechzehnjährige Patientin (Patientin B), ebenfalls Kurdin aus der Türkei, malte in einer Therapiestunde ihre Mutter, wie sie vor dem Haus steht und Wolle spinnt. Ein spindeldürrer Körper mit riesigem Kopf und großen, dunklen Augen. „Meine Mutter, sie schaute immer so traurig aus und war immer so mager. Immer habe ich gebetet, daß meine Mutter doch nicht mehr so traurig sein sollte und ein bißchen zunähme. Wenn wir zu Hause am Tisch saßen, dann saß die Angst immer auch mit bei uns. Manchmal brachten wir kaum einen Bissen runter. Immer das Lauschen nach draußen auf Geräusche, ob sie wieder kommen und uns überfallen. Als mein Vater nach fünf Jahren aus der Haft kam, da war er ein Krüppel, konnte kaum mehr laufen. Damals haben sie ihm gesagt: ‚Jetzt nehmen wir uns Deine Kinder vor.'"

Die Patientin selbst war dreizehn Jahre alt, als sie das erste Mal abgeholt wurde und über mehrere Tage gefoltert wurde. Die Folter traf sie in einem Moment, als sie noch ein Kind war. Sie verstand auch nicht, warum sie gefoltert wurde. Diese Patientin ist in ihrem Grundvertrauen zutiefst erschüttert. Panikattacken begleiten sie durch den Tag, Alpträume durch die Nacht.

Wenn sie bei Entspannungsübungen es schafft, sich ein bißchen auf der Unterlage abzulegen, die Anspannung etwas nachläßt und der Atem tiefer wird, so reicht die leiseste Irritation und sie sitzt wieder aufrecht da, mit weit aufgerissenen Augen und klopfendem Herzen. Immer wieder arbeiten wir am Bodenkontakt, d.h. an der Wahrnehmung des stützenden Untergrundes, daran, sich allmählich gelöster dem tragenden Boden im Liegen, Sitzen oder Stehen anzuvertrauen. Die ständige Anspannung bereitet der Patientin Schmerzen im Kopf und im Rücken. Sie will diese Schmerzen loswerden. Doch die Anspannung im Sinne einer ständigen Habachtstellung bedeutet für sie auch Sicherheit und Vorbereitet-Sein, damit eine neuerliche Aggression sie nicht unerwartet und überwältigend trifft. Sie wird diese Anspannung nur langsam loslassen können. Wenn es in den Therapiestunden möglich war, Wut und Empörung zuzulassen, gab es Momente, in denen die Patientin gelöst wirkte. Das sind kurze Augenblicke, in denen sie Ansätze von eigener Stärke und Selbstwert wiedererlebt. Sie zeigen ihr, daß bei aller Zerstörung doch noch Quellen eigener Kraft in ihr vorhanden sind. „Aha, so kann ich mich auch anfühlen, und dann bin ich eigentlich doch auch stark."

Psychophysische Reaktionen einer Streß-Situation im Alltag

Wir alle kennen Streßreaktionen, zum Beispiel wenn wir im Auto fahren und plötzlich aus unübersichtlicher Straße ein Auto einbiegt. In einer solchen Situation kommt es unmittelbar zu körperlichen Vorgängen: Wir halten für einen Moment den Atem an, der Körper spannt sich, das Herz rast, noch bevor wir das andere Auto bewußt wahrnehmen und uns darüber klar werden, daß es möglicherweise zum Zusammenstoß kommt. Ein schnelles Brems- oder Ausweichmanöver und – zum Glück ist nichts passiert. Wir fahren weiter. Es bleibt vielleicht ein „heißes", stechendes Gefühl in der Magengegend zurück, noch eine Weile bleibt der schnelle Herzschlag, die Atmung ist jetzt beschleunigt, wir fühlen ein leichtes Zittern in unseren Gliedern. Wir sind hellwach, fahren langsamer, und das Bild und der Schreck begleiten uns noch ein Stück. Am Abend, wenn wir uns entspannen, taucht das Bild vielleicht noch einmal auf. Wir sind heilfroh, daß nichts passiert ist.

Die erhöhte Muskelspannung in der Streßsituation ist ebenso wie die vegetativen Reaktionen eine Art körperliche Vorbereitung auf Abwehr und Flucht.

In einer stark lebensbedrohlichen Situation, zum Beispiel bei einem Unfall oder einer Katastrophe, die den bisherigen Rahmen alles Erlebten sprengt, gibt es oft kein Brems- und Ausweichmanöver. Nach solchen Erlebnissen, die durch eine vollständige Hilflosigkeit gekennzeichnet sind, können vegetative Streßreaktionen und Anspannung weiterhin fortbestehen.

Besonders gilt dies für Menschen, die der Folter ausgeliefert sind. Sie können sich in der Situation nicht wehren, sind gefesselt, werden festgehalten, die Übermacht der anderen ist eindeutig. Gegenwehr mag den eigenen Tod herbeiführen. So bleiben die Körperreaktionen in der Vorbereitungsphase stecken.

Der Einbruch in die Persönlichkeit

Ein Mensch unter der Folter befindet sich in einer Situation, in der seine leibseelische Ganzheit zutiefst verletzt wird. Er wird körperlich verletzt, ihm werden unerträgliche Schmerzen zugefügt, er wird erniedrigt, gedemütigt, seine Schamgefühle werden mißachtet, und er findet sich alleine und ohnmächtig Übermächtigen gegenüber, die ihn mit ungeahnter Unmenschlichkeit behandeln. Angst und Schrecken breiten sich in ihm aus, die bisher erlernten Bewältigungsmöglichkeiten bieten keinen Schutz in dieser extremen Situation. Der Mensch ist in seinem Innersten getroffen. Grundvertrauen und Autonomiegefühl werden hinweggefegt, das Selbst- und Weltbild erschüttert oder zerstört; Ohnmachtsgefühle und ein tiefes Mißtrauen bleiben zurück, häufig auch Scham- und Schuldgefühle. Die Schuldgefühle sind nicht unbedingt daran gebunden, daß er letztendlich nicht mehr widerstehen konnte und andere vielleicht verraten hat, sondern es entsteht oft eine allgemeine Form der Selbstanklage: „Was bin ich für ein Mensch, daß mir dieses geschehen konnte. Ich bin nichts mehr wert." Insbesondere die häufig angewandte sexuelle Folter spielt eine enorme Rolle bei der Zerstörung des Selbstwertgefühls.

Stärker als bei einer einmaligen traumatischen Situation führt unter Bedingungen von Haft und Folter das *Anhalten der Bedrohungssituation* und das wiederholte ohnmächtige Ausgesetztsein an extreme physische und körperliche Gewalt, wie bei der systematischen Folter bezweckt, allmählich zur Erschöpfung und Verzweiflung. Auf der körperlichen Ebene ist der Kampf gegen das innere Nachgeben ebenfalls wieder mit erhöhter Muskelspannung verbunden. Vermutlich kommt es in diesem Zusammenhang insbesondere zu Verspannungen im Lendenwirbelsäulenbereich. Besonders dort findet auf muskulärer Ebene der Konflikt zwischen Nachgebenwollen und Aufrechtbleibenwollen seine körperliche Entsprechung (Kütemeyer, 1979). Sehr viele unserer Patienten klagen über chronische Schmerzen mit Hartspann der Muskulatur in diesem Bereich.

Versuch der Verarbeitung – Symptombildung

Für alle Menschen ist ein Foltertrauma ein tiefer Einschnitt in ihrer Lebensgeschichte. Die Lebenslinie ist wie unterbrochen, die Beziehung zu sich selbst, zu anderen und zu der Welt ist eine andere geworden. Mühsam versucht der Mensch, ein neues Gleichgewicht, eine neue Überlebensform zu finden. Da das Trauma so schwer in das bisherige Selbstbild integrierbar ist, ist ein solcher Verarbeitungsprozeß häufig ohne Symptombildung nicht möglich. Die Symptome können seelischer und körperlicher Natur sein, sie können unmittelbar nach dem Trauma oder auch Monate oder Jahre später auftreten, wenn das labile Gleichgewicht durch Veränderungen oder Retraumatisierungen (s. u.) bedroht wird.

Denken wir zurück an die gleich zu Beginn geschilderte Patientin (Patientin A): Sie ist geflohen, aber in ihren Gedanken hat sie die Peiniger mitgebracht. Auch wenn die bedrohende Situation vorüber ist, hält bei vielen gefolterten Menschen die psychische und körperliche Reaktion an, auch Monate und sogar Jahre und Jahrzehnte später, auch dann, wenn sie tausende Kilometer vom Ort der Traumatisierung entfernt sind. Es ist so, als seien sie noch in dieser Situation oder als könne diese Situation unmittelbar drohen.

Die traumatisierenden Ereignisse bleiben wie frische Wunden im Gedächtnis und werden ständig wieder reproduziert. Sie tauchen nachts auf in Alpträumen, tagsüber in Gedanken und Bildern. Diese werden manchmal spontan oder im Gefolge irgendeines Alltagsereignisses, das an das Trauma erinnert, ausgelöst: Der Klang schwerer Schritte auf dem Flur im Wohnheim, ein spezieller Geruch, eine Gesprächstermin bei Behörden oder beim Arzt, der den Betroffenen an die damalige Verhörsituation erinnert. Angstvoll tasten traumatisierte Menschen die Umgebung nach Bedrohungen ab (Gersons, 1995) und versuchen, solche Situationen zu vermeiden. Sie verbleiben im Zustand innerer Anspannung und Erregtheit oder in einem Zustand der Erstarrung. Phasen von innerer Erregtheit können mit Phasen der Erstarrung wechseln, beide sind Ausdruck der *Grundstimmung Angst*. Die Angst ist oft gepaart mit dem Gefühl der Ausweglosigkeit, der Hoffnungslosigkeit.

Der Begriff der Posttraumatischen Belastungsstörung (posttraumatic stress disorder, PTSD), wie er im Diagnosemanual DSM IV (APA, 1994) definiert ist, erfaßt einen Teil der vielschichtigen psychischen Traumafolgen. *Die Posttraumatische Belastungsstörung hat eine Vielzahl körperlicher Äquivalente.* Dazu gehören die anhaltende gehobene Wachheit (Habachtstellung) mit ihren *vegetativen Regulationsmechanismen* über Atmung, Herz-Kreislaufsystem, Magendarmtrakt und urogenitales System einerseits und die persistierenden muskulären Verspannungen andererseits. Die *Muskelverspannungen* führen zu Schmerzen im Bereich von Muskelgruppen und Nervenversorgungsgebieten, z.B. im Bereich der Halswirbelsäule und des Kopfes oder der Lendenwirbelsäule. *Schmerz* führt reflektorisch zu Gegenspannung und diese erneut zu Schmerz, so daß dieses Geschehen in eine Art Teufelskreis mündet. Psychogene Schmerzen können jedoch auch ohne Muskelspannung entstehen; es ist, als seien sie zentral im Gehirn gespeichert. Sie können durch assoziativ verknüpfte Reize, Erinnerungen, Erlebnisse oder Handlungen ausgelöst werden.

Die körperlichen Störungen im Bereich der Organsysteme und des Skelettsystems sind also zum Teil durch die anhaltende Streßreaktion bedingt. Zum anderen liegt ihre Ursache im mißlungenen Verarbeitungsversuch der traumatischen Erlebnisse, und sie sind eine Art Lösungsversuch von Konflikten, die dem Menschen in diesem Moment vom Bewußtsein und der realen Situation her nicht anders lösbar sind. Es entstehen im Bereich der Organsysteme „Anstattreaktionen". Es finden körperliche Reaktionen statt, hinter denen sich abgespaltene seelische Inhalte verstecken bzw. auf diese Weise einen Ausweg suchen.

Das emotionale Geschehen des Menschen ist ja grundsätzlich mit körperlichen Reaktionen im neuromuskulären System und im Bereich der vegetativen Regulationen verbunden. Jeder von uns kennt sicherlich körperliche Empfindungen

Abb. 3: Häufige psychosomatische Traumareaktionen

im Moment der Traurigkeit, bevor die aufsteigenden Tränen Erleichterung verschaffen. Solche Körperreaktionen finden auch statt, wenn die Emotionen unbewußt bleiben oder eine Verstimmung anhält.

Anhaltende Störungen des seelischen Gleichgewichtes können auf diese Weise das Fließgleichgewicht (die Homöostase) der inneren Organe und Organsysteme beeinträchtigen. Die nervalen und humoralen Vorgänge (durch Hormone, Gewebshormone, chemische Botschafter im Blut und andere Körperflüssigkeiten übermittelt), die an der Übersetzung seelischer Vorgänge in den Körper beteiligt sind, führen dann zu Veränderungen in den Geweben und Organen. Auf der körperlichen Ebene führen die über längere Zeit anhaltende posttraumatische Streßreaktion und der mangelnde Schlaf ohnehin zur Schwächung des Immunsystems, so daß der Organismus anfälliger wird. Durch das Überwiegen adrenerger Zustände (wachheitsbezogene hormonelle und nervliche Vorgänge im Rahmen der ständigen Habachtstellung) kommt es zur Schwächung der Erholungsvorgänge in den Organsystemen, diese werden also anfälliger für Störungen.

In Abb. 3 sind psychosomatische Störungen zusammengestellt, die wir bei unseren Patienten häufig finden. Sie sind zumeist das körperliche Äquivalent von Angst und Depression, enthalten dabei auch oft Gefühle von Wut, die nicht zugelassen werden können. Aggression, Gegenwehr und Haß wären ja adäquate Reaktionen gegen die Peiniger. Die Peiniger sind jedoch nicht erreichbar, und die Gefühle sind zu überwältigend. Sie richten sich schließlich gegen das Selbst des Opfers.

Verstärkung von Symptomen durch die ständige Aktualisierung des Traumas

Im Rahmen des Wiedererlebens der traumatischen Situation in Form von Alpträumen und inneren Bildern kommt es zur ständigen Aktualisierung und Ausweitung von Ängsten (s. Abb. 2). *Retraumatisierungen*, zum Beispiel durch ausländerfeindliche Übergriffe, Demütigungen im Rahmen ihrer Situation als Asylbewerber oder Informationen durch Presse und Telefon über den anhaltenden Krieg im Heimatland sowie die Sorge um die dort Zurückgebliebenen tragen zusätzlich dazu bei, daß die Patienten innerlich nicht zur Ruhe kommen, und erfordern immer wieder das Aufrechterhalten von Abwehrreaktionen. Das Zusammenspiel von Posttraumatischer Belastungsstörung mit solchen Retraumatisierungen ist so ein Teufelskreis, der die Symptome verstärkt und ausweitet. Die Behandlung traumatisierter Flüchtlinge wird dadurch erschwert, daß sie sich zumeist in einem Zustand anhaltender Traumatisierung befinden.

Die oben erwähnte junge kurdische Patientin (Patientin B) hatte sich im Verlauf der regelmäßigen Gespräche bei uns etwas entlasten und stabilisieren können. Nach einer Polizeikontrolle in ihrem Heim, die gar nicht ihr galt, bei der jedoch Polizisten auch in ihre Wohnung eindrangen, kam es zur erneuten Verschlimmerung ihrer Beschwerden. In ihren Träumen tauchten jetzt Gestalten auf, in denen sich die Gestalt der Folterer mit dem Aussehen deutscher Polizisten mischte. Sie verlor die Hoffnung, hier sicher zu sein. Die Verunsicherung und das Mißtrauen erstreckte sich über Stunden auch auf uns als Behandler. Wenige Wochen später erschien die Patientin wiederum auffällig blaß zur Behandlung, auch hatte sie deutlich abgenommen. Die Patientin hatte die Nachricht bekommen, daß in ihrem Heimatdorf die Felder abgebrannt und die gesamte Ernte vernichtet worden war und daß ihre Eltern mehrfach bedroht worden waren. Sie beschrieb ihren Zustand: „Ich sitze am Tisch und sage mir, du mußt essen. Aber ich bekomme keinen Bissen herunter. Immer sehe ich jetzt die brennenden Felder vor mir. Es ist, als würde mein Herz brennen“, dabei faßte sie in die Herzgegend, „manchmal habe ich wieder das Gefühl, keine Luft zu bekommen.“ Sie malte dann ein Bild, das die brennenden Felder und das Haus ihrer Eltern zeigt. Ich fragte sie nach den kleinen schwarzen Figuren im Haus und auf dem Dach. „Das sind Soldaten, sie sind in mein Haus eingedrungen ...“

Das Haus mag hier auch als Bild ihrer leibseelischen Ganzheit verstanden werden. Die Soldaten und Folterer haben in diesem Haus Einzug gehalten, sie hat ihre Grenzen verloren, sie bestimmt nicht mehr, was in ihrem Haus passiert. Es scheint, als habe sie ihre Peiniger internalisiert und ihre Autonomie verloren.

Einige Stunden später faßte sie selbst in Worte, was auf dem Bild zum Ausdruck kam: „Es ist, als wären Flecken oder Schatten überall in meinem Körper, als hätten sie Wurzeln geschlagen, die in jeden Winkel reichen. Ich finde keinen freien Platz mehr in meinem Körper."

Die Rückverfolgung der Spuren

Es wird deutlich, wie komplex und vielschichtig die Bedeutung von Symptomen bei Folterüberlebenden sein kann. Die Symptome sind das, was nach außen sichtbar wird, die Wurzeln reichen in die Tiefe der Seele. Es gibt wohl niemanden, bei dem solch extreme Erlebnisse spurenlos bleiben. In der Therapie verfolgen wir diese Spuren zurück, um den Sinn und die Dynamik der Symptome dieses Menschen mit ihm zusammen zu erkennen. Es geht um die Rückführung der psychischen Anteile, die im Körpersymptom oder in der psychischen Symptomatik zum Ausdruck kommen, in die bewußte Wahrnehmung und darum, neue Lösungsmöglichkeiten zu finden.

Die Entlastung durch das Mitteilen von bisher Ungesagtem ist in der Therapie oft ein zentraler Schritt. Zu verstehen, daß das Symptom eine ganz normale Reaktion auf eine völlig abnorme Erfahrung ist, kann ein zweiter hilfreicher Schritt sein. Der Mensch bleibt dadurch weniger *Opfer* seines Schmerzes und seiner unannehmbaren Lebensgeschichte. Er fühlt sich angenommen als ein Mensch, der verständliche Reaktionen hat, die er mit vielen anderen Menschen teilt. Voraussetzung für eine anhaltende Veränderung ist jedoch, die Gefühle zuzulassen und auszudrücken, die bislang zu bedrohlich waren. Der Konflikt, der im Symptom gebunden ist, hat dann die Möglichkeit, andere Lösungswege zu finden als den Ausdruck im Körper oder in einer psychischen Symptomatik. Ein solches Durcharbeiten der traumatischen Erlebnisse erfordert den Aufbau einer Vertrauensbeziehung zwischen Behandler und Patient und das gemeinsame Aufspüren und Fördern von eigenen, inneren Kräften (Ressourcen), die der Patient vor der Traumatisierung entwickelt hatte und die verschüttet sind. Auch muß der Patient beim Aufbau einer stabileren sozialen Situation unterstützt werden, denn diese ist die Grundbedingung für Gesundungsprozesse.

Wenn wir betrachten, daß die Folter u.a. den Sinn hatte, das Subjekt zu zerstören, die Persönlichkeit zu desintegrieren, so wird deutlich, wie schwer es ist, einen Weg der Besserung zu finden. Vergessen ist nicht möglich – aber vielleicht eine Art Narbenbildung, so daß das Erlebte weniger schmerzt. Das Narbengewebe wird voraussichtlich empfindlich bleiben, und kleinere Verletzungen können erneut zu Einbrüchen führen. Es geht darum, neue Wege des Gleichgewichtes zu finden, die ein freieres Handeln, Beziehungsaufnahme zu Mitmenschen und eine Hinwendung zur Zukunft ermöglichen. Vielleicht ist es nach dem Durcharbeiten der Vergangenheit dem Folterüberlebenden möglich, sich eine Zukunft aufzubauen und mit weniger Schmerzen zu leben. Je früher die Möglichkeit besteht, die traumatischen Erlebnisse aufzuarbeiten, um so eher besteht die Aussicht, einen Weg hin zu einem neuen Gleichgewicht zu finden.

„In meinen Fingerspitzen habe ich keine Seele mehr"
Körperpsychotherapie mit Folterüberlebenden. Einblicke in die Arbeit mit Konzentrativer Bewegungstherapie

Von Sylvia Karcher

Die Auseinandersetzung mit der jüngsten Geschichte der nationalsozialistischen Verbrechen, die mein eigenes Volk begangen hat, ist ein wesentlicher Teil meines persönlichen Hintergrundes, therapeutisch mit Menschen zu arbeiten, die aufgrund ihrer politischen, religiösen oder kulturellen Überzeugung verfolgt, eingesperrt, gefoltert und fast umgebracht wurden. Das „Dritte Reich" und die damit verbundene systematische Ausrottung von Menschen, sind die Geschichte meiner Eltern. Ich habe nicht die Verantwortung für Geschehenes oder Unterlassenes zu übernehmen, fühle mich aber als Angehörige der zweiten Generation in der Verpflichtung zu besonderer Achtsamkeit menschlichem Leben gegenüber und zu der Bewahrung seiner Würde und Unantastbarkeit.

Im Zusammenhang damit steht für mich, daß die Grundlage unserer therapeutischen Arbeit mit Extremtraumatisierten die Erfahrungen sind, die Ärzte und Psychotherapeuten in der Behandlung mit Überlebenden des Holocaust in Holland, Polen, Israel, Norwegen, in den USA und in Deutschland gemacht haben. Sie beschreiben eindrücklich die psychischen und physischen Spätfolgen KZ-Überlebender, vor allem ihre erhöhte psychische Verletzlichkeit, ebenso wie die Auswirkungen der Traumatisierung der Elterngeneration auf die nächste und oft noch übernächste Generation. Eine Erfahrung, die wir in unserer Arbeit mit Folterüberlebenden und deren traumatisierten Kindern bestätigen können.

„In meinen Fingerspitzen habe ich keine Seele mehr“, so beschreibt ein kurdischer Patient unseres Behandlungszentrums seine tauben Finger. Er wurde mit Elektrofolter an seinen Fingerkuppen gequält. In seiner Vorstellungswelt sind sein Körper und seine Seele eins. Der Körper ist beseelt bis in die Fingerspitzen.

Diese Patientenaussage enthält in ihrer Schlichtheit und Klarheit die ganze Dramatik und Vernichtung, die Folter im Leben eines Menschen anrichten kann: *der Verlust der Einheit von Körper und Seele.*

Mit dieser Thematik haben die Physiotherapie und auch die Körperpsychotherapie, die durch die Konzentrative Bewegungstherapie im Behandlungszentrum für Folteropfer vertreten ist, zu tun.

Der Körper als Ort, in dem die Seele wohnt, wurde durch andere Menschen in der Folter erheblich verletzt und geschändet. Die Körpergrenzen, die zugleich Grenzen des Ich sind, wurden nicht mehr respektiert. Die Folterer drangen in das Innerste des Menschen ein, nicht nur auf der Symbolebene, sondern auch ganz real, z.B. mit Gegenständen in Körperöffnungen.

Der Gefolterte wird Opfer einer überwältigenden Macht, die sein Leben bedroht und in der Hand hat. Der so verlassene Mensch fällt in einen Zustand absoluter Abhängigkeit, vergleichbar nur mit der Situation des Säuglings, der er zu Beginn seines Lebens war. Jedoch ist im Gegensatz zu früher, wo er in der Regel von Mutter und Vater geliebt, versorgt, gehalten und getragen wurde und sich dadurch Sicherheit, Vertrauen und positive Körpergefühle entwickeln konnten, jetzt niemand da, der antwortet. Jetzt bedeutet Körperberührung Erleiden von Verletzungen, und in dieser verzweifelten Situation wird er nicht aufgefangen und beschützend in die Arme genommen. Durch die drohende Vernichtung entsteht eine existentielle Angst, und es kommt zu schweren Regressionserscheinungen.

Der Betroffene verliert sein Selbstwertgefühl und ist nicht mehr in sich selbst zu Hause. Er erlebt die Zerstörung von Körper und Seele und somit seiner Identität.

Die vernichtenden Gefühle und traumatischen Erlebnisse bleiben als gestauter Schrecken in Körper und Seele eingegraben. Sie hinterlassen Spuren und sind im Körpergedächtnis gespeichert. Vor diesem Hintergrund müssen die Symptome der Patienten verstanden und behandelt werden.

Seelische und körperliche Symptome

Folter geschieht immer auf der seelischen und körperlichen Ebene, weswegen sich die psychischen und somatischen Beschwerden kaum voneinander trennen lassen. Das entspricht auch unserem ganzheitlichen Menschenbild und Therapieverständnis.

Als Folge körperlicher Foltermethoden durch Schläge, Fixierungen in schmerzhaften Körperhaltungen, Aufhängen an Armen oder Beinen, Elektrofolter und Vergewaltigung stehen *Schmerzen* im Vordergrund. 87 % der Patienten, die unser Behandlungszentrum aufsuchen, klagen über Schmerzsymptome, die am Muskel-, Skelett- und Gelenksystem lokalisiert sind. Auch Beschwerden der inneren Organe hängen häufig mit Störungen des Bewegungsapparates zusammen.

Kopfschmerzen können die Folge von Schlageinwirkungen auf Kopf und Halswirbelsäule sein (z.B. Schleudertrauma oder Schädelhirntrauma). Meistens jedoch handelt es sich um Spannungskopfschmerzen infolge von Verspannungen der Nackenmuskulatur. Diese können sich verselbständigt haben und zu Dysfunktionen der oberen Kopf- und Halswirbelgelenke führen. Aktueller Auslöser können Schlafstörungen oder Alpträume sein sowie Druck- und Belastungssituationen, wie z.B. eine drohende Abschiebung. Es ist, *als ob den Patienten die Angst im Nacken säße*.

Ebenfalls häufig treten Schmerzen im Bereich der Lendenwirbelsäule auf. Auch hier kann es zu Fehlfunktionen der Wirbelsäule kommen, die Schmerzen verursachen und zu starken muskulären Verspannungen führen.

Die genannten Schmerzzustände sind meist weniger die Folgen direkter Schlageinwirkungen, als vielmehr psychosomatisch bedingt.

Schmerzen der Waden und Füße, Brennen der Fußsohlen und Beschwerden beim Gehen sind die Folge der *Falanga* (Schläge auf die Fußsohlen). Die Gewebestrukturen der Waden und besonders der Fußsohlen sind durch starke Schwellungen in der akuten Phase nach der Folter zerstört.

Weitere Symptome sind Bewegungseinschränkungen, bedingt durch Schmerzzustände, gestörte Bewegungsfunktionen, Durchblutungsstörungen, Taubheitsgefühle. Auffallend häufig sind Spannungszustände an den Kiefergelenken, Schultern, Oberarmen und am Rücken. Spannung aufzubauen ist für traumatisierte Menschen oft die einzige Möglichkeit, ohnmächtige Wut „drinnen zu halten". Außerdem war sie Schutz vor Schlägen. Diese Spannung wirkt weiter, so als würde die Folter noch andauern.

Bei den vegetativen Erscheinungen stehen Zittern, Schweißausbruch, Unruhe, Herzrasen und Hyperventilation im Vordergrund. Hinzu kommen Druckgefühle auf Magen und Brust, Schlafstörungen, Ängste und Depressionen mit den Leitsymptomen von Passivität, Antriebsarmut und mit abgeflachten Affekten.

Körperwahrnehmungsstörungen

Neben den mehr körperlich benennbaren Symptomen kommt es vor allem zu Störungen in der *Körperwahrnehmung*, im *Körpererleben* und im *Körpergefühl*.

Störungen des Körpererlebens: Die Patienten fühlen sich in ihrem Körper nicht mehr zu Hause. Sie stehen ihm ablehnend gegenüber, sie mögen sich nicht mehr. Sie fühlen sich unattraktiv, erleben sich oft nur über Schmerzen, Unruhe, Zittern. Sie sehen ihre Narben oder andere Spuren von Verletzungen, fühlen sich deformiert und spüren, daß sie ihre Beweglichkeit und Kraft verloren haben. Wir nehmen ihre gedrückte Stimmung und Körperhaltung wahr, ihre leise Stimme, ihre Unsicherheit im Auftreten anderen Menschen gegenüber.

Verlust der Körperwahrnehmung: Zu den Störungen im Körpergefühl gehört, daß Folterüberlebende bestimmte Körperteile wie ihre Hände oder Füße oder sogar ihren ganzen Körper nicht mehr spüren. Sie sind dann wie erstarrt oder eingefroren und haben keine Gefühle mehr für die Grenzen ihres Körpers. Helen Epstein (1990) spricht von einem Abblocken von Gefühlen: zwar den Tod überlebt haben, aber jetzt im Leben wie tot sein.

Fragmentierungsgefühle im Körpererleben: Traumatische Erlebnisse können zu gefühlsmäßigen Abspaltungen von Körperteilen führen. Zusammenhänge zwischen Kopf, Armen und Beinen und dem übrigen Körper werden nicht mehr wahrgenommen. Es gibt keine gefühlsmäßige Verbindung, deshalb ist das Körpergefühl fragmentiert.

Körperbildstörung: „Das Körperbild ist als inneres Modell zu verstehen, das der Mensch von seinem Körper hat und das als Matrix für sein Körpererleben, für seine Vorstellungen von seinem Körper und für sein aktives Umgehen mit seinem Körper gilt“ (Besuden, 1983, S. 2, ausführlich dazu auch Budjuhn, 1992).

Körpererleben, Körpervorstellung und Umgang mit dem Körper bedingen einander. Sie sind in ständiger Bewegung und haben Rückwirkungen auf das Körperbild, vor allem, wenn der Körper, wie bei unseren Patienten, Symptomträger geworden ist.

Der größte Teil von ihnen hat Symptome von Dissoziationen*, die von Empfindungsstörungen und Wahrnehmungsstörungen bis hin zu Depersonalisationserlebnissen reichen können. Diese Konflikte und Störungen können in eindrucksvoller Weise über das Erstellen von Körperbildern sichtbar gemacht werden. Dies kann über das Zeichnen des Körpers geschehen oder über das Darstellen des Körpers mit Gegenständen, wie Seilen, Murmeln, Steinen, Bällen, Holzstäben etc.

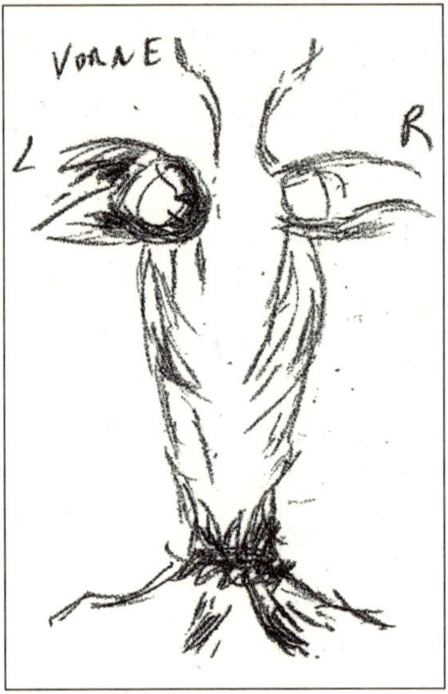
VORNE
L
R

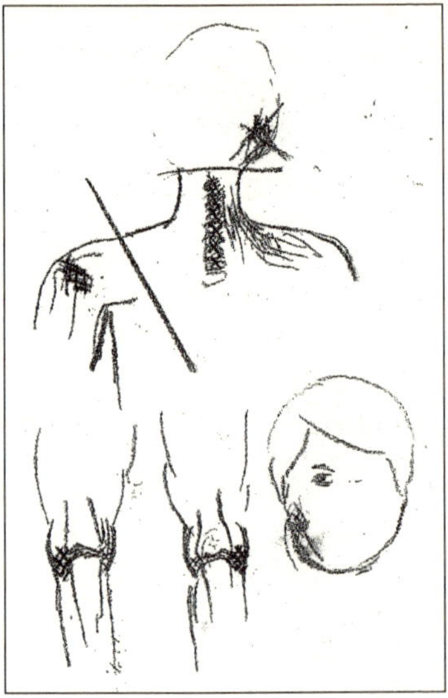

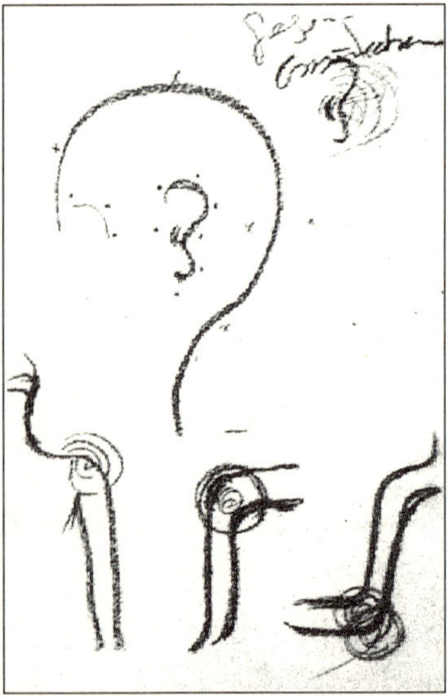

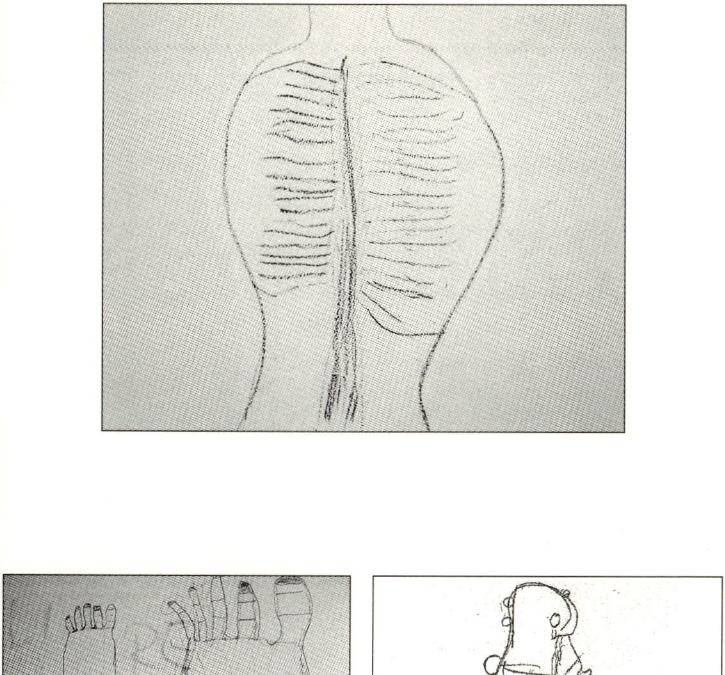

Abb. 4–10: Körperbilder

Hier kommt das Erleben des eigenen Körpers zum Ausdruck, die gefühlsmäßige Beziehung zu ihm, und es werden die Konflikte sichtbar, die zu einer Beeinträchtigung des Körpererlebens geführt haben.

Therapieziele

Judith L. Hermann schreibt: „Eine endgültige Auflösung des Traumas ist ebensowenig möglich wie eine vollständige Genesung. Das Opfer wird ein Leben lang die Nachwirkungen des traumatischen Ereignisses immer wieder spüren.“ (Hermann, 1994, S. 303) Was sind trotz oder gerade wegen dieser Feststellung die Therapieziele der Physiotherapie und Körperpsychotherapie?

Im Vordergrund stehen zunächst meist die Schmerzzustände des Bewegungsapparates. Daher ist das Behandlungsziel zunächst die Linderung der Schmerzen und größtmögliche Schmerzfreiheit sowie die Wiederherstellung der eingeschränkten oder gestörten Bewegungsfunktion.

Da die Schmerzen jedoch eine vielfältige Bedeutung im gestörten Gleichgewicht von Körper und Seele des traumatisierten Menschen haben, werden die Anwendungen von schmerzlindernden Maßnahmen meist nicht ausreichen. Die Schmerzen treten wieder auf, manchmal an einer anderen Stelle des Körpers.

Sie sind Ausdruck und Abbild der gestörten psychosomatischen Einheit, und es ist unsere Aufgabe, diesen Zusammenhang zu erfassen, das heißt, die Schmerzen nicht nur als Symptom einer körperlichen Erkrankung zu sehen, sondern deren Bedeutung gemeinsam mit dem Patienten verstehen zu lernen. Dieses Therapieverständnis führt zu folgenden umfassenderen Behandlungszielen:

- den Körper wieder differenzierter wahrzunehmen; das bedeutet, ihn nicht mehr nur mit Vorstellungen und Phantasien zu beladen, sondern sich selbst in der körperlichen Realität zu begreifen und kennenzulernen.

Zum Beispiel ist in der Vorstellung vieler Patienten das Bild verankert, daß ihre Füße noch genauso angeschwollen sind wie nach der Falanga. Mit diesen Körpermißempfindungen wurden die Füße oft zugleich abgelehnt, und sie werden es auch heute noch, da sie unwillkommene Zeugen sind, die die erlebten Mißhandlungen von damals lebendig halten. In der Therapie können im konkreten Anfassen, also im Be-greifen der Füße sowohl Erinnerungen an die Folter benannt werden als auch reale und eventuell neue Erfahrungen gemacht werden: Heute sind die Füße nicht mehr geschwollen, die Narben sind verheilt, die Gelenke sind wieder beweglich. Daraus kann eine neue Haltung entstehen: „Meine Füße sind es wert, berührt und angefaßt zu werden.“

- sich dem eigenen Körper wieder liebevoll zuzuwenden, auch an seinen schmerzhaften Stellen;
- den Körper in seiner Lebendigkeit über Atem, Stimme, Bewegung, Kraft und Kreativität spürbar werden zu lassen, so daß er wieder positiv erlebt werden kann;
- den Bewegungs- und Handlungsspielraum zu erproben und zu erweitern und
- Zugang zu finden zu nicht mehr gespürten „toten“ Zonen des Körpers, zu Bewegungslosigkeit und Erstarrung und den damit eng verbundenen traumatischen Erlebnissen;
- Körpergrenzen erfahrbar werden zu lassen, Raumgrenzen wahrzunehmen, Zeitgrenzen einzuhalten;
- den Körper wieder ganzheitlich zu erleben und die abgespaltenen Körperteile wieder zu integrieren;
- am gestörten Körperbild zu arbeiten über intensive Kontaktaufnahme mit dem eigenen Körper (z.B. durch Berühren, Drücken, Kneten mit den eigenen Händen oder mit den Händen der Therapeutin);
- Ressourcenarbeit zu leisten; das kann Erinnerungsarbeit sein, z.B. geleitete Phantasiereisen zu „Kraftplätzen“ im Leben, die erhalten geblieben sind, oder der Patient kann sich einem Ort im Körper zuwenden, der in Ordnung ist.

Auch wenn die endgültige Auflösung des Traumas und die vollständige Heilung nicht möglich sind, so können doch in einem oft lange dauernden Therapieprozeß die traumatischen Erfahrungen zunehmend in die Persönlichkeit integriert werden; damit kann dem seelischen und körperlichen Schmerz seine Ausschließlichkeit genommen werden. Als Therapeutin sehe ich meine Aufgabe darin, die Patienten bei diesem Prozeß zu begleiten und ihnen zu helfen, ihre Lebendigkeit, die oft wie „ganz vergraben" oder wie „eingefroren" ist, wieder zu entdecken und diese dann auch zu ertragen und auszufüllen.

Physiotherapie

Für eine exakte Befunderhebung und Behandlung, vor allem bei der Abklärung von Schmerzen, Bewegungseinschränkungen und Lähmungen, sind Kenntnisse aus den Bereichen der Neurologie, Orthopädie, Inneren Medizin, Chirurgie und Gynäkologie erforderlich. Dazu gehören auch Muskeltest- und Gelenkfunktionsprüfungen.

Für die Behandlung haben sich alle einschlägigen Behandlungsmethoden der Physiotherapie bewährt, sofern sie nicht rigide und einseitig angewandt werden, sondern beweglich mit ihnen umgegangen und der kulturelle Hintergrund der Patienten beachtet wird. Oftmals ist es leichter, zum Einstieg an eine Methode anzuknüpfen, die dem Betroffenen aus seinem Kulturkreis bekannt ist, wie z.B. Yoga. Zu den physiotherapeutischen Behandlungsmethoden, die sich bewährt haben, gehören: Manuelle Therapie; Behandlung nach Bobath; Funktionelle Bewegungslehre (FBL); Propriozeptive Neuromuskuläre Fascilitation (PNF); Entspannungsmethoden; Lösungs- und Atemtherapie; Akupressur; Massage; Fußreflexzonenmassage; Wärme- und Kälteanwendungen.

Zur schmerzlindernden „Basisversorgung" gehören Wärmepackungen, Massagen, Akupressur zur Entspannung oder andere Entspannungstechniken, Lösungs- und Atemtherapie sowie Shiatsu.

Die Beschaffung von Hilfsmitteln wie Einlagen und Lagerungskissen sowie die Vermittlung einer prothetischen Versorsorgung gehören ebenfalls in den Aufgabenbereich der Physiotherapie.

Neben den vorwiegend funktionellen Therapiemethoden haben sich körperbezogene Methoden bewährt, die einen integrativen Ansatz vertreten und die die Förderung der Körperwahrnehmung in den Vordergrund stellen. Auch hier geht es nicht um Ausschließlichkeit, sondern um eine sinnvolle Verbindung verschiedener Möglichkeiten. Zu den integrativen Methoden gehören: *Atemtherapie nach Middendorf; Feldenkrais; Shiatsu-Massage; Yoga.*

Konzentrative Bewegungstherapie (KBT)

Die KBT ist eine körperbezogene Psychotherapie. Sie geht davon aus, daß sowohl seelisches Erleben als auch körperlich gemachte Erfahrungen im Körpergedächtnis gespeichert sind. Sie äußern sich im Körpererleben und im Ausdruck des Körpers als Haltung, Bewegung und im Verhalten. Sie bestimmen die Beziehungen des Menschen zu sich selbst und zu seiner Umwelt. Sie ergeben eine verkörperte Lebensgeschichte. Diese leib-seelischen Zusammenhänge können durch konzentrative, d.h. aufmerksame Zuwendung zum eigenen Körper erfahren werden. Dieses Wahrnehmen und Bewegen wird als Grundlage von Erfahrung und Handeln genutzt. Auf der Basis entwicklungs- und tiefenpsychologischer sowie lerntheoretischer Denkmodelle werden unmittelbare Sinneserfahrungen verbunden mit psychoanalytisch orientierter Bearbeitung.

In der Therapiesituation wird dem Patienten ein Spiel-, Handlungs- und Erfahrungsraum angeboten, der es ermöglicht, die Beziehungsfähigkeit zu sich selbst, zum eigenen Körper und zu seinen Gefühlen zu erfahren. Der Umgang mit dem Raum und mit der Zeit ist wichtig. Es werden Materialien verwendet wie Kugeln, Seile, Stäbe, Steine, Decken, Sandsäckchen, die durch ihre reale Beschaffenheit (Form, Gewicht, Größe) konkrete Erfahrungen ermöglichen und durch ihren Symbolgehalt eine besondere Bedeutung bekommen können.

Ebenso kann im Umgang mit anderen Menschen (in der Gruppe oder in der Einzelarbeit mit der Therapeutin als Gegenüber) ein Erfahrungs- und Handlungsspielraum hergestellt werden.

In der KBT werden Angebote zur körperlichen Wahrnehmung oder Interaktion gemacht. Es gibt kein „richtig" oder „falsch", sondern verschiedene Lösungsmöglichkeiten. Die Bewegungserfahrung ist wichtig, um das „Eigene" herauszufinden, zu akzeptieren oder auch, entsprechend den eigenen Möglichkeiten und Grenzen, zu verändern. Die Fähigkeit, zu wählen und zu entscheiden, kann wiedergewonnen und weiterentwickelt werden, als Voraussetzung für autonomes Handeln.

In der Wahrnehmung der eigenen Person mit den damit verbundenen Emotionen können sich Inhalte aus der momentanen Lebenssituation vergegenwärtigen. Es kann aber auch zu einer Aktualisierung längst vergangener, häufig unbewußter Prozesse kommen, die manchmal bis in die nichtsprachliche Zeit zurückreichen können. Im geschützten therapeutischen Raum kann Vergessenes und Verdrängtes, sowohl Angenehmes wie auch Traumatisches, leibhaftig wiedererlebt werden.

Die Bearbeitung des KBT-Angebots ist immer an das therapeutische Gespräch geknüpft. Hier sollen die konkreten leiblichen Erfahrungen und die damit verbundenen Empfindungen und Gefühle ausgesprochen und damit auf die Bewußtseinsebene gebracht werden. Sie können dann in ihren lebensgeschichtlichen Zusammenhang eingeordnet, in ihrer Bedeutung reflektiert und durch Assoziationen vertieft werden.

Durch „Probehandeln" können die gewonnenen Erkenntnisse begreifbar werden und zu neuen Verhaltensmöglichkeiten führen. Victor v. Weizsäcker hat dies in seinem Gestalt- oder Regelkreis sehr eindrucksvoll dargestellt. Beide „Gestalten", die averbale des Bewegens und Wahrnehmens und die verbale des Sprechens und Denkens, sind Teile eines größeren Gestaltkreises, dem des Begreifens. Diese Betrachtungsweise ermöglicht, an jeder Stelle dieses Regelkreises anzusetzen (Stolze, ^{2}1989).

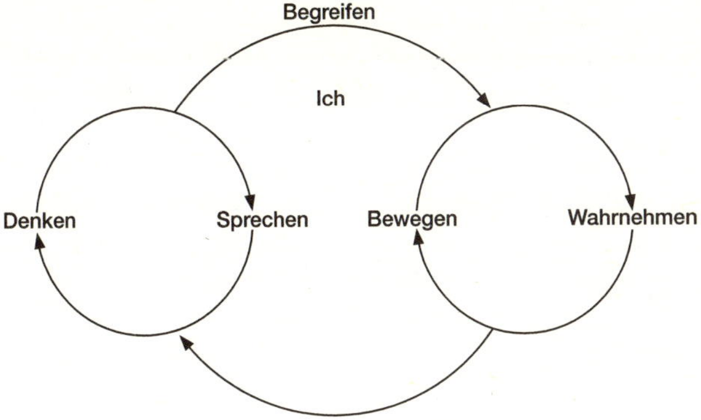

Abb. 11: Regelkreis

Die Konzentrative Bewegungstherapie eignet sich in besonderem Maße für die Arbeit mit extrem traumatisierten Menschen, weil diese ihre traumatischen Erfahrungen in einer Situation gemacht haben, in der sie auf die Ebene der Sprachlosigkeit zurückgeworfen wurden. Das Erlebte konnte keinen sprachlichen Ausdruck finden, fand auch kein Gehör. Es blieb im Körper verschlossen, wurde abgespalten, weil das erlebte Grauen die normalen Abwehrmechanismen überforderte und kein Handlungsspielraum blieb. Auf dieser Ebene der Sprachlosigkeit können wir die Patienten mit der KBT abholen, da sich die Konzentration auf sensorisch-motorische Vorgänge im nonverbalen Bereich des Wahrnehmens abspielt. Gefühle der Angst, Schuld, Scham und Wut sind blockiert und können nicht gelebt werden. Diese Gefühle verwandeln sich körperlich in psychosomatische Schmerzen und finden so ihren Ausdruck. Somit kann die KBT, die Erleben und Handeln auf der Körperebene aktiviert, die Schmerzen wieder mit den ursprünglichen Gefühlen verknüpfen. Die allmähliche Auflösung der Blockaden ermöglicht schließlich die Bearbeitung der Gefühle und deren Integration in das Körpererleben.

Die KBT ist, wie alle anderen Psychotherapieverfahren auch, ein Beziehungsgeschehen. Wenn wir davon ausgehen, daß Heilung sich im wesentlichen im dialogischen Kontakt vollzieht, dann ist die Voraussetzung für eine therapeutische Arbeit die Herstellung einer tragfähigen Beziehung zwischen Patient und Therapeut, in der Begegnung möglich werden kann.

Martin Buber, der jüdische Religionsphilosoph, hat den Begegnungsbegriff überzeugend zum Ausdruck gebracht. Er schreibt in seinem philosophischen Denksystem vom zentralen Begegnungsbegriff des „Dialogischen Prinzips" (1984). Er geht von den Grunderfahrungen von Begegnung und Vergegnung aus. Begegnung beeinhaltet, daß sich zwei Personen nicht nur treffen, sondern einander erleben, sich erfassen, jeder mit seinem ganzen Wesen. Er beschreibt eine umfassende Wechselseitigkeit, die das Innewerden und Bejahen der ganz anderen Person in ihrer Vielfalt und Würde beeinhaltet. Reden und Hören, Schweigen und Antworten prägen menschliches Zusammensein. Unter Vergegnung versteht Buber das Verfehlen einer wirklichen Beziehung.

Begegnung geschieht also im Dialog. Sie kann heilsam sein und damit heilend wirken, sie vollzieht sich im Wachsen einer vertrauensvollen Beziehung.

In der Begegnung finden wir den Ort, an dem wir dem gefolterten Menschen Achtung und Respekt entgegenbringen, ihm Begleitung anbieten, wo er seine Leidensgeschichte erzählen kann, im Vertrauen darauf, daß wir sie mit ihm aushalten und dabei sichtbar und spürbar werden als Mensch und Verbündeter.

Die Erinnerung an die Erfahrung von Hilflosigkeit und Verlassenheit während der Folter weckt die Sehnsucht nach einem Retter. Diese Rolle wird uns Therapeuten zugewiesen, meist mit großem Vertrauensvorschuß. Idealisierte Erwartungen werden an uns geknüpft, die wir nicht erfüllen können. Unbewußt ahnt dies der Patient und schwankt zwischen Zuneigung und Allmachtszuschreibungen einerseits und Mißtrauen und Rückzug andererseits. Dazu zwei Beispiele:

Wenn mich eine unserer bosnischen Patientinnen nach der ersten Behandlungsstunde, die ihr offensichtlich gutgetan hat, umarmt und küßt, so löst das in mir, abgesehen von einem

Überraschungs- und Überrumplungseffekt, das Gefühl aus, daß sie mich an sich binden will, vor allem aber, daß ich immer so gut und erfolgreich sein muß wie in dieser ersten Stunde.

Ein Patient aus Kurdistan kommt mit großen Erwartungen zur Therapie. Ängste und Panikattacken quälen ihn sowie ein Zittern, das fast unentwegt durch seinen Körper geht. Er hofft, daß ich das ‚wegmachen' kann. In jeder Stunde kommt es zu Enttäuschungen. Ich kann ihm weder seine Angst noch sein Zittern nehmen. Nur zeitweise ist es möglich, daß er zur Ruhe kommt. Er kann sich dann niederlassen, sich dem festen Halt des Bodens anvertrauen, sich bei Flötenmusik entspannen, oftmals schläft er sogar für kurze Zeit ein. Aber sofort anschließend fragt er mich mißtrauisch, warum und wie denn das, was ich da mache, gegen die Angst wirken solle. Er hätte sie immer noch. Jedesmal stellt er die Vertrauensfrage. Letztendlich konnte ich seine idealisierten Erwartungen nicht erfüllen. Nach einer dieser Stunden war er ganz wütend und anklagend. Es war eine hilflose und verzweifelte Wut, die er an mich heranschrie: „Schauen Sie, wie ich zittere, Sie helfen mir ja doch nicht", ließ er mir über den Dolmetscher sagen. Danach kam er eine ganze Weile nicht mehr zur Therapie.

Oft habe ich den Eindruck, daß meine Patienten meine Kompetenz und Belastbarkeit einem unbewußten Test unterziehen. Das ist oft schwer auszuhalten, und ich brauche dann die Hilfe meiner Kolleginnen und Kollegen durch entlastende Gespräche und die Fallsupervision.

Erste Kontakte

Manchmal lasse ich mir beim Erstkontakt mit dem Patienten auf einer Landkarte den Heimatort zeigen. Ich frage dann, wie es dort aussieht, was angepflanzt wird, lasse mir von Flüssen, Seen oder Bergen erzählen und den Lieblingsplatz aus der Kindheit oder im späteren Leben beschreiben.

Damit ich mir alles besser vorstellen kann, malt mir ein Patient ein Bild seiner heimatlichen Berge, die über und über mit bunten Farbtupfern besät sind. Den Geruch dieser Blumen vermisse er am allermeisten, sagt er. Ich kann ihn gut verstehen und erzähle ihm von den Narzissenwiesen meiner Kindheit im Salzkammergut in meiner österreichischen Heimat. Ich glaube, dieses gegenseitige Erzählen über unsere Blumenwiesen hat ein Stück Vertrauen entstehen lassen.

Im weiteren Verlauf spreche ich die vorgesehene Behandlung an und erkläre sie genau. Daraus ergibt sich oftmals ein erstes längeres Gespräch mit Fragen. Mich interessiert, welche Erfahrungen der Patient in seinem Leben, d.h. in seinem Kulturkreis, mit körperlicher Bewegung oder mit Unbeweglichkeit gemacht hat. Häufig fällt dem Patienten zu letzterem etwas aus der Zeit im Gefängnis ein. Oder ich frage, welche Krankheiten der Betroffene aus seinem Leben kennt und wie damit in seiner Familie umgegangen wurde. Oft schließt sich eine aktuelle Schmerzschilderung an. Manchmal steht zu Beginn der Therapiestunde die aktuelle Lebenssituation im Vordergrund: die unerträgliche Enge, der Krach im Wohnheim, der nicht schlafen läßt; die bevorstehende Anhörung; die große Angst vor Behörden oder Abschiebung; Nachrichten von Kämpfen in der Heimat, wo noch Familienangehörige leben und involviert sind. Aber auch Partnerprobleme, Schwierigkeiten mit den Kindern fließen in die aktuelle Befindlichkeit ein, verstärken die Schmerzen, machen niedergeschlagen, ängstlich, hilflos, antriebsarm.

Wie sehr sich seelisches Leid unmittelbar in Form von körperlich empfundenen Schmerzen auswirken kann, zeigt folgendes Beispiel:

Eine unserer bosnischen Patientinnen hat über zwei Jahre lang in serbischen Lagern Schlimmes durchgemacht. Nachdem sie das Massaker an ihren Eltern miterlebt hatte, floh sie nach Deutschland. Sie ist voller Angst und Traurigkeit, fühlt sich sehr krank, spürt großen Druck auf der Brust und hat starke Schmerzen im rechten Arm, von der Schulter bis in die Fingerspitzen. Als in ihrer Heimat die Schutzzonen um Srebrenica und Zepa zusammenbrechen, nehmen die Schmerzen in ihrer rechten Schulter deutlich zu. „Ich leide mit meinem Volk", sind ihre Worte. „Ich trage die Last meines Volkes auf meinen Schultern." Jede neue Kampfhandlung, an der auch ihr dort verbliebener Bruder beteiligt sein könnte, verursacht ihr zusätzliche Schmerzen. Wenn sie schon hier in Deutschland in Sicherheit lebt, darf es ihr, solange ihr Volk so leidet, nicht gutgehen. Eigentlich, so sagt sie, möchte sie dort sein und mitkämpfen. Sie ist traurig, und ich fühle mich ohnmächtig und hilflos. Ich spüre meine Wut auf diesen grausamen Krieg. Ich kann ihr diese Gefühle sagen, und indem ich sie ihr zur Verfügung stelle, kann sie endlich weinen. Durch die Tränen beginnt sich ihre Erstarrung zu lösen, so daß sie ihre Lebendigkeit wieder spüren kann. Die Wut über den Verlust ihrer Eltern, Schwester, Freunde und ihrer Heimat sitzt weiterhin in gebundenen aggressiven Impulsen in ihrer rechten Schulter und darf noch nicht freigesetzt werden. Das wäre noch zu bedrohlich. Ich kann im Moment nur ihre Traurigkeit mit ihr aushalten und zur Mitwissenden werden. Da sie, obwohl sie alles hoffnungslos und sinnlos findet, regelmäßig zu jeder Behandlungsstunde kommt, frage ich sie, ob ihr etwas gutgetan hat in der letzten Stunde. Plötzlich wird sie ganz konkret und sagt: „Die kleinen, vorsichtigen Bewegungen, die Sie mit meiner rechten Schulter gemacht haben. Die haben mir für eine kleine Weile gut geholfen."

Für einen Moment gab es eine Ahnung, wie es sein kann ohne Schmerzen, ohne inneren Kampf, wenn wieder Frieden ist. Auch in ihrem Körper.

Verlust – Trauer – Trauerarbeit

Unsere Patienten haben unendlich viel verloren, und sie brauchen Hilfe beim Trauern. Familienangehörige und Freunde wurden in Lagern, Gefängnissen oder in Kämpfen umgebracht. Durch Flucht ins Exil haben die meisten ihr Dorf oder ihre Stadt, ihre Wohnungen, ihre Felder, Herden und Arbeit verloren. Vertraute Sprachklänge, Gerüche, Geräusche ihrer Heimat, die Sicherheit und Geborgenheit geben, sind verblaßt.

Trauerrituale, die in jeder Kultur bei einem Trauerfall üblich sind und zur Bewältigung des Verlustes beitragen, fehlen meist bzw. waren wegen überstürzter Flucht nicht möglich.

Wie wichtig erlebte Trauer um den erlittenen Verlust für die Bewältigung traumatischer Erlebnisse ist, wird uns immer wieder deutlich, wenn wir unsere Patienten sehen, die steckengeblieben sind in Stagnation und Depression, die nichts mehr spüren und sich beschreiben, als wären sie lebendig begraben. Die erlebten Verluste machen sprach- und bewegungslos. Oft sind sie ganz eng mit körperlichen Schmerzen verknüpft, im Rücken oder über den ganzen Körper verteilt. Die Psychotherapeutin Marie Langer spricht von „eingefrorener Trauer", als dem „seelischen Zustand, in dem sich jemand befindet, der einen schweren Verlust erlitt, der aber durch die Umstände gezwungen war, ihn nicht einmal zu beweinen. Die Trauer wird dann manchmal beiseite geschoben und vergiftet langsam die Person und die Familie ..." (Langer, zitiert nach Bittenbinder, 1992, S. 3)

Im folgenden Beispiel wird beschrieben, wie sich nicht vollzogene Trauer in Alpträumen niederschlägt.

Herr B. aus einem osteuropäischen Land hat durch Schläge auf den Kopf im Gefängnis, die eine innere Blutung ausgelöst haben, eine Halbseitenlähmung mit Sprachstörung zurückbehalten. Die Physiotherapie nimmt einen wesentlichen Teil der Behandlung ein. Aber es gibt auch viele Stunden, in denen er ganz durcheinander zur Therapie kommt, unfähig, sich auf Übungsangebote für seine beschädigte rechte Körperseite einzulassen. Er klagt über Schlafstörungen und einen immer wiederkehrenden Alptraum. Er erzählt ihn stockend, mühsam nach Worten suchend. Er ärgert sich, daß er seinen Alptraum nicht richtig mitteilen kann. Das ändert sich schlagartig, als ich endlich auf die Idee komme, ihm anzubieten, diesen Traum zu malen. Nun entsteht ein genaues Bild davon, was ihn jede Nacht verfolgt: Auf nachtblauem Hintergrund sind an seinem Fenster im Wohnheim Kopf und Oberkörper seines toten Freundes zu sehen. Dieser Freund ist, wie er, Jude und sein bester Freund gewesen. Sie waren zusammen im Gefängnis. Wäh-

rend Herr B. sich jedoch schon im Exil in Sicherheit befand, war sein Freund immer noch im Gefängnis. Als er dann entlassen wurde, starb er kurz darauf durch einen mysteriösen Autounfall. Herr B. hatte keine Möglichkeit gehabt, sich von ihm zu verabschieden und ihn zu begraben. Er hatte ihn nicht betrauert; Unabgeschlossenes blieb zurück, und auch seine Schuldgefühle konnte er nicht mehr mit ihm besprechen. Der Freund ließ ihm keine Ruhe. Mit dem gemalten Bild hatte Herr B. jetzt ein sichtbares Gegenüber. Will er ihm noch etwas sagen, ihn noch etwas fragen?

Es wurde ein bewegter Abschied, mit vielen „warum"-Fragen. Das Sprechen des Kaddisch, des jüdischen Totengebetes, half ihm schließlich, den Freund loszulassen, so daß die Alpträume, die den Freund betrafen, aufhören konnten.

Wie sehr unterdrückte Trauer sich als Schmerz im Körper verfestigen kann, wurde meinem Kollegen und mir in einer gemeinsam geleiteten Gruppe mit kurdischen Männern klar. Zuvor hatten wir die meisten wegen ihrer hartnäckigen Schmerzzustände über einige Monate in krankengymnastischer und bewegungstherapeutischer Einzeltherapie ohne nennenswerten Erfolg behandelt. So begannen wir mit diesen Männern eine *Schmerzgruppe*. Zu Beginn der ersten Stunde breiteten wir eine Landkarte von Kurdistan aus und ließen die Herkunftsorte mit bunten Steinen markieren. Und da saßen diese eindrucksvollen Männer, die alle aus ihrem Heimatland unter z.T. abenteuerlichen Bedingungen fliehen mußten, vor der Landkarte, und die Tränen flossen ihnen über die Wangen. Sie halfen sich gegenseitig, die Orte zu finden. Einige entdeckten, daß sie aus Nachbardörfern kamen. Ein kollektives Trauern wurde möglich. Den Schmerz über den Verlust der Heimat hatten einige schon jahrelang in sich verschlossen gehabt. Es wurde zunächst eine Trauergruppe, und die Verbindung von Verlust und Schmerzen war uns allen plötzlich sehr nah und klar. „Mein Schmerz ist Kurdistan", formulierte ein Patient sein Gefühl in dieser Stunde.

Körperdialog

Sobald ich in der Körperarbeit einen Menschen bewußt mit meinen Händen berühre, trete ich hautnah mit ihm in einen Körperdialog ein.

Sowohl die positiven Erfahrungen von Zärtlichkeit und angenehmer Berührung als auch die negativen der Schläge oder Mißhandlungen, die wir in unserem Leben gemacht haben, haben Erinnerungsspuren in unserem Körper hinterlassen.

Unsere Patienten haben massive Grenzverletzungen erlebt, die im wahrsten Sinn des Wortes unter die Haut gegangen sind. Als Körpertherapeutin bin ich mit viel Nähe zu den Patienten konfrontiert und arbeite unmittelbar an ihren Körpergrenzen. Die Berührung durch meine Hände löst positive oder negative Erlebnisse aus. So sind die Berührungsart und die Berührungsintensität des ersten Kontaktes wesentlich für den Verlauf der weiteren Behandlung.

Zunächst ist jedoch das Einverständnis des Patienten erforderlich, angefaßt zu werden, und die Klärung, wieviel Schutzschichten er zwischen seinem Körper und meinen Händen braucht (Kleidung, Decke). Es geht um den behutsamen Kontakt durch Berühren, Verweilen und Halten. Manchmal gibt mehr Druck Sicherheit, manchmal reicht dazu eine zarte Berührung. Das muß nachgefragt werden. Wichtig ist die Zusicherung: Ich bin da, du kannst mich spüren, und ich begreife etwas von dir. Ein dialogischer Körperkontakt kann entstehen, z.B. zwischen dem Atem des Patienten und den antwortenden Händen der Therapeutin oder durch Auftreten von Spannung oder Entspannung. Trotz der Erlaubnis des Patienten, ihn anzufassen, können seine Körperoberfläche und Muskulatur deutlich Abwehr durch Anspannung signalisieren. Meist jedoch wird die Wärme und Zuwendung der Hände der Therapeutin als angenehm erlebt. Die Sicherheit der Berührung kann dem Patienten das Gefühl geben, sich loslassen zu können und sich damit aus der Anspannung und Erstarrung zu lösen. Doch das braucht Zeit. In der freundlichen, bejahenden Berührung kann etwas von dem wiedererlebt werden, was in der früheren kindlichen Entwicklung durch Zuwendung, Wärme und Gehaltenwerden zu einer positiven Körperbesetzung geführt hat. „So hat mich vor 30 Jahren meine Mutter angefaßt", war die Aussage einer Patientin nach erstem Körperkontakt in der Therapie. Diese guten Körpererfahrungen sind wichtige Ressourcen, an die wir anknüpfen.

Behandlungsbeispiele

Die folgenden Behandlungsbeispiele beziehen sich ausschließlich auf die *Einzelarbeit mit Konzentrativer Bewegungstherapie.* Eine genauere Darstellung der *physiotherapeutischen Behandlung* zu speziellen Problemen Folterüberlebender würde den Rahmen dieses Beitrags sprengen. Sie findet sich in dem Buch: „Physiotherapy for Torture Survivors" (Prip et al., 1995).

Die Erfahrungsangebote der Konzentrativen Bewegungstherapie orientieren sich an der emotionalen Befindlichkeit und an den aktuellen Problemen des Patienten sowie am lebendigen Prozeß des Therapieverlaufs.

Dazu folgendes Beispiel:

Einer unserer Patienten war von Jugendlichen morgens beim Zeitungsaustragen angegriffen worden. Die Zeitungen wurden ihm aus der Hand geschlagen, er selber wurde auf den Boden gedrückt mit den Worten: „Da unten gehörst du hin." Er erzählt diesen Vorgang ziemlich emotionslos und sagt dann unvermittelt: „Ich verliere so leicht meine Haltung." Dieses Thema bestimmt den weiteren Stundenverlauf.

Mein Angebot dazu ist, daß er eine Körperhaltung annimmt, die ihm vertraut ist und in der er sich sicher fühlt. Er kniet sich hin, legt die Hände auf die Knie und beschreibt diese Haltung als eine, die er kennt, wenn sie zu Hause politische Diskussionen abgehalten haben. Dann nimmt er eine traditionelle Gebetshaltung ein und erzählt mir dabei von Gewohnheiten in seinem Land. Plötzlich legt er sich bäuchlings auf den Boden, streckt die Arme nach vorne und sagt: „Und so haben sie mich geschleift. Über den Boden auf spitzen Steinen."

Indem er die Position, in der er geschleift wurde, körperlich wieder einnimmt, werden die schmerzhaften Erinnerungen wieder lebendig. Er konnte bisher noch nie darüber reden und spürt jetzt körperlich, wie sehr die ausgelieferte und demütigende Körperhaltung seine Würde verletzt hat und – zusammen mit der Erinnerung an den Überfall beim Zeitungsaustragen – das Gefühl „Ich verliere so leicht meine Haltung" auslöst.

Um ihn für den Nachhauseweg wieder zu stabilisieren, arbeite ich gegen Ende der Stunde mit ihm an seiner aufrechten Haltung, über die Verdeutlichung seiner Knochenstrukturen, die ich ihm durch leichten Druck meiner Hände aufzeige, sowie an seiner Stabilität und Kraft.

Eine andere Vorgehensweise in der Konzentrativen Bewegungstherapie ist die basale Körperarbeit mit den Grunderfahrungen menschlichen Lebens: der eigene Raum bzw. eigene Platz und Erfahrungen im Liegen, Sitzen, Stehen und Gehen. Diese Angebote sind kulturübergreifend. Sie stellen eine tragfähige Basis dar und können durch ihre Ich-stabilisierende Wirkung Selbstverständlichkeit und Sicherheit vermitteln, die unseren Patienten häufig verlorengegangen ist.

Einen eigenen Platz im Leben zu haben, ist etwas ganz Grundlegendes für uns Menschen. Auf dem richtigen oder falschen Platz zu sein, ihn selbst gewählt oder zugewiesen bekommen zu haben, das hat Auswirkungen auf unser Selbstwertgefühl und Wohlbefinden und auf unseren Handlungsspielraum.

Für unsere Patienten ist dieses Thema oft mit Schwierigkeiten verbunden.

„Nehmen Sie sich eine Decke, suchen Sie sich einen eigenen Platz in diesem Raum, und breiten Sie dann dort Ihre Decke aus." Häufig fällt Patienten bei diesem Angebot ihre reale Lebenssituation ein: der zugewiesene Platz im Heim, wo sie einen engen Raum meist mit mehreren Menschen teilen. Das Eigene darin ist nur das Bett, 0,90 x 2 m.

Es kommt vor, daß Patienten bei diesem Angebot keinen Platz finden. Sie fragen mich, wo sie ihre Decke hinlegen sollen, und ich ermutige zum Ausprobieren. „Sie können sich einen Platz am Fenster wählen, an der Tür, mitten im Raum, in einer Ecke oder vielleicht fällt Ihnen noch ein ganz anderer ein. Probieren Sie verschiedene Plätze aus und entscheiden dann, welcher für heute der richtige ist."

Es geht um Wiedergewinnung von Autonomie. Im geschützten Therapieraum kann erprobt und wiederentdeckt werden, was gut tut. Die Patienten entwickeln Ideen und Perspektiven von eigenen Räumen, die sie auch inhaltlich gestalten. Durch das spielerische Ausprobieren wird Phantasiefähigkeit und Kreativität angeregt.

Durch einen nachfragenden Satz: „Was für einen Platz habe ich mir ausgesucht?", kann sich aber auch Erinnerungsarbeit anschließen:

Herr S., ein Patient aus Äthiopien, der zwölf Jahre im Gefängnis verbracht hatte, wählt sich einen kleinen rechteckigen Fleck aus, in der dunkelsten Ecke des Raumes. So groß wie eine Zelle, wie er mir später sagt. „Welche Körperhaltung möchte ich auf meinem Platz einnehmen? Will ich liegen, sitzen, stehen?" Herr S. hockt sich in zusammengezogener Körperhaltung auf die Decke, die Hände um die aufgestellten Knie geschlungen, den Blick zur Tür gerichtet. Die Erinnerungen haben ihn eingeholt, und er nimmt mich mit leiser Stimme in die Erlebnisse seiner Zelle mit. Die dort erlebten Schrecken sind an seiner Körperhaltung zu sehen. Sie sitzen ihm buchstäblich in den Knochen, obwohl die Zeit im Gefängnis schon einige Jahre zurückliegt. Die Reinszenierung dieser Zelle löst diese Erinnerungen an seine Einzelhaft aus. Er kann nach langer Zeit erstmals seinen archaischen Gefühlen von Vernichtungsangst nachgehen und darüber sprechen. Langsam können sich die körperlichen Spannungen lösen. Später ist es möglich, ihm ein weiterführendes Angebot vorzuschlagen, von der Zellenerinnerung bis in die gegenwärtige Situation.

„Gibt es etwas, was Sie jetzt hier auf diesem Platz verändern möchten?" Herr S. stellt sich hin, rührt sich jedoch nicht von

der Stelle. Er wirkt auf mich wie eingeschlossen. Ich bemerke ganz kleine Bewegungen seiner Füße, die ich aufgreife: „Gibt es Impulse in Ihrem Körper, sich zu bewegen? Probieren Sie aus, wie es ist, wenn Sie denen folgen." Vorsichtig schiebt Herr S. seine Füße über die Decke, kommt langsam ins Gehen, innerhalb seiner Deckengrenzen. Er stellt fest, daß da wenig Platz zum Gehen ist. „Was kann ich tun, daß ich so viel Raum habe, wie ich im Moment brauche?" Herr S. bleibt beim Hin- und Hergehen innerhalb seiner Deckengrenzen.

In der verbalen Bearbeitung wird ihm deutlich, wie sehr er sich seinen schmalen Gefängnisraum einverleibt hat. Er hat das körperlich im Hin- und Hergehen erfahren. Er kann die Bedeutung auf sein derzeitiges Leben übertragen und verstehen: Es ist ihm im Moment nicht möglich, sich auf Neues, Unbekanntes einzulassen. Er braucht noch den Schutzraum seiner engen Grenzen, aus dem herauszutreten es noch zu früh wäre.

Im weiteren Behandlungsverlauf könnte sich für Herrn S. jetzt in der nächsten Therapiestunde eine Körperarbeit im Liegen anschließen, die die Wahrnehmung der Körperinnenräume zum Thema hat.

Ich erlebe oft, daß unsere Patienten sich nicht nur äußerlich wenig Raum nehmen können, sondern sich auch innerlich eng fühlen und sich körperlich kaum ausbreiten können. Die unter der Folter eingenommene Schutzhaltung, sichtbar in den nach vorne gezogenen Schultern, im eingezogenen Kopf, in der gebeugten Körperhaltung, hat meist eine körperliche Verfestigung gefunden. Auch Atembewegungen sind kaum wahrnehmbar. Es hat den Anschein, daß die Menschen sich kaum trauen, richtig Luft zu holen.

Eine Möglichkeit, die *Körperinnenräume erlebbar zu machen,* ist eine geführte Körperreise, bei der der Atem wegweisend ist. Sie ist im Sitzen möglich oder im Liegen auf dem Boden. Der Boden bietet dem Körper die größtmögliche Unterstützungsfläche, seine Festigkeit gibt in der Regel Halt und Sicherheit. Ich spreche den Boden als tragenden Grund an, über den die Auflagepunkte des Körpers gespürt werden können und auch die eigene Schwere. Verschiedene Körperhaltungen können eingenommen werden. So rege ich an, sich so klein zu machen oder so groß, wie es im Moment möglich ist, in Bauch-, Rücken- oder Seitlage. Ich frage nach: „Was ist angenehm, welche Körperhaltung kenne ich von mir, welche ist mir eher fremd? Das Sich-groß-Machen, Sich-Ausdehnen und Raum-Einnehmen mit den Armen und Beinen ist unseren Patienten eher unvertraut. Kleinmachen bietet mehr Schutz und ist unauffälliger.

Nach dieser einleitenden Vorbereitung rege ich an, sich auf den Rücken zu legen, und lenke die Aufmerksamkeit auf den Atem. „Nehmen Sie Ihren Atem wahr, wie er durch die Nase einströmt, sich im Mund- und Rachenraum ausbreitet und weiter in den Brustraum strömt und wieder entweicht." Die Atembewegung kann durch das Auflegen der Hände (der eigenen oder die der Therapeutin) auf den Brustkorb oder Bauch gespürt werden. Im Sich-Ausdehnen und Zusammengehen können die Körperinnenräume durch den Atem erfahren werden. Den Atem bewußt zu spüren, kann das Erleben der eigenen Lebendigkeit ermöglichen.

Weiterführend rege ich an, sich vorzustellen, daß der Atem sich weiter ausbreiten kann: in die Schultergelenke, über Ober- und Unterarme bis in die Fingerspitzen. Der Atem soll imaginär durch den ganzen Körper strömen, auch vom Bauchraum in den Beckenraum, in die Oberschenkel, die Kniekehlen bis zu den Fußspitzen.

Die Aufforderung, sich zu räkeln, zu dehnen und zu strekken, schließt die Körperarbeit ab. Räkeln und Dehnen kann Gähnimpulse auslösen, die Spannung um die Kiefergelenke kann sich lockern, der Mund- und Rachenraum sich erweitern.

„Bleiben Sie in einer Lage liegen, die Ihnen jetzt angenehm ist. Spüren Sie nach, wie Sie jetzt da liegen, wie Ihr Körpergefühl ist, wie Sie atmen." Oft erleben Patienten sich dann breiter oder auch wärmer und haben das Gefühl, mehr Platz zum Atmen zu haben. „Ich bin jetzt innen viel größer geworden", sagte kürzlich ein Patient nach dieser Arbeit. Auch äußerlich haben sich die Patienten in ihrer Körperhaltung meistens mehr ausgebreitet.

Grenzen bestimmen unseren Bewegungsspielraum und Aktionsradius. Innerlich eingeengt sein bedeutet, sich nicht entfalten zu können in seinem Umfeld und keinen Raum ergreifen zu können. Die Erfahrung, über den Atem innerlich weiter zu werden und darüber Zusammenhänge im Körper zu spüren, hat etwas Wohltuendes und Befreiendes, weil das Erleben von Ganzheitlichkeit ermöglicht wird.

Der *Übergang vom Liegen über das Sitzen zum Stehen* kann bewußt mit den einzelnen Entwicklungsschritten nachvollzogen werden, die auch der Säugling ausprobieren muß, bis er imstande ist zu stehen. Die breite Unterstützungsfläche, die der Boden im Liegen bietet, muß beim Aufstehen verlassen werden. Im Stehen haben dann nur noch die kleinen Flächen der Fußsohlen Bodenkontakt.

„Wie erlebe ich den Boden (hart/weich/kalt/fest ...)?“ „Wie tragfähig sind meine Füße?“ „Wie standfest erlebe ich mich?“ „Wie stehe ich da?“ „Wie breit oder schmal ist mein Stand, wie fest oder wie beweglich?“

Auf diese Fragen folgen häufig Antworten wie: „Die Füße tun mir weh, ich kann nicht stehen.“ „Meine Knie zittern, wenn ich stehe.“ „Ich verliere meine Haltung, wenn ich stehe.“ „Ich kann mich nicht auf den Beinen halten.“

Es geht in diesen Aussagen sowohl um physische Schmerzen, die einen festen, sicheren Stand verhindern, als auch um Unsicherheit und um fehlenden Halt. Schmerzen an den Füßen sind bei unseren Patienten meistens die Folge von Schlägen auf die Fußsohlen. Vor der Arbeit am bewußten Stand ist deshalb eventuell eine physiotherapeutische Behandlung notwendig, die mobilisierend oder stabilisierend auf die Füße einwirkt und unterstützende Maßnahmen für das lädierte Fußgewölbe trifft. Damit die Patienten zu den verletzten Füßen wieder mehr Zugang finden, fordere ich sie auf, zunächst einen ihrer beiden Füße in ihre Hände zu nehmen und sich mit ihm zu befassen. Dabei lassen sich Weiches, Rauhes, Hartes, Kantiges, Empfindliches sowie Erhebungen und Zwischenräume entdecken. Der Fuß kann neu wahrgenommen werden. Im Vergleich mit dem unbetasteten Fuß ist für den Patienten zu spüren, daß die

Berührung den Fuß unter Umständen wärmer, deutlicher, breiter, lebendiger gemacht hat. Danach kann der andere Fuß erforscht werden.

Oft erinnern Narben, Deformitäten, Hautveränderungen und verdickte Gefäße an die Mißhandlungen. Die Füße waren dann so verletzt, daß die Patienten manchmal wochenlang nur kriechen konnten oder von Mithäftlingen getragen wurden. Geblieben ist das Gefühl der ungeliebten Füße, die man am liebsten nicht mehr spüren wollte, und die Erfahrung, nicht mehr richtig gehen zu können. Die Füße jetzt bewußt und vielleicht auch liebevoll in die Hände zu nehmen oder sie über die Hände der Therapeutin zu spüren, kann ein erster Schritt sein, ihnen nicht mehr nur ablehnend – wie bisher – gegenüberzustehen, sondern sie langsam als zu sich gehörend zu akzeptieren und in das Körpererleben zu integrieren. Anschließend ist es meist leichter, sich auf die lebendiger gewordenen Füße zu stellen und einen sicheren Stand zu erleben.

Bewußt auf den eigenen Füßen stehen, heißt in der Körperarbeit zunächst, der Verbindung der Füße mit dem Boden besondere Aufmerksamkeit zu geben.

Manchmal biete ich an, sich einen großen Baum vorzustellen mit seinen Wurzeln, die tief in die Erde reichen, so daß der Baum fest verankert ist. Stehen ist aber nicht nur ein statischer Vorgang, sondern ein ständiges Ausbalancieren, um im Gleichgewicht zu bleiben. Voraussetzung dazu ist Beweglichkeit in den einzelnen Gelenken. Meine Aufforderung, die eigene Beweglichkeit auszuprobieren, heißt dann: „Wieviel Spielraum habe ich in den Sprunggelenken, in meinen Knien und Hüftgelenken?“ Ich leite dann weiter hoch zum Becken, zur Wirbelsäule, zu den Schultern und zu den Kopfbewegungen.

Im spielerischen Ausprobieren von Lösen und Festhalten der Gelenke kann sowohl das fließende, durchlässige Zusammenspiel aller Gelenke erfahren werden als auch Starre, Unbeweglichkeit und Auftreten von Spannungen, wenn die Gelenke blockiert sind. Das kann eine wichtige Erfahrung sein: durch selber initiierte Bewegungen Einfluß nehmen zu können, um aus der Bewegungslosigkeit herauszukommen und durch Bewegungen im Körper zu merken, wie Starres beginnt wach zu werden.

Die Voraussetzung, daß jemand imstande ist, zu stehen und anderen Menschen oder Anforderungen entgegenzutreten, ist, Halt in sich selber zu spüren. In unserem Körper ist das Harte und Feste unseres Knochengerüsts die haltgebende Struktur. Dieses innere Gerüst bewußt wahrzunehmen gehört ebenfalls zum basalen Körpererleben. Dies ist z.B. möglich über das Erleben der Gelenkbeweglichkeiten oder im Ausprobieren: sich bewußt zu beugen und wieder langsam, von unten nach oben, aufzurichten. So kann der Rücken in seiner haltgebenden Funktion und die Wirbelsäule als innere Stütze erfahren werden. In unserer Sprache drücken wir das mit den Worten aus: Ein Mensch hat Rückgrat, oder ihm wurde das Rückgrat gebrochen.

Wenn jedoch Schmerzen im Rücken oder in den Füßen im Vordergrund stehen, sind Beugen und Sich-wieder-Aufrichten meist nicht möglich. Dann gilt es auszuprobieren, wieviel Stütze der Rücken braucht, um schmerzfreier zu sein. Es gilt, mit dem Patienten zusammen zu überlegen, wo und wie er sich im Alltag Unterstützung holen kann. Eindrucksvoll hat ein kurdischer Vater ausgedrückt, wie sehr ihm eine Rückenstütze fehlt. Er lebte mit fünf seiner sechs Kinder in Berlin, seine Frau saß mit dem Jüngsten noch in der Türkei im Gefängnis. Er war mit der Versorgung seiner fünf Kinder völlig überfordert. Der Rücken tat ihm andauernd weh, und er fragte nach einem Stützkorsett. Im Nachsatz folgte: „Weil meine Frau noch nicht da ist.“ Hier stand zunächst die Entlastung für ihn und seine Familie im Vordergrund. Der nächste Schritt war dann, herauszufinden, wieviel Halt und Stabilität er noch in sich selber hatte.

Vom sicheren Stand aus *einen ersten Schritt* zu machen, heißt, sich auf das Wechselspiel von Halten und Loslassen einzulassen. Diesen Wechsel selber zu initiieren und damit zu experimentieren, den festen Standort zu verlassen und sich auf Entdeckungsreise in den Raum zu begeben, ist für unsere Patienten immer wieder eine Mutprobe. Sich in Gang zu setzen und sich dadurch Schritt für Schritt Raum zu nehmen, steht in unmittelbarem Zusammenhang mit ihrem Alltag. In der Symbolhandlung des Stehens und Gehens wird die Eigenständigkeit erprobt und die Loslösung, letztendlich auch aus der therapeutischen Beziehung.

Beendigung der Behandlung

Die Frage, wann die Behandlung abgeschlossen ist, beinhaltet auch, wann der therapeutische Schutzraum verlassen werden kann. Dieses Thema beschäftigt uns immer wieder, sowohl in der Einzeltherapie wie im Kollegenteam und auch gelegentlich in der Fallsupervision.

Eine eindrucksvolle Antwort dazu gab uns Herr S. aus Äthiopien. Er war einer unserer ersten Patienten im Behandlungszentrum, und viele Mitarbeiter hatten eine herzliche Beziehung zu ihm. An seinen vielen ‚Hochs' und ‚Tiefs' während einer Zeit von fast drei Jahren, in der er regelmäßig bei uns war, nahmen wir alle regen Anteil. Nach und nach ging es ihm besser, sowohl seelisch wie körperlich. Er wurde selbständiger und hatte soziale Kontakte geknüpft. Aber wir mochten ihn nur ungern gehen lassen. In einer Zeit, in der er keine körperlichen Beschwerden hatte, beschloß ich, in Absprache mit den behandelnden Kollegen, die Körperpsychotherapie langsam zu beenden. Der Patient antwortete darauf mit einer Knieverletzung, die er sich zugezogen hatte. Er wurde am Meniskus operiert und mußte noch einige Wochen zur Nachbehandlung zu mir kommen. Eindrucksvoll demonstrierte er, an zwei Unterarmstützen humpelnd, daß er noch nicht gehen konnte. Diese folgenden Wochen waren für ihn und auch für mich noch einmal sehr intensiv und wichtig, um zu spüren und durchzuarbeiten, was selbständiges Stehen und Gehen bedeutet. Das war zwar schon ausprobiert, hatte aber offenbar noch nicht gereicht. Er war inzwischen sehr gut in der Lage, mit etwas Abstand, der schon den Abschied einläutete, und oft mit viel Humor seine selbstgewählte Therapieverlängerung zu reflektieren. Eines Tages kam er, seine Stütze wie eine Marionette vor sich her schwenkend, stellte sie in die Ecke und meinte, nun könne er alleine gehen, ohne Krücken. Das Gehenlassen war jetzt für beide Seiten stimmig. Ab und zu besucht er uns im Zentrum und tankt wieder ein bißchen auf.

Der gefrorene See – Gestalttherapeutische Traumbearbeitung mit Folteropfern

Von Sibylle Rothkegel

Als ich meinen Kollegen im Behandlungszentrum von meinem besonderen Interesse an gestalttherapeutischer Traumbearbeitung erzählte und sie bat, auf die Träume unserer Patienten zu achten und sie dann für mich zu sammeln, entstand folgendes Phänomen: Die Kollegen gaben mir erst einmal eine Fülle von Träumen, die sie selbst in der Zeit, in der sie mit Gefolterten arbeiteten, geträumt hatten. Diese Träume handelten vordergründig meist von Konflikten im Team und ähnelten dabei in der Thematik (Grenzüberschreitungen, Ausgrenzungen, Entwertung, Macht und Ohnmacht, Verfolgungen, Gefahr, Gewalt und Tod) sehr den Träumen unserer Patienten. Dies macht deutlich, wie physische und psychische Verletzungen, die unsere Patienten erlitten haben, als Gefühle und Bilder bei uns auftauchen und destruktiv auf uns einwirken können, wenn wir sie nicht beachten. Wir können unsere Träume auch als aufmerksame Ratgeber betrachten, die uns auffordern, sorgfältig auf uns aufzupassen. „Schlafschauen" heißt „Träumen" wörtlich übersetzt auf persisch. Die Perser meinen, beim Träumen ginge die Seele auf Wanderschaft. Träume führen uns oft in fremde oder auch vertraute Orte und Landschaften, zu merkwürdigen, aufregenden, vielleicht auch beängstigenden Begegnungen, manchmal auch in eine märchenhafte Welt voller Bilder und Symbole (Dieckmann, 1978).

Seit Jahrtausenden sind Träume in ihrer Rätselhaftigkeit, Attraktivität und auch Bedrohlichkeit im Blickpunkt menschlichen Interesses. Künstler, Philosophen und Wissenschaftler spürten ihrem verborgenen Sinn nach und deuteten Trauminhalte je nach kulturellem Kontext als „Offenbarung der Gottheit", Ahnung des Zukünftigen und Möglichkeit der Selbsterkenntnis. Die Geschichte der Traumdeutung beginnt mit Versuchen, Träume nicht als psychologisches Phänomen, sondern als reale Erlebnisse der vom Körper losgelösten Seele oder als die Stimme von Geistern und Gespenstern zu verstehen. In den Kulturen des Ostens wurde der Traum entsprechend einem festgelegten religiösen und ethischen Bezugssystem interpretiert; jedes Symbol hatte seinen bestimmten Sinn. Die frühe orientalische Traumdeutung basierte auf der Annahme, daß der Traum eine Botschaft darstellt, die die Menschen von göttlichen Mächtigen erhielten und die sie in ihre Handlungen, d.h. in wichtige Entscheidungsfragen, einbezogen. Besonders in Indien und Griechenland glaubte man, daß Träume auch Krankheiten voraussagen, daß bestimmte Symbole auf gewisse somatische Symptome hinweisen. Aristoteles betonte die rationale Seite der Träume. Er nahm an, daß wir im Schlaf eine verfeinerte Wahrnehmungsgabe für subtile körperliche Vorgänge haben und daß wir uns mit Plänen und Verhaltensmaßregeln beschäftigen, die wir klarer erkennen als tagsüber. Im Talmud wird von einer kunstvoll ausgearbeiteten Theorie der Traumdeutung berichtet. In Jerusalem soll es zur Zeit Jesu vierundzwanzig professionelle Traumdeuter gegeben haben. Die Beschäftigung mit der Traumsymbolik bzw. Traumbedeutung ist also mehrere tausend Jahre alt und war in den verschiedensten Kulturen selbstverständlich. Sie hat aber in unserer modernen westlichen Zeit ihren Rang verloren, d.h. wir haben etwas verloren. Hier können wir viel von Patienten aus unterschiedlichen Kulturen lernen, ihren eigenen Glauben um das Wesen der Träume nutzen und um unsere Ideen erweitern.

Der Arbeit mit Träumen hat Fritz Perls in seinem Therapiekonzept eine ganz besondere Bedeutung zugemessen. Er betrachtete den Traum als existentielle Botschaft: „von Dir selbst an Dich selbst" und sah in ihm mehr als eine unerledigte Situation, mehr als einen unerfüllten Wunsch und mehr als nur Prophezeiung. Er gebrauchte den Begriff „dreamwork" und verstand darunter die Arbeit *mit* Träumen und nicht im Sinne

Freuds eine vom Traum selbst geleistete Arbeit; mit seiner Herangehensweise, „Jeder Träumer ist alles in seinem Traum“, kreierte er etwas sinnfällig Praktisches für die Traumarbeit.

Freud nannte den Traum „via regia“, also den Königsweg, zum Unbewußten; Perls dagegegen betonte, die Arbeit mit dem Traum sei der *Königsweg zur Integration*. Für ihn war der Traum der spontanste Ausdruck des Menschen, und alle unterschiedlichen Traumteile betrachtete er als Fragmente unserer Persönlichkeit.

Der Ursprung des Wortes „Therapie“ kommt aus dem Griechischen und bedeutet unter anderem auch „Heilung“. Für mich geht es in der Therapie auch darum, Menschen zu umsorgen und dabei zu unterstützen, so „heil“ wie möglich zu werden. Das Wort „heil“ bedeutet „ganz“, so daß heilen eigentlich „ganz machen“ heißt. Wenn Therapie mit „Ganzheit“ verbunden ist, so ist damit nicht Vollkommenheit gemeint, sondern Vollständigkeit. Unsere Sehnsucht nach Ganzheit ist das Bedürfnis, etwas wieder zusammenzufügen, das gespalten ist. Die Therapie zielt also auf eine innere Einheit, die sich der Brüche und Zerrissenheit menschlicher Existenz durchaus bewußt bleibt (Wirtz, 1989). Ein Hilfsmittel dabei kann die gestalttherapeutische Traumarbeit sein, da wir mit ihr die verschiedenen Traumteile zusammenfügen, somit die projizierten Persönlichkeitsanteile entdecken und vielleicht auch wiedergewinnen können. Das heißt auch, daß Träumer in der therapeutischen Bearbeitung das in ihnen vorhandene, bislang unterdrückte Potential, das im Traum erscheint, entdecken und erleben können. *In der gestalttherapeutischen Bearbeitung werden Träume grundsätzlich nicht interpretiert.* Dies erscheint mir im Kontext unterschiedlicher Kulturen und Wertesysteme sowie in der Behandlung schwertraumatisierter Menschen von ganz besonderer Bedeutung. Viele Patienten erleben die Therapie als eine Wiederholung alter Abhängigkeitssituationen. Die unterschiedliche Verfügbarkeit von Macht und Wissen bei Therapeuten und Patienten erinnert nicht nur an Kindheitssituationen und weckt Bedürfnisse nach Schutz und Führung, sondern erinnert auch an das Erleben des totalen

Macht- und Ohnmachtsgefälles während der Folter. Wir Therapeuten müssen uns dessen bewußt sein, daß uns von unseren Patienten oft viel Macht zugesprochen wird, denn sie fühlen sich zusätzlich durch ihre schwierige Situation als Asylsuchende in einem fremden Land besonders machtlos. Das extreme Abhängigkeitsbedürfnis von Gewaltopfern verführt Therapeuten leicht dazu, eine starke Führung zu übernehmen. So ist davon auszugehen, daß unsere Patienten meist nicht in der Lage sind, unsere Interpretationen zurückzuweisen; sie werden sie in der Regel „schlucken" und somit ihren schon vorhandenen zahlreichen Introjekten weitere hinzufügen. („Eine Lehre, die Du als Ganzes geschluckt hast, ohne sie zu verstehen – z.B. weil sie von einer Autorität kommt – und die Du nun anwendest, als ob sie Dein eigen wäre, ist ein Introjekt" [Perls/Hefferline/Goodmann, 1951]).

Gestalttherapie ist eine phänomenologische Methode. Ein Grundprinzip gestalttherapeutischen Vorgehens ist die Arbeit im „Hier und Jetzt", das heißt, daß die direkt in der Therapiesituation auftretenden Störungen im Kontaktprozeß (Kontakt zum Therapeuten, zu dem gerade zu bearbeitenden Thema, zur Therapiesituation, zum Raum etc.) bewußt und erlebbar gemacht werden. Im Vordergrund steht immer das ganzheitliche Erleben der Patienten durch emotionale Aktualisierung. Um das Erleben von Gefühlen wie Scham, Trauer, Haß und auch Freude etc., aber auch von Einstellungen, Haltungen und Überzeugungen zu unterstützen, sind in der Gestalttherapie verschiedene Techniken entwickelt worden.

Vor einer Traumbearbeitung ist es sehr wichtig, sorgfältig und präzise zu überprüfen, wie der Kontakt zwischen Patient und Therapeut beschaffen ist und ob er als Basis für die Bearbeitung eines sehr belastenden Traumes ausreicht. Liegen Störungen im Patient-Therapeut-Verhältnis vor, so müssen diese vorrangig bearbeitet werden; erst dann kann die eigentliche Traumbearbeitung stattfinden.

Dies ist bei der Arbeit mit schwer traumatisierten Menschen ganz besonders wichtig, weil unsere Patienten meist nach den schweren Grenzverletzungen, die ihnen widerfahren sind, nicht mehr in der Lage sind, ihre eigenen Grenzen zu spüren oder gar zu wahren. Erst dann, wenn sich eine tragfähige, vertrauensvolle Beziehung zum Therapeuten entwickelt hat, kann die Arbeit an den tiefen Verletzungen beginnen. Den Menschen muß die Sicherheit vermittelt werden, daß es *ihr* Prozeß ist, daß *sie* bestimmen können, wann sie bereit sind, Erfahrungen zuzulassen. In der Forschung über die Behandlung von Opfern extremer Gewalt wird häufig erwähnt – und dies deckt sich mit meinen Erfahrungen – daß Gewaltopfer die Therapie meist nur etappenweise aushalten. Unseren Patienten, über die z.T. Jahre lang „verfügt" worden ist, fällt es häufig schwer, für sich selbst verantwortlich zu sein. Sie haben eher gelernt, sich zu „überantworten" und versuchen, dieses Muster in der Therapie zu wiederholen (Wirtz, 1989). Grenzüberschreitungen werden meist erst zu spät wahrgenommen; darum müssen wir Therapeuten ganz besonders aufmerksam sein und Patienten immer wieder ganz geduldig darin unterstützen, ihre eigene Verantwortung und Autorität wahrzunehmen. Der Aspekt der Beziehung spielt in unserer Arbeit eine sehr wichtige Rolle. So kann der Patient es als Fürsorge und Respekt erleben, wenn die Therapeutin so auf ihn „aufpaßt", daß sie ihn immer wieder nachprüfen läßt, ob er wirklich bereit und in der Lage ist, sich belastendem „Material" auszusetzen bzw. es wiederzuerleben. So kann es auch nützlich sein, einen quälenden Alptraum einfach „unberührt" zu lassen oder ihn symbolisch als Paket verschnürt in einer Ecke abzustellen oder zu vergraben.

Die Grenzen der seelischen und physiologischen Belastbarkeit der Patienten müssen respektiert werden, denn die Schmerzen können einen Intensitätsgrad erreichen, der die Grenze des Erträglichen fast übersteigt. Gefühlte Scham mag für manche weniger aushaltbar als Wut oder Trauer sein. Ich meine, daß dieser Aspekt leicht übersehen werden kann. Ein therapeutischer „Eingriff" kann unter Umständen zu einer erneuten Traumatisierung werden (Wirtz, 1989). Wir brauchen in der therapeutischen Begleitung sehr viel Fingerspitzengefühl, um aufmerksam den Zeitpunkt wahrzunehmen, zu dem ein Patient unvollendete und „gestörte" Gestalten in sein

Leben integrieren kann, um dann unsere Interventionen richtig zu dosieren.

Traumatische Langzeitfolgen von Gewalterfahrungen sind immer wiederkehrende Alpträume, die aus Angst vor dem Traum zu Schlaflosigkeit führen können. Patienten berichten sehr häufig, daß sie nachts schreiend aufwachen und unter Herzrasen und Schweißausbrüchen leiden. Sie träumen tatsächlich stattgefundene Folter- und Verfolgungsszenen auf quälende Weise nach. Diese Träume führen Patienten oft zu uns und weisen darauf hin, daß es an der Zeit ist, die Folgen der traumatisierenden Erlebnisse zu behandeln, denn die psychische Abwehr funktioniert offensichtlich nicht mehr. Ich unterstütze die Patienten dann darin, möglichst alle Details ihrer Gewalterfahrungen auf irgendeine Art auszudrücken. Dies kann geschehen durch Erzählen, aber auch beispielsweise durch Ausagieren, Schreien, das Bilden von Tönen oder auch Malen.

Grundsätzlich steht bei geschwächter Ich-Struktur eines Patienten nicht die Aufarbeitung der traumatisierenden Geschehnisse, sondern die Stärkung der Ich-Funktion im Vordergrund. Es geht also um die Strukturierung des Hintergrundes und das Entdecken eigener Unterstützungsfunktionen, also in erster Linie um Stabilisierung. Laut Kernberg (1978) hängt der Vertiefungsgrad in die Problematik vom Grad der Realitätsprüfung ab. Manche unserer Patienten leiden unter Symptomen, die der Diagnose Borderline zumindest ähnlich sind. Ich biete hier die später genauer ausgeführte Methode der Identifikation nicht an, sondern baue vielmehr kognitive und strukturierende Elemente in die Therapie überhaupt und also auch in die Bearbeitung eines Traumes ein. Ganz besondere Aufmerksamkeit widme ich hier der Stärkung der Autonomieentwicklung und der Differenzierung der inneren und der individuellen Grenzen im Kontakt mit anderen Menschen.

Da Träume jeweils stark mit der individuellen Lebensgeschichte verknüpft sind sowie der momentanen Situation, in der sich der Träumende befindet, kann es keine „Standard"-Deutungen für ein spezielles, im Traum vorkommendes Symbol geben. Für jeden bedeutet ein bestimmter Gegenstand im Traum etwas anderes und muß im jeweiligen Kontext des Traumes und des Träumers gesehen werden. Ferner ist es sehr wichtig, den in der Regel unterschiedlichen kulturellen Hintergrund von Patient und Therapeut in Betracht zu ziehen.

So kann zum Beispiel ein als Traumbild auftauchender Hund für einen Deutschen eine völlig andere Bedeutung haben als für einen orientalischen Menschen islamischer Religionszugehörigkeit. Während meiner Kindheit im Fichtelgebirge habe ich mir immer einen Hund gewünscht, ihn jedoch nie bekommen. In meiner Phantasie wäre dieser Hund ein stets treuer Freund gewesen, der mit mir über Felder und Wiesen gestreift wäre, mit dem ich Kunststücke hätte üben, möglicherweise öffentlich auftreten und Geld hätte verdienen können und der mich abends auf meinem Heimweg durch den dunklen Wald begleitet und beschützt hätte. Begegnete mir dieser treue Freund im Traum, so symbolisierte er für mich unter anderem immer auch einen unerfüllten Wunsch und verhinderte gleichzeitig jedoch ersehnte Autonomie. Im islamischen Glauben gilt der Hund als etwas Unreines, das ein gläubiger Muslim nicht zu sich in sein Haus lassen darf. Im arabischen Sprachraum ist die Beschimpfung: „Du Hund, Sohn einer Hündin!" eine schwerwiegende Beleidigung. Herr B. aus Bagdad gelangte über die Bearbeitung seines Traumbildes von einem Hund unter anderem an seine Gefühle von Trauer, Wurzellosigkeit und Entwertung als Opfer: „Ich bin nicht mehr in meinem Haus und weiß nicht, wo meine Mutter ist. Ich muß unterwürfig sein und mich total anpassen. Das mußte ich im Gefängnis, während der Folter, und auch hier im Exil fühle ich mich wie ein Hund, der sich bedingungslos anpassen muß. Durch das, was mit mir passiert ist, fühle ich mich unrein und schmutzig. Jeder Mensch kann mich schlagen und aus dem Haus werfen."

Wie bereits erwähnt, sah Perls die verschiedenen Teile eines Traumes als Fragmente unserer Persönlichkeit an: Danach projizieren wir während eines Traumes eigene, meist abgespaltene Persönlichkeitsanteile oder Gefühle auf andere Menschen, Tiere, Objekte, Stimmungen oder Farben. Deshalb arbeiten wir in der Gestalttherapie mit der Methode der Identifikation. Wir fordern den Patienten dazu auf, sich in im Traum auftauchende Elemente hineinzuversetzen und diese möglichst präzise in der Ich-Form zu beschreiben. Ziel dieses Experimentes ist es, Traumelemente als Aspekte der eigenen Existenz wahrzunehmen, um sie schließlich langsam zu integrieren, d.h. mit eigenen Gefühlen von Aggression, Bedürfnissen nach Macht, aber auch Trauer und Freude wieder in Kontakt zu kommen. Die Auswahl der Traumsequenz, die dargestellt werden soll, kann durch den Träumenden selbst erfolgen. Bleiben bestimmte Traumelemente unbeachtet, weise ich darauf hin und versuche, gemeinsam mit dem Patienten herauszufinden, ob möglicherweise eine Vermeidung vorliegt. Es kann bereits hilfreich sein, diese einfach nur als solche zu benennen. Bei sehr belastenden Träumen ist es notwendig, die Traumarbeit zu strukturieren, indem zunächst per Identifikation diejenigen Traumelemente erlebbar und verfügbar gemacht werden, die weniger belastend sind und dem Träumer Unterstützung geben können. Zum Beispiel kann sich Herr M. aus Uganda, der träumt, er werde von wild um sich schießenden Militärsoldaten verfolgt, bei der Bearbeitung des Traumes erst einmal in ein Lehmhaus zurückziehen, um aus dem geschützten Raum heraus das bedrohliche Geschehen zu betrachten.

Herr O. aus Nordkurdistan, der – wie viele seiner Nachbarn, Freunde und Familienangehörigen aus einem Dorf in den Bergen seiner Heimat – vom türkischen Militär schwer gefoltert worden war, brachte mir in der zweiten Behandlungsstunde einen Traum mit, der immer wieder auftauchte und ihn sehr quälte: „Ich bin vom Hals an abwärts in einem See eingefroren. Um mich herum gibt es nur Eis; lediglich mein Kopf ragt heraus.“ In der Hoffnung, irgendein unterstützendes Element zu finden, fragte ich genauer nach, und Herr O. konnte in seinem Traumbild, weit entfernt und ganz blaß, seine Berge erkennen. Er erzählte diesen Traum völlig teilnahmslos, ohne erkennbares Gefühl, so daß ich zu frösteln begann. Zu diesem Zeitpunkt unserer therapeutischen Beziehung und unseres Kontaktprozesses entschied ich mich, einfach und wortlos wie der Traum, eine warme Wolldecke um ihn zu legen. Erstaunt blickte er mich an, und seine Augen füllten sich mit Tränen. So begann, „das Eis ein bißchen zu schmelzen". Wir haben im Laufe eines Jahres in verschiedenen Sitzungen allen Elementen dieses Traumes Beachtung geschenkt, und ich möchte den Fortgang seiner Behandlung als „langsames, andauerndes Eisschmelzen mit immer wiederkehrenden Frostperioden" bezeichnen.

Um eine Traumarbeit sinnvoll zu gestalten, ist es notwendig, nach auslösenden oder einbettenden Ereignissen, d.h. nach der allgemeinen Lebenssituation zu fragen. Welche Themen stehen im Vordergrund? Welche Ereignisse stehen bevor; welche liegen unmittelbar zurück? In welcher Nacht wurde der Traum geträumt, und wie war das Gefühl beim Aufwachen? In jedem Traum sind sehr viele Aspekte und Bearbeitungsmöglichkeiten enthalten. Um auf Herrn O. zurückzukommen: Wasser gilt als universales Symbol, weil es allen Menschen gemeinsam ist; C. G. Jung, auf dessen Traumtheorie die Gestalttherapie aufbaut, bezeichnet es als archetypisch. Wasser hält uns am Leben und stellt entwicklungsgeschichtlich die Basis für den Evolutionsprozeß dar. Der Kontakt zum Wasser ist sowohl körperlicher als auch seelischer Natur. Das Eis im Traumbild symbolisierte einmal gefrorenes Leben: die eingefrorenen Gefühle im Sinne einer emotionalen Anästhesie, um unerträglichen Schmerz nicht zu spüren, um Trauer über den Verlust der Heimat und die Angehörigen nicht zu empfinden. Viele Tränen blieben ungeweint. Der Kopf ragte im Traum lebend aus dem Eis heraus, und dies war ein treffendes Bild: Er konnte nicht abschalten, sich nicht entspannen. In einer weiteren Behandlungsstunde, zu der Herr O. direkt vom Sozialamt kam, brachte er sich in dem gefrorenen See mit folgenden Gedanken in Verbindung: „Ich stehe da ganz erstarrt, werde von dem Sachbearbeiter eiskalt behandelt und kann mich nicht ausdrücken, aber in meinem Kopf weiß ich, daß ich das aushalten muß und mich nicht wegbewegen kann." Ein anderes Mal: „Als ich nach Deutschland kam, habe ich erst einmal einen Schock bekommen; alles war so fremd und kalt. Ich konnte mich hier nicht bewegen, fühlte mich wie eingefroren. Manchmal traf ich keinen Menschen; ich kann immer noch nicht deutsch sprechen und fühle mich von Zeit zu Zeit sehr einsam. Meine Heimat erscheint mir weit entfernt, so daß ich sie kaum noch sehen kann, wie die Berge in meinem Traum." *„Sie haben zuerst in der Vergangenheit gesprochen. In Ihrem Traumbild war ja Winter, und alles war gefroren. Wenn Sie jetzt in das Bild gehen. Wie sieht es jetzt aus? Denn die Jahreszeiten ändern sich; bei Eis denke ich auch an Auftauen."* [1]

Herr O., der inzwischen mit Landsleuten zusammenwohnte, begann zu beschreiben, daß das Eis dicht um ihn herum etwas geschmolzen sei und er schon einen Vogel entdecken könne, der ihm eine Nachricht bringen sollte. Zu Herr O., der inzwischen mit Landsleuten zusammenwohnte, begann zu beschreiben, daß das Eis dicht um ihn herum etwas geschmolzen sei, und er schon einen Vogel entdecken könne, der ihm eine Nachricht bringen sollte. Zu einem weiteren Termin erzählte er von der schlechten Nachricht, und der Frost war wieder eingebrochen: „Ich fühle mich wie ein Toter, der im Kopf noch lebt. Ich habe den Bescheid vom Bundesamt für die Anerkennung ausländischer Flüchtlinge bekommen, daß sie meinen Antrag auf Asyl ablehnen; das heißt, daß sie mir nicht glauben, was ich in meiner Anhörung gesagt habe. Ich wünsche mir, in dem See meines Traumes zu sein, mein Kopf sollte auch einfrieren." Mit diesem Bild wies er auf Suizidgedanken hin, die er als frommer Muslim nicht offen aussprechen darf. Mit Zuhilfenahme seines religiösen Glaubens arbeitete ich weiter stützend, bis Herr O. vor dem Verwaltungsgericht schließlich Recht erhielt und somit Asyl bekam. Er muß nun auch langsam verarbeiten, daß er, bei den dort herrschenden politischen Verhältnissen, nicht mehr in seine geliebte Heimat zurückkehren kann. Da das Recht auf Asyl keine neue Heimat gibt, sondern lediglich erst einmal ein juristisches Recht darstellt, in der Fremde zu leben, muß er lernen, langsam zu akzeptieren, daß die Berge weit entfernt bleiben; er kann sie sich jedoch als

1 Hier und im weiteren Verlauf geben alle in Kursivschrift wiedergegebenen Sätze die wörtliche Rede der Verfasserin wieder.

„inneres Bild“ heranholen. Die Berge sind für ihn das Symbol seiner Wurzeln, der Geborgenheit und Kraft; die Methode der Identifikation führt hier nicht weiter, denn es liegt auf der Hand, daß der Patient nicht in der Lage sein kann, sich mit den Bergen zu identifizieren. Unsere spezielle und komplexe Problematik zwingt zu einem differenzierten Vorgehen. Er muß erst einmal immer wieder um seine Heimat und die verlorenen Angehörigen trauern können. Über das Bild der Berge kann er aber seine eigenen Ressourcen zunächst einmal entfernt und blaß sehen, dann immer näher spüren und im besten Fall vielleicht einmal als ein inneres Gefühl wiederentdecken.

Die Identifikation mit verschiedenen Traumelementen ist in Variationen durch die Methode des Dialogs möglich, d.h. durch einen Dialog des Träumenden mit Personen, Elementen, Sequenzen oder auch dem Traum als Ganzem, z.B. wenn er unverständlich, aber bedrohlich ist.

Frau S. aus Teheran träumte immer wieder von ihren Genossen, die während einer Hinrichtungswelle im Iran zur Zeit Khomeinis sterben mußten. Sie konnte sich real nicht von ihnen verabschieden, da sie zu dieser Zeit selbst inhaftiert war. Ich forderte sie in der Traumarbeit zum Dialog mit diesen verstorbenen Freunden und politischen Weggenossen auf. Indem sie immer mehr die Gelegenheit wahrnahm, all das zu sagen, was ihr in der Realität verwehrt war, gelang es wenigstens auf diese Weise, Abschied zu nehmen. Diese Menschen, die im Traum immer wieder kamen, symbolisierten auch die politische Partei, der sie angehörten, und boten Frau S. die Möglichkeit, nach und nach in der Auseinandersetzung mit den Genossen auch von der politischen Ideologie, ihren Aufträgen und dem Dasein als „Heldin“ Abschied zu nehmen und auch ihre weiblichen Persönlichkeitsanteile zu entdecken und weiterzuentwickeln.

Ich frage Patienten immer sehr genau, auf welche Weise sie in ihrer Heimat trauern. Trauerzeremonien anderer Kulturen zu kennen oder über die Patienten zu erfahren, hilft dem Therapeuten, die Patienten dabei zu unterstützen, „offene Gestalten zu schließen“. Ich schenke diesem Thema viel Aufmerksamkeit und breiten Raum, denn ohne die Möglichkeit und die

Fähigkeit zu trauern, sind wir blockiert, weil wir dann dem Toten, dem längst Vergangenen verhaftet bleiben und keinen weiteren Entwicklungsschritt zu einer persönlichen Veränderung gehen können. Die Genossen im Traum boten die Möglichkeit für Trauerarbeit, aber auch für Abschied von Ideologien, harten Anforderungen und der inneren Notwendigkeit zum Freiheitskampf, folgen zu müssen. Letzteres hatte für Frau S. die Konsequenz, acht Jahre Haft und Folter ertragen zu müssen.

Die Genossen stellten aber auch ein Bild für Solidarität und Gemeinsamkeit dar. In jedem Traumbild sind Polaritäten enthalten: Im gefrorenen See vereinten sich Leben und Tod. Der Begriff Polaritäten drückt ein Gegensatzpaar aus, zwei Punkte, die zusammengehören: Es gibt keinen Tod ohne Leben. Dazu lese ich bei Alan Watts: „In den Sinnbildern der westlichen Kulturen kämpft das Licht mit der Finsternis, das Leben mit dem Tod, das Gute mit dem Bösen, und so konnte sich in weiten Teilen der Welt die Vorstellung verbreiten, daß das eine zu bejahen, das andere zu verneinen sei." Das chinesische Denken dagegen wurzelt in dem Prinzip der Polarität: Plus und Minus, Nord und Süd sind verschiedene Aspekte ein und desselben Systems. In den Konstrukten Anima und Animus ist der Gedanke der seelischen Polarität von C. G. Jung am klarsten herausgearbeitet worden: Dem bewußten Ich der Frau korrespondiert in ihrem Unbewußten ein männlicher Seelenanteil. C. G. Jung greift damit etwas auf, das bereits weltweit verbreitet in verschiedenen, das polare Prinzip beinhaltenden Symbolkreisen existiert und immer auch mit männlich-weiblich assoziiert wird: Tag und Nacht, Sonne und Mond (in verschiedenen Sprachen und Kulturen existieren unterschiedliche Zuordnungen zu weiblich und männlich), Licht und Dunkelheit, Himmel und Erde, Yang und Yin, Logos und Eros (Oesterreich, 1990).

Ein weiteres Beispiel findet sich in den Träumen von Frau F. aus Dresden, in denen Farben eine große Rolle spielen. Sie war als Mitglied einer oppositionellen Gruppe von vermeintlichen Freunden bespitzelt und an den Staatssicherheitsdienst verraten worden. Bis heute weiß sie nicht ganz sicher, wer den Verrat begangen hat. Den ersten Traum, den sie mir mitbrachte, hatte sie in Schwarz-Weiß geträumt. Später kamen immer mehr Farben dazu. Zu dieser Zeit begegneten ihr real im Westen vertraute Menschen, die sich dort aber ganz anders verhielten, als sie das von früher, aus gemeinsamen Zeiten in der früheren DDR, kannte. Diese Veränderung erschien ihr bedrohlich und gab ihr immer wieder zu der Vermutung Anlaß, dieser oder jene könnte sie verraten haben. Sie träumte: „Ich bewege mich in hallenartigen Räumen mit glatten Gegenständen; die Ebenen zum Laufen sind schief, und das Beeindruckendste sind die Farben: Rot und Gelb; beide wirken kalt, unterkühlt, fröstelnd auf mich, obwohl ich diese Farben sonst als so erwärmend empfinde." „*Wie erwärmen Sie diese Farben sonst?*" „Mit Rot fühle ich Leben. Das kommt wahrscheinlich von Blut, warmem Blut, wie ein Lebensstrom. Gelb ist für mich die Farbe des Lichts. Wenn ich mit Gelb male, habe ich das Gefühl, daß es keine Grenzen gibt, weil das Gelb über die Konturen hinweg strahlt."

In der überkulturellen Farbbedeutung wird mit der Farbe Rot Belebung und Fruchtbarkeit verbunden. Australische Eingeborene benutzen einen roten Stein, um ihn in einem Feld zu vergraben, das für den Anbau bestimmt ist, um es fruchtbar zu machen. Wir finden Rot in Zusammenhang mit aktiven, männlichen Wandlungskräften und als Farbe der Liebe, die die Gegensätze männlich und weiblich versöhnt. In gleicher Weise, wie Rot das Leben versinnbildlicht, kann es auch zur Farbe des Todes werden – wie bei den mittelalterlichen Scharfrichtern, die rote Roben trugen. Gelb gilt als die Farbe der Kommunikation; die Farbe läßt keine Begrenzung zu, kann sich leicht in anderen Farben verlieren und sich mit ihnen mischen. Goethe bemerkte die Heilkraft dieser Farbe als wärmendes Element; sie drückt überkulturell die weibliche Seite aus. Gelb ist jedoch auch äußerst empfindlich und führt zu einer unangenehmen Wirkung, wenn es beschmutzt wird. Landläufig werden auch negative Energien wie Geiz, Ärger und Neid mit dieser Farbe in Verbindung gebracht.

Für die diagnostische Beurteilung eines Traumes sind die darin enthaltenen Farben bedeutungsvoll. Sie sind Träger und Ausdruck der Emotionen, die die Träumer bewegen. Intensität, Klarheit oder Unreinheit geben in bezug auf das Geträumte Aufschluß über Stärke und Art der Emotion. Zwischen den äußersten Extremen von Licht und Dunkel bzw. Schwarz und Weiß liegen alle Farben dieser Welt. Träume, in denen nur die Farben Schwarz und Weiß vorkommen, sind Ausdruck von Polaritäten, von Gegensätzen, in denen keine Zwischentöne vorkommen. Schwarz-Weiß: Ost-West? Weiß ist wie Schwarz eine „unbunte" Farbe; sie erscheinen „der Gefühle bar", denn diese teilen sich in bunten Farben mit.

Die Träumenden können auch ermuntert werden, zu Traumelementen, seien es nun Personen, Gegenstände oder Landschaften, Assoziationen zu entwickeln. Der Unterschied zur analytischen Vorgehensweise besteht darin, daß dabei die während der auftauchenden Assoziationen entstehenden Affekte besonders beachtet und erlebbar gemacht werden. Herr R. aus Bosnien, der sehr unter dem Autonomieverlust leidet, den er als Flüchtling in Deutschland empfindet, hat sich die Ideologie auferlegt, immer friedfertig zu sein, grenzt sich so von den an ihm verübten grausamen Gewalttaten ab und blockiert mit diesem Introjekt den Zugang zu seinen eigenen aggressiven Gefühlen. „Ich habe Kinder, muß ihnen ein gutes Beispiel geben und will zeigen, daß man ohne Aggression leben sollte." Er bringt mir folgenden Traum, der wiederholt aufgetaucht ist:

„Ich beiße meinen unteren Kiefer so stark auf den oberen, daß mir schließlich alle Zähne ausfallen. Ich kann aber die Kiefer nicht auseinandernehmen. Morgens beim Aufwachen habe ich wirklich starke Schmerzen im unteren Kiefer." Viele Menschen, die bei der Kontaktaufnahme Schwierigkeiten im Umgang mit ihren Grenzen haben, sei es durch zu starke, wie in diesem Fall, oder auch zu schwache Abgrenzung, weisen tatsächlich starke Verspannungen im Bereich des Mundes und Kiefers auf. So wie Perls Träume als existenzielle Mitteilungen zwischen Komponenten des Selbst bezeichnet hat, können viele unserer „unerklärlichen" Körperprozesse zu Recht als existentielle Botschaften von verleugneten Bestandteilen des Selbst betrachtet werden (Kepner, 1988). Statt zuzubeißen, beißt Herr R. die Zähne zusammen. Durch Assoziationen zu der Funktion von Zähnen und verstärktem Nachspüren seines Kiefers konnte er seine Aggressionen spüren, sie durch lautes Schreien ausdrücken und sich so etwas Erleichterung verschaffen.

Herr R. hat in seinem psychischen Erleben aggressive Impulse mit Gewalttätigkeit vermischt. In der Gestalttherapie werden Aggressionen als positive Kontaktfunktionen gefördert, und zwar nicht im Sinne einer gewalttätigen Auseinandersetzung, sondern in ihrem lateinischen Wortursprung als „auf etwas zugehen". Gewalt wird als das Ergebnis einer Störung der aggressiven Funktionen gesehen. Ich schätze die Bedeutung der kleinen Schritte bei jeder Behandlung. Viele unserer Patienten sind aggressiv gehemmt. Ein klares Nein, das Anheben der Stimme oder auch ein kontaktvoller Blick sind schon beachtliche Anzeichen einer positiven Veränderung.

Endet ein Traum ganz plötzlich oder unbefriedigend, dann kann das heißen, daß etwas unerledigt bleibt, eine Antwort fehlt oder das Ende so schrecklich erscheint, daß der Träumer wach wird. Ich fordere die Patienten meist auf, eigene Phantasien zu entwickeln: Wie könnte der Traum weitergehen, wie sähe ein alternatives Ende des Traumes aus? Der Patient, der träumt, er werde verfolgt, und erwacht, gerade als seine Häscher ihm dicht auf den Fersen waren, kann Phantasien entwickeln und hat freie Hand, Ideen zu kreieren, wo er z.B. plötzlich Hilfe bekommt, Schutz suchen oder auch eine andere „märchenhafte" Lösung finden kann. Es ist diagnostisch interessant und gibt Aufschluß über vorhandene Ressourcen, ob Patienten sich überhaupt darauf einlassen und welche Art von Lösung sie entwickeln können: Sind sie z.B. in ihren inneren Bildern immer allein? Sind sie imstande, sich Hilfe von anderen zu holen? Entwickeln sie Ideen, wie sie sich schützen, verbergen oder gar wehren können?

In der gestalttherapeutischen Traumbearbeitung werden auch kreative Medien eingesetzt. Der Traum oder wichtige

Elemente, Sequenzen des Traumes, können getanzt, pantomimisch dargestellt, gemalt oder auch in Ton gestaltet werden. Die Transformation in ein anderes Medium kann ein erweitertes Verständnis des Traumes bewirken. Durch Farbe, Ton, Mimik, Gestik können bestimmte Seiten des Traumes deutlich hervortreten; andere werden vernachlässigt. Es entsteht ein neues Bild, in das viele Aspekte – auch gegensätzliche Tendenzen – eingebunden sind, ähnlich der Symbolbildung im Traum. Dies eröffnet besonders auch Patienten, denen es förmlich „die Sprache verschlagen" hat, meist neue Möglichkeiten, sich auszudrücken. Auf diese Weise werden in besonderem Maße positive und ungenutzte Potentiale reaktiviert. Die therapeutische Arbeit knüpft an diese Quellen an, so daß auch bei der Bearbeitung traumatischer Inhalte Momente von Freude und Lebensbejahung durch phantasievolles Handeln erlebt werden und somit Mut zur Veränderung geben können.

Für die Traumbearbeitung mit Kindern und Jugendlichen sind kreative Medien ganz besonders gut geeignet. Kinder denken im allgemeinen nicht gerne an ihre Träume, denn oft jagen ihnen gerade die Träume, an die sie sich erinnern, besonders viel Angst ein. Mitunter sind sie vielleicht auch so verwirrend und phantastisch, daß sie sie aus ihrem Bewußtsein zu verdrängen versuchen. Dies mag auch einer der Gründe sein, weshalb Kinder oft immer wieder denselben Traum haben. Sie bemühen sich so sehr, den Traum zu verdrängen, daß er immer wieder kommt. Kinderträume gelten auch heute noch als „unerforschtes Land". Viele Kindertherapeuten berichten übereinstimmend, daß Kinder (vor der Pubertät) offensichtlich in der Regel nicht frei assoziieren können oder auch wollen. Kinder träumen viel und sind bereit, ihre Träume mitzuteilen, aber sie bringen nur sehr vereinzelt zu den Traumelementen eigene Einfälle ein.

Der siebenjährige M. aus Sarajewo kam und erzählte auffallend monoton, er habe immer wieder den gleichen Alptraum und deshalb große Angst vor dem Einschlafen: „Ich bin da mit meiner Klasse, da kommt ein großes Monster und frißt uns alle auf." Er war nicht bereit, auf meine Vorschläge wie Malen, Theaterspielen etc. einzugehen, und zuckte als Antwort nur mit den Achseln. Erst als ich folgende Fragen stellte, konnte M. Zugang zu seinen Gefühlen entwickeln: „*Wie tut das Monster das?*" „Es schluckt uns alle so herunter." „*Heißt das, daß es Euch nicht beißt und Ihr heil im Bauch von dem Monster ankommt?*" „Ja!" „*Weißt Du, das erinnert mich an ein deutsches Märchen, das heißt ‚Der Wolf und die 7 Geißlein'.*" „Ja, das kenn' ich!" „*Möchtest Du es mir erzählen, so wie Du es kennst?*" M. sitzt aufrecht da und spricht mit lauter Stimme und roten Wangen, als müßte er vor einem größeren Publikum vortragen. Es kann sehr aufschlußreich sein, welche Stelle in einem Märchen einen Menschen besonders beeindruckt. Mich selbst hat zum Beispiel in meiner Kindheit der Teil stark beschäftigt, wo der Wolf Kreide frißt, um seine Stimme weicher und heller zu verändern und somit die Geißlein zu täuschen. M., der selbst der Jüngste von mehreren Geschwistern in der Familie ist, wird ganz aufgeregt, betont und ausführlich, als er den Moment schildert, wo das jüngste Geißlein sich im Uhrenkasten versteckt, um dann beim Eintreffen der Mutter mit ihr gemeinsam die Geschwister zu retten und das Böse zu besiegen.

Märchen entsprechen den urtümlichen Schichten der menschlichen Seele; viele Bilder und Gestalten gleichen sich bei fast allen Völkern der Erde. Der Wolf fungiert, wie z.B. der Wüstendämon Seth bei den Ägyptern, als der Gegenspieler des geordneten Lebens, der alle Kultur eigensüchtig und lauernd bedroht, Versucher und Zerstörer zugleich ist. Der Wolf verkörpert nach altem Volksglauben auch die Macht und drückt den dämonischen Willen aus, der versucht, durch Dialektik das Wesen der Dinge zu verfälschen. Märchen stellen immer Wege der Entwicklung aus typischen menschlichen Problemen dar; jede Entwicklung ist mit Angst und mit der Überwindung von Angst verbunden. Der Wolf fälscht nicht nur „die echten Werte", wie auch bei den sieben Geißlein, bei denen er sich mit den gefärbten Pfoten als gute Mutter ausweist, sondern zerstört auch einen infantilen Zustand, indem er die Kinder verschlingt. In dem Zustand der Verschlingung, wie sie vielfach in Märchen, Mythen und Kulthandlungen früher Völker beschrieben wird, macht jeder in dem Leib des Tieres eine Wandlung durch. Die Rettung, d.h. die Wandlung, in unserem Märchen kann aber nur von außen kommen. Ein wichtiger Aspekt im Traum M.s erschien mir in der Bearbeitung eben des Traumerlebnisses, daß er mit den Kindern nicht zerstückelt, sondern im Ganzen verschlungen wird. Ich biete ihm kleine Tierfiguren an, und er beginnt, sie auf- und umzustellen, um seinen Traum nachzuspielen. Das Ende gestaltet er sehr erfinderisch. Da ist zum Beispiel ein kleiner Vogel, der dann den anderen Bescheid gibt, und mehrere Figuren machen sich auf den Weg, um das Monster zu besiegen und die Schulklasse zu befreien. Interessant an dem phantasievollen Ende M.s ist, daß die Mutter und der Vater nicht in der Lage sind, die Kinder zu befreien, sondern selbst auch unterstützt werden. Dies trifft auch in der Realität zu. Meist finden sich die Kinder unserer Patienten schneller und scheinbar leichter in der neuen Welt zurecht, und die sonst übliche Rollenverteilung in den Familien gerät durcheinander: Kinder werden häufig zu Beschützern der Eltern, so wie in dem geschilderten Märchen das jüngste Geißlein die Aufgabe hat, die Familie vor dem bösen Wolf zu retten. Sie passen sich mitunter erstaunlich schnell in die neue Kultur ein, fungieren als Dolmetscher von Mutter und Vater bei Behördengängen etc. Sie sollen leisten, was den Eltern nicht möglich ist: ein Spagat zwischen der alten Kultur ihrer Eltern und der neuen Kultur des Exils. Diese Kinder müssen jedoch mit der Zeit verarbeiten, daß die früher als so stark wahrgenommenen Eltern sie vor dem Unheil (Krieg, Zerstörung, Flucht) nicht beschützen konnten und auch in der „neuen Welt“ eine eher hilflose Rolle einnehmen.

In allen theoretischen Schriften zur Methode der Gestalttherapie wird die lebendige Beziehung zwischen Therapeut und Patient beschrieben. Die therapeutische Arbeit findet im Hier und Jetzt statt. Der Patient kann bei dem Therapeuten eine unter Umständen sehr einfache, menschliche und praktische Antwort auf das, was er in die Therapiesituation mit hineinbringt, finden. Das gilt natürlich auch für Traumbearbeitung. Alles, was sich in den Träumen an Problembereichen, Stimmungen, Bildern und Symbolen etc. zeigt, ruft ein Echo hervor. In dem Therapeuten entstehen ebenfalls Stimmungen, Bilder, Phantasien; die Erinnerung an Märchen, Mythen etc. wird wach. All das fließt in die Traumbearbeitung mit ein, und sei es nur gespürt, gewußt oder direkt ausgesprochen. Die Interaktion zwischen Therapeut und Klient ist ein ganzheitliches Kontaktgeschehen, das sich auf verbalen und nonverbalen Ebenen übermittelt. Körpersprache wie Haltung, Mimik, Gestik, sprachliche Inhalte, der Klang der Stimme und vieles mehr prägen zusammen den Kontaktprozeß und zeigen gleichzeitig seine vielfältigen Störungen und Unterbrechungen. Der Therapeut ist in diesem Prozeß selbst Teil, Medium und Instrument, indem er sich seiner eigenen Kontaktfunktionen gewahr wird, die bewußten und unbewußten Botschaften seiner Klienten empfängt, auf sich wirken läßt und beantwortet. Die meisten Menschen, die zu uns kommen, bringen ganz besonders feine Antennen und eine ausgeprägte Fähigkeit für unbewußte und nonverbale Kommunikation in die Therapie mit, denn sie haben sich über einen längeren Zeitpunkt hinweg darin geübt, die geistige und emotionale Verfassung ihres feindlichen Gegenübers zu erraten (Herman, 1992). Um so hilfreicher können klare Äußerungen oder ein deutliches Feedback sein oder auch die Aufforderung, ihre Projektionen zu überprüfen. Abhängig von der Situation oder dem Patienten kann es auch wichtig sein, daß der Therapeut seine eigenen Gefühle ausdrückt, um dem Patienten zu helfen, mit seinen eigenen abgespaltenen Gefühlen wieder in Kontakt zu kommen. Herrn O. habe ich beispielsweise zum Zeitpunkt unserer ersten Traumarbeit nicht mitgeteilt, daß ich bei seiner Art der Erzählung angefangen habe, innerlich zu frösteln. Hier hätte es ihn möglicherweise erschreckt oder auch eine Grenzüberschreitung darstellen können. Inzwischen aber sage ich ihm, wenn es mir hilfreich erscheint, was er bei mir an Reaktionen auslöst. Ich bin jedoch grundsätzlich sehr vorsichtig, wenn ich Gedanken, Ideen oder Gefühle von mir äußere, d.h. ich mache immer wieder deutlich, daß das von mir kommt, also meine Idee ist, und bitte die Patienten genau und immer wieder zu prüfen, ob das zu ihnen paßt, sie etwas davon annehmen können, und lerne dabei sehr viel über sie und von ihnen. Sie können auf alle Fälle wieder lernen abzuwägen, dann Ja oder Nein zu sagen und sich abzugrenzen.

Meine Vorliebe für Traumarbeiten mit unseren Patienten fand Unterstützung und Anregung durch Erzählungen von Holocaust-Überlebenden, wie sie ihre Träume zu einer Art „Schutzhütte“ errichtet haben. Gefangene eines Konzentrationslagers legten in ihre „verriegelten und umzäunten“ Träume alle ihre Liebeskraft, ihre Sehnsucht nach Freiheit und Glück. Jean Cairoll erzählt von einem Häftling im Konzentrationslager, der „geradezu besessen“ schien, wenn er – oft allen Schwierigkeiten zum Trotz – einige Augenblicke des Morgens mit dem „Einsammeln“ der Träume seiner Kameraden verbrachte. Diese Häftlinge haben systematisch mit den Träumen, die sie in sich trugen, eigene Ressourcen entdeckt, indem sie durch Landschaftsträume eigenen Wurzeln nachgespürt, in Musik-, Melodie- und Nahrungsträumen Heilsträume gesehen und Licht und Farben, z.B. der Farbe Blau, eine besondere Bedeutung wie Schutz gegeben haben.

In der Gestalttherapie wird weniger nach dem Warum, sondern nach dem Wozu des Traumes gefragt. Der Traum ist die persönlichste Quelle der Information, die jeder in sich hat. Durch die meisten Träume zieht sich ein roter Faden, der uns in der Bildersprache eine Botschaft übermittelt. Das Ich der Träumer muß die Botschaft entschlüsseln, um den Rat im Leben verwirklichen zu können. So können Träume als Ratgeber ein wichtiges Mittel zur Stärkung der Ich-Struktur sein. Bei einer solchen Betrachtung des Traumes erscheint es besonders wichtig, wie sich Krisen und Probleme in Träumen andeuten, denn sie können zu einer Auseinandersetzung mit dem Konflikt beitragen. Die durch die Träume auftauchenden Symbolgestalten erhalten ihre therapeutische Wirkung, indem das Ich-Bewußtsein den Sinn begreift und ihn auf irgendeine Weise ausdrückt. Träume sind nicht nur Ratgeber und Wegweiser zu eigenen Ressourcen, sondern haben auch im Hinblick auf ein ganzheitliches Menschenbild weitreichende Bedeutung. Träume setzen sich fort; Traumserien bilden den Kontext, den die Träumer selbst liefern, wobei durch die Reihe der aufeinanderfolgenden Träume ein Problem von allen Seiten beleuchtet wird. In der Bildersprache der Träume zeichnen sich die Linien des Entwicklungsprozesses ab, den die Träumer eingehen.

Seit ich am Behandlungszentrum arbeite, wird mir immer wieder deutlich, wie sehr wir uns in einem Spannungsfeld von Polaritäten befinden: Pole wie Aggression, Zerstörung und Entwertung auf der einen Seite und so etwas wie Liebe, Aufbau und Wertschätzung auf der anderen Seite. Alle Menschen, die zu uns kommen, haben das gemeinsam: Sie sind durch die Hölle gegangen, und sie haben überlebt und danach immerhin die Kraft aufgebracht, zu uns zur Behandlung zu kommen. Sie haben viel verloren und verlassen müssen, tragen aber persönliche Quellen und Bilder, d.h. Potentiale in sich, an die wir anknüpfen und von denen wir uns berühren lassen können, um sie somit zum Aufbau von Brücken zwischen fremden Menschen und unterschiedlichen Kulturen zu nutzen.

Die heilende Kraft des Erzählens – Von Scheherazade lernen

Von Salah Ahmad

Ich möchte eine Behandlungsweise vorstellen, die mit Geschichten, Mythen, Erzählungen und Sprichwörtern arbeitet. Diese Methode ist in Deutschland wenig verbreitet. In der therapeutischen Literatur finden wir meist nur Abhandlungen über die Arbeit mit Metaphern. Über die bloße Anwendung von Metaphern hinaus, hat die Hypnotherapie nach M. Erickson die zentrale therapeutische Anwendung von Geschichten, Mythen und Metaphern thematisiert. Der in Deutschland lebende iranische Psychotherapeut Nossrat Peseschkian hat die heilende Wirkung des Erzählens von Geschichten aufgegriffen und sie mit westlichen psychotherapeutischen Schulen verbunden.

Geschichten und Sprichwörter spielen in manchen Gesellschaften eine große Rolle. In orientalischen Ländern entstehen Erzählungen oft als Folge von besonderen Begebenheiten. Sie handeln von Unterdrückern, Tyrannen oder von verbotener Liebe. Die realen Ereignisse werden in eine Fabel gekleidet, Menschen in Form eines Tieres dargestellt, welches dann die Gedanken und Dialoge übernimmt. Diese Erzählungen haben in vielen Kulturen orientierende und ratgebende Funktion. Sie sind so formuliert, daß viele Menschen die verschlüsselten Botschaften verstehen können. So kann man mit überlieferten Erzählungen oder mit religiösen Geschichten aus dem Koran oder der Bibel eine therapeutische Wirkung erzielen. Viele unserer Patienten haben eine starke religiöse Bindung. Wie Seelsorger in der Kirche versuchen Therapeuten, Menschen nach extremen Erlebnissen durch Geschichten zu zeigen, daß das Leben auch noch schöne Seiten hat und daß Probleme nicht ewig bestehen müssen.

Das Erzählen von Geschichten als therapeutischer Ansatz hat zwei Grundabsichten: Zunächst kann es den Patienten helfen, Trost, Hoffnung, Sinn und Lösungen zu finden. „Festsitzende" Fixierungen auf Probleme können sich allmählich verflüssigen, und der Patient lernt, für sein Leben andere Sichtweisen zu finden.

Darüber hinaus sollen die Erzählungen des Therapeuten den Patienten „anstecken", selbst seine eigenen Gedanken, Empfindungen und Erlebnisse in Worte zu fassen und damit eigene Ressourcen für Lösungen zu wecken.

Der heilende Prozeß des Erzählens ist auch als „konstruktiv-narrativer Ansatz" in der westlichen Welt verankert. Seine Wurzeln gehen zum Beispiel zurück auf I. Kant, W. Wundt, A. Adler, J. Piaget, V. Frankl und P. Watzlawick. Menschen leiden demnach nicht nur unter den Ereignissen, wie sie sind, sondern auf lange Sicht auch unter ihren Interpretationen dieser Ereignisse. Eben die Möglichkeit der Veränderung der *Interpretationen und Sichtweisen* durch den narrativen Prozeß fördert Heilung von erstarrten Problemfixierungen und Mustern. Wir *sind* die Geschichten, die wir erzählen (McCabe/Peterson, 1991).

Die ausgewählten Erzählungen müssen, so der Iranist und Politologe Dr. J. Nebez, zu den Problemen des Patienten passen, damit sie eine wegweisende, unterstützende oder mobilisierende Funktion haben. In indirekter Weise sollen sie ihm helfen, seine Handlungsfähigkeit zu stärken. Die Wirksamkeit der Geschichten resultiert aus dem Glauben der Menschen und ihrer Verbundenheit mit ihrer Kultur. Der Therapeut muß diese Kultur kennen und Analogien für Ereignisse und Empfindungen finden können. Die therapeutische Arbeit verlangt Phantasie. Der Therapeut muß selbst Geschichten erfinden können. Die Methode ist kulturell grenzenlos einsetzbar, da jede Kultur über ihre eigenen Erzählungen und Metaphern verfügt. Ich habe allerdings die Erfahrung gemacht, daß es schwierig sein kann, mit ideologisch fixierten Menschen auf diese Weise zu arbeiten. Manche haben keine Beziehung mehr zu den Grundritualen ihrer Kultur. Andere Patienten kennen

Therapie nur als Methode „für Verrückte“. Sie sind anfangs blockiert. Es ist daher notwendig, sie behutsam an die Form des therapeutischen Erzählens heranzuführen.

Vorgeschichte von Herrn T.

Seit über 18 Monaten ist Herr T. bei uns in Behandlung. Diese neigt sich nun dem Ende zu. Herr T. war Student in einem nordafrikanischen Land. Er war in seiner Heimat zu drei Jahren Haft verurteilt worden. Man warf ihm Mitgliedschaft in einer verbotenen islamischen Organisation vor. Er stammt aus einer großen Familie: sieben Geschwister, Mutter und Vater. Der Vater war Beamter und verliebte sich als älterer Herr in eine wesentlich jüngere Frau, die er auch heiratete. Daraufhin verließ die Mutter des Patienten ihren Mann. Sie nahm ihre Kinder mit sich, bat jedoch ihren ältesten Sohn, unseren Patienten, im Haus des Vaters und der Stiefmutter zu bleiben, denn sie wollte eine gewisse Kontrolle behalten. Die zweite Frau des Vaters ist nur sieben Jahre älter als unser Patient. Herr T. bekam jeden Tag Prügel von ihr. Er sollte zu einem Hausmädchen gemacht werden, indem ihm alle Arbeiten übertragen wurden, die im Orient nur ein Mädchen im Hause verrichtet. Seine Stiefmutter drohte ihm mit dem Vater. So blieb der Sohn schweigsam und erzählte niemand, was ihm widerfuhr. In Wirklichkeit hatte der Vater nicht die geringste Ahnung, daß die neue Frau seinen Sohn so mißhandelte. Er durfte nicht mit anderen Kindern spielen und seine leibliche Mutter nicht sehen. So litt er Jahre lang, bis er die Schule beendete. Er ging dann zur Universität und begann zu studieren. Er war wissensdurstig und hungrig nach Kontakten, Macht und Anerkennung. Aus diesen Bedürfnissen wurde er Mitglied in einer islamischen Organisation. Bald wurde er wegen seiner Fähigkeiten in eine höhere Position gewählt. Er organisierte große Demonstrationen gegen das Regime in seinem Land. Bei einer Demonstration wurde er fotografiert und verhaftet.

Herr T. wurde auf eine grausame Art gefoltert: Er wurde aufgehängt und überall auf den Körper geschlagen. Manchmal wurde er für mehrere Stunden mit den Füßen nach oben aufgehängt, oder er mußte stundenlang mit gefesselten Händen hängen. Er wurde auf die Fußsohlen geschlagen, mit Elektroschocks gequält und erlitt sexuelle Mißhandlungen. Nach den Folterverhören mußte er für drei Jahre ins Gefängnis.

In der Zeit der Verhöre versuchte seine Freundin, ihn zu besuchen. Die Freundin wurde verhaftet und vor seinen Augen in einem Raum von drei Polizisten vergewaltigt. Diese Bilder verfolgen ihn bis heute. Er entwickelte einen scheinbar unstillbaren Haß. Er haßte seinen Vater, weil er eine Zweitfrau geheiratet hatte, und er haßte seine Mutter, weil sie ihn verlassen hatte. Er haßte alle Frauen, weil die Stiefmutter ihn jeden Tag geschlagen hatte. Er haßte seine Geschwister, weil sie ihn allein bei der Stiefmutter gelassen hatten. Er haßte schließlich alle Menschen, vertraute keinem und beschimpfte jeden. Als er zu seinem ersten Termin zu uns kam, blickte er mich immer nur mißtrauisch an und schwieg fast nur. Erst nach der fünften Stunde taute er langsam auf.

Er sagte, er könne kein Vertrauen zu mir haben, weil ich seine Muttersprache spräche. Daher behandelte ich ihn in den ersten acht Monaten gemeinsam mit einem ärztlichen Kollegen. Als sein Asylantrag abgelehnt wurde, hörten wir zwei Wochen lang nichts von ihm. Dann tauchte er wieder zum üblichen Termin auf. Er sah sehr krank und erschöpft aus. Er eröffnete mir, einen zweiten Suizidversuch unternommen zu haben. Man hatte ihn halbtot in seinem Zimmer gefunden, sein Körper war schon erkaltet, und keiner glaubte, daß er überleben werde.

Er konnte gerettet werden. Er sagte mir, er habe jetzt überhaupt keine Hoffnung mehr. Seine gesamte Hoffnung sei auf seinen Asylantrag gerichtet gewesen. Müßte er jetzt zurückkehren, so würde er hingerichtet werden. Man suche ihn von beiden Seiten: von seiten des Regimes und seitens seiner

Organisation. Die Organisation beschuldige ihn, er habe Kollegen unter der Folter verraten. Deswegen seien in der Heimat Mordversuche gegen ihn unternommen worden. Dies sei einer der Gründe für seine Flucht gewesen.

Herr T. hatte viele Beschwerden: Er litt ständig unter Kopf- und Rückenschmerzen, unter Schmerzen in den Beinen und unter Alpträumen und Ängsten.

Trotz der Abwendung von seiner Partei war Herr T. ein tiefreligiöser Mensch geblieben. Nach seinem Suizidversuch erzählte ich ihm zuerst nur religiöse Geschichten, um ihm Kraft zu geben. Ich zitierte Herrn T. einen Satz eines Freundes des Propheten Muhammad: „Der Mensch ist ein Gebäude Gottes. Verflucht sei der, der dieses Gebäude zerstört!" Menschen, die sich umbringen, verstoßen gegen das Gebot, nicht zu töten. Menschen, die sich umgebracht haben, werden lange in der Hölle bleiben. Ich rezitierte Suren des Korans.

Ich versuche grundsätzlich, beim Erzählen nicht anzudeuten, warum ich die Geschichte erzähle. Später hat der Patient Zeit nachzudenken, warum ich ihm das erzählt habe. Es ist nicht sinnvoll, Patienten Ratschläge zu geben. Durch Geschichten aber werden sie indirekt beeinflußt und können mobilisiert werden. Zuweilen entdecken sie so wieder die Fähigkeit, über sich nachzudenken und Lösungen zu finden. Diese Wirkung, die ich mit den Geschichten und Erzählungen erzielen möchte, ist jedoch nicht bei jedem Patienten möglich. Einige Menschen lachen während der Geschichten und sagen, sie seien doch kein Kind mehr. Aber es gibt auch Menschen, die solche Geschichten erst einmal genießen, später darüber nachdenken und Zusammenhänge mit ihrer eigenen Geschichte entdecken können.

Herr T. kam weiterhin wöchentlich zu uns, und es ging ihm am Anfang sehr schlecht. Er hatte öfter von der vergewaltigten Freundin geträumt und litt unter Schuldgefühlen. Die Schuld an seinem Unglück gab er anderen Menschen. Er begann, Träume für sich zu deuten, und redete nach und nach über seine Lebensgeschichte. Langsam gewannen wir sein Vertrauen. Zu seinem Suizidversuch sagte er: „Ich will nicht mehr leben, ich hatte Pech, daß ich nicht gestorben bin, aber ich werde es wieder versuchen." Ich fühlte mich dadurch unter Druck, wenngleich ich wußte, daß für seine Verzweiflung sein abgelehnter Asylantrag verantwortlich war.

Da erklärte ich ihm, wie ein Asylverfahren verlaufe und was zu tun sei. Langsam wurde ihm deutlich, daß er Klage gegen die Entscheidung einreichen könne. Danach sagte er: „Weißt Du, daß ich Glück habe?" Ich fragte: „Glück oder Pech? Du sagst doch immer, daß Du Pech hast." Er sagte: „Ja, ich habe immer Pech, aber in einer Sache habe ich Glück, nämlich Euch kennengelernt zu haben."

Das hat mir sehr viel Freude bereitet und mir Kraft gegeben, mit ihm intensiver zu arbeiten. Ich wandelte seine Aussage in eine kleine freundliche Provokation um: „Das kann ich nicht glauben, daß Du darüber froh bist, bei uns behandelt zu werden. Sonst hättest Du nicht versucht, Dich umzubringen." Er meinte, er habe einen Fehler gemacht, aber er werde ihn nicht mehr wiederholen. Brächte er sich um, verlöre er diese Welt. Allah werde ihm auch nicht verzeihen. Ich sagte ihm: „Solange ich nicht sicher sein kann, ob Du wiederkommst, kann ich mit Dir nicht arbeiten. Es könnte ja sein, daß Du Dich umbringst. Das macht mich unruhig und nimmt mir die Ruhe, mit anderen Patienten zu arbeiten. Ich weiß keine Lösung." Er wollte dann wissen, ob ich ihn entlassen werde. Es gehe nicht um Entlassung, sagte ich ihm, sondern einfach um eine Zusammenarbeit. Das bedeute, daß ich keine Sorge haben wolle, ob er sich nächste Woche umbrächte. Ich wolle sein Wort haben.

„Versprich, daß Du nicht versuchst, Dich umzubringen, bevor Du mit mir gesprochen hast. Wenn ich mich nicht auf Dich verlassen kann, kann ich auch nicht mit Dir arbeiten."

Ich setzte ihn unter Druck, weil ich sicher war, daß solche Gespräche in der Kultur des Patienten als hilfreich angesehen werden. Es ist zu beachten, daß in orientalischen Gesellschaften die Patienten dem Arzt, Prediger oder dem Behandler mit großem Respekt begegnen und diese damit als in der Hierarchie hochstehend erleben.

Das nächste Mal sprachen wir über seine Gefängnishaft. Er meinte, es sei die Hölle gewesen. Er habe sich in jeder Stunde, in der er gefoltert worden sei, den Tod gewünscht und einmal laut darum gebettelt, daß der Folterer ihn töte, weil er die Schmerzen nicht mehr hätte ertragen können. Dann begann er zu weinen. Er berichtete weiter, daß er nach seiner Entlassung kaum Besuch von Freunden der Organisation erhalten hätte. Schließlich habe ihn ein ihm nahestehender Freund gewarnt, daß er von der Organisation umgebracht werden solle.

Ich fragte ihn, warum er geflüchtet sei. Er war verwundert und sagte: „Ich wollte nicht nach der Entlassung sterben." Ich antwortete: „Das verstehe ich sehr gut, aber ich sehe, daß du hier inzwischen zweimal einen Suizidversuch unternommen hast, und wenn du so viel für das Leben getan hast und jetzt einfach alles wegwirfst, was ist das für eine Art, mit dem Leben umzugehen?" Ich war ziemlich konfrontierend, und er formulierte, daß er damals vergeblich nach der schönen Seite des Lebens gesucht habe. Meine Antwort war: „Du bist am Anfang. Wenn du Geduld hast, wirst Du das vielleicht erkennen können." Ich habe die Stunde einfach so beendet. Zwei Tage später rief er an und meinte, er wolle mir noch einmal versprechen, daß er nie mehr versuchen werde, sich selbst zu töten. Er werde mit mir so arbeiten, daß er versuchen wolle, seine Probleme zu lösen. Er sei jetzt bereit, mit seiner Trauer zu leben und gegen Grausamkeiten zu kämpfen. „Aber bitte hilf mir." Ich war sehr erleichtert nach diesem Anruf.

Nach dieser Woche war Herr T. fast drei Wochen lang krank, so krank, daß er wieder zu jammern begann. Er klagte: „Habe ich nicht gesagt, daß Gott mich haßt? Ich bin ein Pechvogel. Ich bin nicht nur von meinen Eltern, der Gesellschaft und der Welt ausgestoßen, sondern auch von Gott. Siehst Du, ich nehme verschiedene Medikamente, aber die Krankheit bleibt." Ich nahm seine Klagen in einer Geschichte auf:

Einmal war der Prophet Muhammad krank, lag eine Woche im Bett und wurde nicht gesund. Man rief nach einem muslimischen Hakim, der aus verschiedenen Pflanzen Medikamente herstellte. Dieser versuchte, den Propheten Muhammad zu heilen, aber die Pflanzen halfen ihm nicht. Nach einer Woche holte man einen jüdischen Arzt. Der Prophet bekam andere Pflanzen, neue Mittel und wurde wieder gesund. Seine Freunde kamen zu ihm und fragten ihn, wie so etwas passieren könne, daß ihn ein Mensch jüdischen Glaubens heilen könne und ein muslimischer nicht? Der Prophet gab als Antwort: „Wißt ihr, wenn Allah will, daß ich eine Woche krank bleibe, dann muß ich so lange krank sein. Deswegen war ich immer noch krank, und es war an der Zeit, daß der zweite Arzt mir die Pflanzen gegeben und mir geholfen hat."

„Diese Antwort hatte er ihnen gegeben. Ob Du daran glaubst oder nicht, es ist nur eine Geschichte", sagte ich zu Herrn T. Dieser war sehr verwundert über die Geschichte. Er meinte, er habe während der Haft auch den Islam gehaßt, weil seine Organisation im Namen des Islam arbeite. Er verstand jedoch, was ich meinte. So beendeten wir unsere Stunde.

In der nächsten Stunde fühlte Herr T. sich wirklich besser. Ich lachte ihn freudig an und war darin bestärkt, mit Geschichten zu arbeiten.

Herr T. wollte weiterleben. Inzwischen hatte er Deutsch gelernt. In einer Stunde fragte er mich: „Was denkst Du, ich träume immer wieder von den Foltererlebnissen, aber wenn ich wüßte, daß ich mich rächen könnte oder jemand für mich die Rache übernähme, würde ich nicht mehr schlecht träumen. Aber ich bin sicher, daß sich kein Mensch für mich einsetzen und die Leute, die mich gefoltert haben, bestrafen wird."

Ich fand seine Aussage interessant und entgegnete ihm, daß ich nicht glaube, daß seine Peiniger einfach ungestraft davonkommen würden. Er war sprachlos und wußte ganz offensichtlich nicht, was er sagen sollte. Nach einer Weile meinte ich: „Du weißt, daß wir immer eine Hoffnung haben, auch wenn wir alle Menschen verlieren, und diese Hoffnung ist Allah. Wenn wir nur daran glauben, daß es Allah gibt, der für Gerechtigkeit sorgt, für Dich und alle anderen, die gefoltert worden sind." Er fragte: „Wann wird das passieren?" Ich sagte: „Allah hat Geduld, und viele erzählen, Allah habe sehr viel Geduld, und die schnellste Sache, die er macht, dauert 40 Jahre.

Es gibt dazu eine schöne Geschichte, und die erzähle ich Dir, wenn Du möchtest." Und so erzählte ich:

Es gab einmal einen Storch. Er hatte immer Schwierigkeiten, sein Nest so zu bauen, daß die Küken nicht herunterfielen. Nach jeder Brut war es so, daß er manchmal alle oder auch vereinzelt Küken verlor, da sie fast alle aus dem Nest herunterfielen und dabei starben. Einmal suchte der Storch nach einer Lösung. Nachdem er lange geflogen war, sah er von oben einen Prediger, einen Mullah, der seinen Hut in die Nähe des Sees gelegt hatte und sich im See wusch. Der Storch landete neben dem Hut und rief laut: „Mullah, Mullah, kann ich Dich was fragen?" Dieser sagte: „Natürlich, bitteschön. Was möchtest Du wissen?" Der Storch sagte: „Wie lange dauert es, bis Allah jemanden bestraft, der eine Sünde begangen hat?" Der Mullah sagte: „Ah, der Allah ist geduldig. Manchmal wartet er bis zu 40 Jahre, bis er jemanden bestraft." Aber, bevor der Mullah seinen zweiten Satz beenden konnte, unterbrach der Storch den Mullah und sagte: „Ich brauche jetzt Deinen Hut für meine Küken, weil sie aus dem Nest rausfallen. Der Allah soll mich in 40 Jahren bestrafen." Er flog davon und nahm den Hut mit. Der Mullah rief: „Warte, warte, fliege nicht!" Aber der Storch hörte nicht zu und flog weiter. Er kam in die Nähe seines Nestes und sah, daß das Nest in Flammen stand und die Küken schon hinuntergefallen waren. Er flog zurück, sah den Mullah sitzen und sagte: „Mullah, warum hast Du mir das angetan? Du hast gesagt, daß Allah 40 Jahre lang wartet, bis er jemanden bestraft. Meine Bestrafung hat nicht einmal wenige Minuten gedauert. Warum hast Du mir das nicht gesagt?" Der Mullah antwortete: „Storch, Du hast mich nicht bis zu Ende reden lassen, Du bist davongeflogen. Der Allah kann genauso schnell jemanden bestrafen, wie er es mit Dir getan hat."

Herr T. war nach der Ablehnung seines Asylantrages noch empfindlicher und ängstlicher geworden, und so glaubte er jedem Gerücht, jeder Information, gleich, ob falsch oder richtig. Dadurch verstärkten sich seine psychischen Probleme. Damit er sich mit seiner Leichtgläubigkeit auseinandersetzen konnte, erzählte ich ihm folgende Geschichte:

Es gab einen Bauern, der einen Ochsen und einen Esel besaß. Tag für Tag holte er den Ochsen aus dem Stall und führte ihn auf den Acker. Das arme Tier mußte den ganzen Tag lang den schweren Pflug hinter sich herziehen, während der Esel ruhig in seinem Stall stand und das Heu fraß. Eines Tages überlegte der Ochse, wie er sein schweres Los erleichtern könne. Vielleicht könnte mir der Esel einen Rat geben, dachte er sich. „Lieber Esel, willst Du mir helfen?", so erzählte der Ochse dem Esel seine Geschichte und beklagte sich, daß er so viel arbeiten müsse und immer müde sei. Der Esel bedauerte ihn und überlegte. Dann sagte er: „Wenn Dir der Bauer heute abend Heu und Hirse zum Fressen gibt, dann friß nicht davon. Dann wird er glauben, daß Du krank bist, und Dich nicht zum Pflügen holen." Der Ochse befolgte diesen Rat. Als der Bauer das sah, sprach er betrübt: „Oh, mein Ochse ist krank. Es wäre eine Sünde, ihn zum Pflügen mitzunehmen. Ich werde ihn heute im Stall lassen und statt des Ochsen meinen Esel nehmen." Also mußte der Esel den ganzen Tag den Pflug hinter sich herziehen. Am Abend konnte er kaum noch atmen, so taten ihm alle Knochen weh von der ungewohnten Arbeit. Da sprach er zu sich: „Ich habe mir durch mein Gerede selbst geschadet. Ich hätte mir vorher genau überlegen sollen, was ich dem Ochsen rate. Jetzt muß ich zusehen, wie ich mir aus der Patsche helfe." Er überlegte hin und her bis er endlich zu einer Lösung kam, und er ging zu dem Ochsen und fragte ihn: „Lieber Freund, wie geht es Dir?" Der Ochse antwortete: „Sehr gut. Dankeschön, Du hast mir einen guten Rat gegeben." Da meinte der Esel: „Ich bin sehr betrübt, daß ich Dir etwas Trauriges mitzuteilen habe." „Um Gottes Willen", unterbrach ihn der Ochse, „sprich bloß, was gibt es denn?" „Etwas sehr Schlimmes, mein Lieber", sagte der Esel scheinheilig. „Also, als ich heute mit unserem Herrn beim Pflügen war, kam der Ochsenhändler des Weges, und unser Herr sagte zu ihm: Du mußt wissen, mein gelber Ochse ist seit gestern krank. Wenn er bis morgen nicht wieder gesund ist, sage ich Dir Bescheid. Dann komm und schlachte ihn, bevor er mir stirbt." Der Ochse zitterte daraufhin vor Angst und ließ bei dem Gedanken an den Tod die Zunge weit aus dem Maul raushängen. Dann stotterte er: „Lieber Freund, Du weißt, daß ich Dich in allem um Rat frage. Weißt Du einen Ausweg für mich?" Der Esel schüttelte den Kopf, stellte die Ohren auf und sagte dann: „Ich glaube, es gibt eine Möglichkeit. Du mußt heute abend Dein Futter wieder fressen. Dann nimmt unser Herr an, daß Du wieder gesund bist, und hat keinen Grund mehr, Dich schlachten zu lassen." Der Ochse sagte glücklich: „Ich danke Dir von Herzen für diesen Rat." Und am Abend fraß er sein Heu bis auf den letzten Halm auf. Als der Bauer das sah, sprach er: „Mein Ochse ist wieder gesund", und er nahm ihn mit zum Pflügen. Durch diese Lüge rettete der Esel sein bequemes Leben.

Menschen, die für ein bestimmtes Problem empfindlich sind, versuchen auch, die neuesten Informationen darüber zu bekommen, und so glauben sie alles, was ihnen erzählt wird. Dazu dieses kurdische Sprichwort:

„Er glaubt dem Wort des Geistlichen nicht, aber dem Schrei des Esels." Das Sprichwort entstand aus folgender Geschichte:

Es kam einst ein Mann zu einem Geistlichen, einem Mullah, der einen Esel besaß, und bat ihn, ihm das Tier zu leihen. Der Mullah setzte ein bedauerndes Gesicht auf und sagte: „Es tut mir furchtbar leid, aber mein Esel ist nicht da." In diesem Moment schrie der Esel laut und vernehmlich. Da schaute der Mann erstaunt und entrüstet auf den Mullah. Dieser sagte: „Glaubst Du etwa einem Esel mehr als einem Geistlichen?"

Herr T. lachte nur und nahm die Geschichte sehr ernst. Ich sagte nichts weiter dazu.

Herr T. litt oft darunter, daß er zu wenig Geld besaß. Er wollte nichts nach Hause schicken, sondern einfach mit seinem Geld nur einen Sprachkurs finanzieren. Er hatte den Wunsch, einmal einen Führerschein zu erwerben oder auch nur sich etwas Schönes zu gönnen. Er durfte nicht arbeiten, und obwohl wir sein Anliegen mit einigen Schreiben unterstützten, verweigerte das Arbeitsamt die Arbeitserlaubnis. Viele Flüchtlinge warten oft jahrelang tatenlos auf die Entscheidung über ihren Asylantrag. Sie werden dadurch auch ohne traumatische Erlebnisse krank. Um Herrn T. zu beruhigen und seine Enttäuschungen zu relativieren, sagte ich zu ihm: „Wenn man gütig ist, wenn man ein gutes Herz hat, wird Allah auch helfen. Er wird unterstützen und auf irgendeine Weise Schwierigkeiten besiegen." Dann erzählte ich folgende Geschichte:

Es waren einmal zwei Brüder. Sie lebten in einem kleinen Dorf und waren sehr arm. Als ihr Vater starb, hinterließ er ihnen nichts. Die Brüder beschlossen, ihr Dorf zu verlassen und in einer großen Stadt ihr Glück zu versuchen. Eines Morgens, ganz früh, packte jeder etwas Reiseproviant in ein rotes Tuch, knotete es zusammen und hängte es an seinen Gürtel. Dann machten sie sich auf den Weg. Gegen Mittag kamen sie an eine Quelle, deren Wasser herrlich kühl war und gut schmeckte. Sie ließen sich im Schatten der Platanen, die die Quelle umgaben, nieder und sagten zueinander: „Wir wollen hier ein wenig rasten und in aller Ruhe unser Mittagessen verzehren." Der jüngere Bruder, der Badbacht hieß, sah seinen älteren Bruder Bachtiar an und begann: „Bachtiar, wir wollen Deinen Vorrat jetzt verspeisen, und ich will meinen für's Abendessen aufheben." Bahtiar antwortete freundlich: „Sehr gerne, lieber Bruder", und band das Tuch von seinem Gürtel los. Dann legte er den Inhalt vorsichtig auf den Boden, und sie begannen, mit Appetit zu essen. Den größten Teil schlang Badbacht eilig hinunter, denn er hatte sehr großen Hunger, wie er sagte. Nachdem sie sich noch eine Weile ausgeruht hatten, zogen sie wieder weiter. Aber die Zeit verging, und sie kamen an keine Siedlung. Allmählich wurden ihnen die Beine schwer, und als sie an einer Weggabelung eine Quelle fanden, die von einer Eiche beschattet war, setzten sie sich nieder, um sich ein wenig zu erholen. Bachtiar, der zu Mittag aus Rücksicht gegenüber seinem Bruder wenig gegessen hatte, war nun sehr hungrig. Er sagte zu Badbacht: „Lieber Bruder, ich habe großen Hunger. Laß uns jetzt Brotzeit halten. Dann wollen wir uns wieder auf den Weg machen. Denn die nächste Siedlung ist anscheinend noch sehr weit weg." „Oh, ich kann Dir bei Gott nicht von meinem Vorrat abgeben. Es ist ja kaum für mich genug." Da erkannte Bachtiar, wie niederträchtig sein Bruder war, und seine Enttäuschung war groß. Es sagte aber nur: „Du bist kein guter Bru-

der, Badbacht. Mit so einem bösen Menschen kann ich nicht zusammenleben. Ich gehe alleine weiter. Vor uns sind zwei Wege. Wähle du einen für Dich, den anderen werde ich einschlagen." So geschah es, Bachtiar nahm den einen Weg und Badbacht den anderen. Bachtiar hatte noch nicht das nächste Dorf erreicht, als die Nacht hereinbrach. Suchend streifte er umher und fand endlich eine Windmühle. Er sagte sich, daß er wohl nichts Besseres mehr finden würde, und beschloß, die Nacht hier zu verbringen. So trat er ein, legte sich hinter dem Trichter der Mühle auf den Boden. Kurze Zeit danach kam ein Löwe zur Tür herein, stellte seine Vorderpfoten stolz nebeneinander und ließ sich vor dem Trichter nieder. Dann tauchte schließlich fauchend ein Tiger auf, dann folgten eine Hyäne, ein Schakal und ein Fuchs. Alle versammelten sich rund um den Löwen und sahen ihn ehrfurchtsvoll an. Der Löwe richtete seinen Blick auf den Fuchs: „Du Fuchs, Du Hundesohn, wo bist Du gewesen? Ich habe Dich in der letzten Zeit überhaupt nicht mehr zu Gesicht bekommen. Schon lange hast Du mir keine Neuigkeiten mehr berichtet." Der Fuchs entgegnete: „Mein Herr, es ist nichts Besonderes geschehen, daß es hätte vor meinen Herren gebracht werden müssen. Aber heute habe ich zweierlei zu melden. Es lebt hier in der Mühle eine Maus, die zwölf Goldstücke besitzt. Jeden Morgen, wenn die Sonne aufgeht, trägt sie sie hinaus, spielt im Sonnenschein mit ihnen und freut sich darüber, wie sie glänzen. Wenn die Sonne am Abend untergeht, sammelt sie sie wieder alle ein und bringt sie in ihr Loch zurück. Das ist die erste Nachricht." Der Löwe lächelte zufrieden, blickte die Versammelten an und sprach: „Das ist schön, nun erzähle die zweite Neuigkeit." „Mein Herr", sagte der Fuchs, „was Dir verborgen bleibt: Der Hügel hinter der Mühle birgt sieben Tonkrüge randvoll mit Gold gefüllt. Sie sind alle dort versteckt." Bachtiar hatte alles mitangehört und war nun so aufgeregt, daß er nicht einschlafen konnte. Er blieb die ganze Nacht wach und wartete mit vier Augen auf das Morgengrauen. Der Morgen kam langsam. Nach und nach hob die Sonne ihr Haupt über den Horizont, und ihr Strahlen erfüllten die Mühle mit Licht. Bachtiar, der sich in seiner Ecke versteckt hielt, war voller Zweifel, ob der Fuchs wirklich die Wahrheit gesprochen hatte. Er ließ mit angehaltenem Atem seine Augen vorsichtig von einer Ecke zur anderen schweifen und wartete gespannt, was geschehen würde. Plötzlich drang ein Schein aus einem Loch und das Schnäuzchen einer Maus erschien, dann der Kopf. Sorgfältig sah sich das Tierlein um, bis es sicher zu sein glaubte, daß niemand sich im Raum befände. Dann kam es mit einem funkelnden Gegenstand im Maul aus dem Loch heraus und brachte ihn in die Sonne. Es war ein Stück Gold. Schnell schlüpfte die Maus wieder in ihr Loch zurück und brachte ein zweites Goldstück an. Auch dieses brachte sie in die Sonne. Und dann holte sie das nächste, und langsam trug das Mäuschen zwölf Goldstücke nach draußen und legte sie schön in einer Reihe auf den Boden. Dann fing sie an, mit ihnen zu spielen. Bachtiar, der sich bis jetzt versteckt gehalten hatte, sprang plötzlich auf die Maus zu, fing sie mit der einen Hand, legte die andere auf die Goldstücke. Nachdem er eine Zeitlang mit der Maus gespielt und sie gestreichelt hatte, ließ er sie frei. Sie schlüpfte in ihr Loch zurück. Bachtiar sammelte das Gold ein, steckte es in die Tasche und verließ die Mühle. Dann ging er zu dem Hügel hinüber, hob das Erdreich aus und stieß bald auf die goldgefüllten Tonkrüge. Behutsam nahm er sie heraus und verwahrte sie in seinen Taschen. Von seinem Vermögen kaufte er sich Grund und Boden und ließ darauf ein herrliches Schloß inmitten königlicher Gärten errichten. Das ganze Schloß wurde mit teuren und kostbaren Teppichen ausgeschmückt, und viele Diener und Dienerinnen umgaben ihn. Durch vierzehn Türen konnte man eintreten, und neben jeder Tür lag ein Gastzimmer, in dem mit kaltem Wasser gefüllte Amphoren standen. Bachtiar trug dem Pförtner auf, wenn er einen Wanderer sähe, der nach Wasser seufze, solle er ihn anhalten und zu ihm bringen. Bachtiars Gastfreundschaft genoß einen so großen Ruf, daß tagaus, tagein viele Wanderer bei ihm speisten, tranken und ihre Müdigkeit vergaßen. Eines Tages hatte sich wieder ein Wanderer eingefunden, der einen Krug Wasser leerte und dann einen tiefen Seufzer tat. Der Pförtner ging zu ihm und bat ihn höflich, mit zum Schloßherren zu kommen. Der Wanderer wurde also zu Bachtiar begleitet. Als sie sich gegenüberstanden, erkannten sie einander sofort: Es war Badbacht. Bachtiar erhob sich von seinem Sitz, umarmte und küßte seinen Bruder von Herzen und bat ihn, neben ihm Platz zu nehmen. Nach einigen Fragen über seine Gesundheit und sein Wohlergehen sagte Bachtiar: „Mein lieber Bruder, wie Du siehst, gehört dieses Schloß mir. Allah hat es mir geschenkt. Ich habe mein Ziel erreicht, bin jetzt sehr reich und kann, Gott sei Dank, vielen Armen helfen. Du hast es leider nicht zu Reichtum gebracht, aber das macht nichts. Wir sind und bleiben Brüder. Ich werde alles mit Dir teilen. Es wird für uns beide und auch noch für andere genügen." Badbacht dachte nicht daran, glücklich über die Großzügigkeit seines Bruders zu sein und ihm seine Dankbarkeit zu zeigen, sondern sagte in giftigem Ton: „Sage mir, Bachtiar, woher Du diesen Reichtum hast. Ich will auch dorthin und genau so viel haben wie Du." Bachtiar erklärte ihm ganz freundlich, daß er sein Vermögen einem sehr ungewöhnlichen Zufall verdanke, der sicher nie mehr wiederkehre. Aber Badbacht wollte unbedingt wissen, woher das Geld stamme. Als er ihn immer mehr bedrängte, erzählte Bachtiar die ganze Geschichte und riet dem Bruder dringend, keine Unüberlegtheiten zu begehen. Aber Badbacht war rein aus dem Häuschen. Kaum hatte Bachtiar zu Ende gesprochen, da rannte er wie der Teufel los. Die Mühle war ziemlich weit entfernt, und so hing ihm bald die Zunge aus dem Mund heraus. Als er sein Ziel erreicht hatte, stürzte er in die Mühle hinein und versteckte sich hinter dem Trichter, von dem Bachtiar erzählt hatte. Dort blieb er regungslos liegen. Die Nacht brach herein, der Löwe kam, setzte sich vor dem Trichter nieder, und nach und nach fanden sich die anderen ein: Tiger, Wolf, Hyäne, Schakal und Fuchs. Die Versammlung wurde eröffnet. Der Löwe sah den Fuchs eine Weile schweigend an und sagte dann: „Du Fuchs, warum hast du mir so lange nichts Neues erzählt?" Der Fuchs antwortete: „Was sollte ich meinem Herren mitteilen? Voriges Mal habe ich euch zwei wichtige Nachrichten gebracht, aber ein Mensch, der sich hinter dem Trichter versteckt gehalten hatte, hörte alles mit an. Er wartete, bis der Morgen anbrach, nahm dann der Maus alle Goldstücke weg, ging danach zu dem Hügel und holte die Goldkrüge heraus. Dadurch wurde er so reich, daß er sich ein großes Schloß bauen konnte. Dort lebt er jetzt herrlich und in Freuden. Ich finde, wir sollten, ehe ich meine Neuigkeiten berichte, die Mühle durchsuchen, ob sich nicht am Ende wieder ein Mensch hier versteckt hat." Der Löwe wurde sehr zornig, als er dies alles hörte, und schnaubte; also suchten sie erst einmal die Mühle ab. Alle Tiere erhoben sich auf einen Schlag von ihrem Plätzen, und als sie hinter den Trichter kamen, fanden sie Badbacht. Voller Wut stürzten sie sich auf ihn und zogen ihn hervor. Dann zerrissen sie ihn und fraßen ihn gemeinsam auf.

Herr T. konnte lachen. Die Geschichte hatte ihm gut gefallen.

Sprichwörter

Wenn Herr T. in seinen persönlichen Kontakten oder bei Behörden gekränkt wurde, pflegte er ein Gelübde abzulegen. Er entschloß sich, für eine bestimmte Zeit kein Wort zu sprechen, und antwortete in dieser Zeit in einer etwas ruppigen Zeichensprache. Über die Reaktionen seiner Gesprächspartner die er nicht verstand, beschwerte er sich dann bei mir. Da sagte ich eines Tages zu ihm: „Ich werde Dir heute Sprichwörter aus meiner Kultur erzählen, die damit etwas zu tun haben. Ein Sprichwort sagt: ‚Setze die Krone der Höflichkeit auf, und besitze die ganze Welt!' Die Deutschen drücken das so aus: ‚Mit dem Hute in der Hand, kommt man durch das ganze Land.' Das heißt, daß Freundlichkeit Einfluß auf die meisten Menschen ausübt und sie einen freundlichen Menschen nicht so einfach ablehnen werden. Oder es gibt noch ein Sprichwort, das sagt: ‚Mit einem Brocken Zucker ersticke deinen Feind!' Das bedeutet nicht, daß der Feind ersticken soll, sondern es geht darum, daß ich mit vielen Worten, mit freundlichen Gesten, solche Menschen, die mich nicht mögen, freundlich stimmen kann. So sagt auch noch ein Sprichwort: ‚Durch freundliche Worte kommt sogar die Schlange aus ihrem Loch heraus."

Hier ging es mir darum, Herrn T. durch Sprichwörter darauf hinzuweisen, daß er mit seinem Verhalten eine Wirkung auf andere Menschen erzielen kann. Es dauerte ein bißchen, und ich unternahm diesen Versuch öfter, bis es so weit war, daß er langsam *begann*, sensibler für andere zu werden. Erst einmal gelang es ihm nur mit bestimmten Personen, *allmählich* jedoch konnte er seinen Umgang mit anderen Menschen allgemein verbessern.

Ich versuchte, für jedes Problem eine anregende Geschichte zu erzählen, nachdem ich die Wirkung der Geschichten von Herrn T. erfahren hatte. Wenn er nach Hause geht, vergleicht er diese Geschichten auch weiterhin mit seinen Alltagsproblemen. Er erinnert mich öfter an die Geschichten, wenn er Probleme hat. Dann sagt er: „Weißt Du, ich hatte dies und jenes; ich habe mich aber an die Geschichte erinnert, die Du mir mal erzählt hast." Das heißt, die Botschaft in ihr hat ihn bewegt. Er hat meine Geschichten nicht so einfach vergessen, sondern für sich mit ihnen gearbeitet. Er hat mehr Mut entwickelt, Arbeit zu suchen, Deutsch zu lernen, in einer ihm fremden Gesellschaft Kontakte aufzubauen, obwohl er sich öfter enttäuscht sah. Aber langsam verbessern sich auch die Kontakte, die er jetzt neu knüpft. Deswegen erzählte ich ihm auch noch einmal eine kurze Geschichte. Offensichtlich erreichte diese ihn auch wieder gut.

Es war einmal eine Frau, die hatte zwei Kinder. Einen Sohn und eine Tochter. Beide heirateten und blieben im Hause der Mutter wohnen. Nun mochte die Mutter die Frau des Sohnes nicht leiden, hatte aber den Mann der Tochter sehr gern. In der Nacht schliefen sie alle auf dem Dach des Hauses. Der Sohn mit seiner Frau auf der einen Seite des Daches, die Tochter und der Schwiegersohn auf der anderen. Mitten in der Nacht pflegte die Mutter aufzustehen und nachzusehen, ob sie auch noch zugedeckt wären. Zuerst ging sie zum Lager des Sohnes und sagte: „Ihr müßt etwas mehr auseinanderrücken, es ist nämlich sehr heiß." Dann ging sie zum Bett der Tochter und sagte: „Ihr müßt noch mehr zusammenrücken, es ist nämlich sehr kalt." So sagte sie es jede Nacht, bis der Sohn in einer Nacht fragte: „Warum, Mutter, gibt es auf diesem Dach zwei verschiedene Wetter?"

Ich versuchte Herrn T. damit klar zu machen, daß er sich häufig für zwei unterschiedliche Sachen gleichzeitig entscheide. Es kann nicht warm und kalt auf einmal sein. Er kann nicht die Menschen ablehnen und nach Freunden suchen. So lautete die Botschaft dieser Geschichte.

Die Grausamkeiten, die Gefolterte durchleben mußten, führen auch langfristig dazu, daß es manchmal schwer ist, einen Zugang zu ihnen zu finden, weil sie sich innerlich von der Außenwelt abkapseln. Bei den Gesprächen wirken sie häufig verkrampft, mißtrauisch und wortkarg. Die Methode des Geschichtenerzählens ist ein Teil der interdisziplinären Arbeit; mit ihrer Hilfe versuche ich, die Patienten emotional und kognitiv zu erreichen. Meiner Erfahrung nach können sich manche Menschen dann erst einmal entspannen. Oft gelingt es auf diese Weise, eine Tür zu ihnen zu öffnen. Die Geschichten regten Herrn T. zum Nachdenken an. Es war deutlich zu sehen, wie sie ihm halfen, seine innere Kraftquelle wieder zu spüren. Mir selbst haben die Erfahrungen in der Arbeit mit Herrn T. auch in schwierigen Zeiten viel Spaß bereitet und Motivation gegeben, so fortzufahren. Ähnlich wie Sheherazade, die ihr Überleben mit über 1000 Erzählungen gesichert hat, versuche ich, den Streß des Exils, der Flucht und der Haft verarbeitbar zu machen. Die Patienten erhalten eine Atempause.

„Jeder Freispruch eines Täters kostet mich zwei Wochen Schlaf." Gesellschaftliche und individuelle Bewältigung des Traumas am Beispiel der DDR

Von Christian Pross

Bei den Friedensverhandlungen um den Krieg im ehemaligen Jugoslawien im Herbst 1995 hörte man überall die Frage, wie nach dem Ende der Massaker das Leben weitergehen solle. Der bosnische Außenminister sagte, es könne keinen wirklichen Frieden geben, bevor nicht die Kriegsverbrecher Karadzic und Mladic an den Internationalen Gerichtshof in Den Haag ausgeliefert werden. Andere Stimmen sagten, nur mittels einer Amnestie könne es eine Versöhnung der Kriegsparteien geben. Wie die Gesellschaft, wie die internationale Völkergemeinschaft und wie die betroffenen Individuen die Folgen einer Diktatur, eines Krieges, eines Genozids verarbeiten, entscheidet darüber, ob die geschlagenen Wunden jemals verheilen und es ein dauerhaftes friedliches Zusammenleben gibt. Wird das Vergangene unter den Tisch gekehrt, schwelen die alten Ressentiments, Haß und Rachegefühle über Generationen weiter und führen beim nächsten Anlaß zum erneuten Ausbruch von Gewalt.

Der chilenische Autor Ariel Dorfman hat in seinem Theaterstück „Der Tod und das Mädchen" die Gratwanderung zwischen dem Verlangen nach Rache und rechtsstaatlicher Bewältigung des Traumas der Pinochet-Diktatur in Chile literarisch verarbeitet. Eine ehemalige politische Gefangene, die mit einem Richter verheiratet ist, der eine staatliche Kommission zur Untersuchung der Verbrechen der Militärjunta leitet, trifft per Zufall auf ihren ehemaligen Folterer, einen Gefängnisarzt. Ihr Mann bringt diesen Mann, den er bei einer Autopanne abgeschleppt hat, mit nach Hause und lädt ihn ein, zu übernachten. Die Frau erkennt ihren Peiniger an der Stimme. Als alle schlafen, überfällt sie ihn, fesselt ihn und schickt sich an, ihn zu richten. Der Mann kommt dazu und versucht seiner Frau Einhalt zu gebieten, sie habe kein Recht, Lynchjustiz zu üben. Man dürfe die Folterer nicht mit den gleichen Mitteln behandeln, mit denen diese ihre Opfer gequält hätten. Auch dieser Arzt habe Anspruch auf ein rechtsstaatliches Verfahren, nur ein Gericht könne über seine Schuld oder Unschuld befinden. Das Stück endet mit einem verzweifelten Ruf der Frau nach Genugtuung angesichts des Grauens, das sie erlebt hat. Es bleibt am Ende des Stückes offen, ob der Arzt wirklich mit dem Folterer identisch ist. Es gibt keine Lösung, beide haben Recht, sowohl die Frau, das ehemalige Opfer, als auch der Ehemann und Richter, der den Rechtsstaat wiederherstellen will. (Dorfman, 1992)

Straffreiheit für die Täter eines Unrechtsregimes ist ein pathogener, retraumatisierender Faktor für die überlebenden Opfer. Von KZ-Überlebenden ist bekannt, daß die Nachricht über die Freisprechung eines KZ-Wächters durch die deutsche Justiz heftige seelische Reaktionen auslösen konnte. Die Nürnberger Prozesse unmittelbar nach dem Zweiten Weltkrieg, der Eichmann-Prozeß in Jerusalem und der Auschwitz-Prozeß in Frankfurt in den sechziger Jahren hatten eine enorme Bedeutung für die Opfer des Holocaust. Sie schufen ein Stück Gerechtigkeit und Genugtuung. Untersuchungen aus Argentinien zeigen, daß die Straffreiheit und der fortdauernde politische Einfluß der Militärs, die für während der Diktatur begangene Verbrechen verantwortlich sind, die Opfer in die Sprechstunden von Psychotherapeuten treiben. (Edelman et al., 1995)

Angesichts des Unvermögens der bundesrepublikanischen Justiz, die Menschenrechtsverletzungen in der ehemaligen DDR gerecht und umfassend zu ahnden, hat die ehemalige Bürgerrechtlerin Bärbel Bohley den Konflikt auf den Begriff gebracht: „Wir haben Gerechtigkeit gewollt und den Rechtsstaat bekommen." Eine absolute Gerechtigkeit kann es offenbar nicht geben. Der Prozeß der Bewältigung eines Traumas kann nicht frei sein von menschlichen Tragödien, wie sie Dorfman in seinem Stück beschreibt.

Die Helden eines gesellschaftlichen Umsturzes in der Geschichte waren oft tragische Gestalten. Nach dem Sturz einer Diktatur finden sich die Träger der Umwälzung nach einer kurzen Phase revolutionärer Euphorie häufig wieder im gesellschaftlichen Abseits. Da die wirklich Aktiven nur eine Minderheit waren, können nur wenige Positionen des neuen Machtapparates mit Vertretern des Widerstandes besetzt werden. Die Funktionsträger des alten Regimes, die Fachleute, die Beamten, sind z.T. unentbehrlich zur Aufrechterhaltung eines funktionierenden Staatswesens und der Wirtschaft. Die alten Seilschaften sind meistens sehr gut organisiert, verfügen über große Geldmittel, sie sind gut geübt auf der Klaviatur der Macht, und sie verfügen über gute Beziehungen.

In Deutschland nach 1945 kam nach einer kurzen Periode der Entnazifizierung mit dem Ende der Nürnberger Kriegsverbrecherprozesse und dem Beginn des Kalten Krieges die alte NS-Elite rasch wieder in Amt und Würden. Die Nachkriegsgeschichte ist übersät mit Skandalen und Enthüllungen über ehemalige Nazigrößen in Wirtschaft, Politik und Verwaltung (der Fall Globke, der Fall Kiesinger etc.). Im gesellschaftlichen Klima der fünfziger und sechziger Jahre waren die Nazi-Opfer lästige Mahner, eine völlig isolierte Minderheit (Pross, 1988). In einem Land, in dem die NS-Diktatur von der Zustimmung großer Teile des Volkes getragen worden war, sollte einen das nicht wundern.

In einem Land wie den Niederlanden, in dem die Mehrheit der Bevölkerung das deutsche Besatzungsregime und die Judenverfolgungen verabscheut hatte, würde man erwarten, daß nach der Befreiung die Widerstandskämpfer als Helden gefeiert worden wären. Weit gefehlt. Es hatten sich nur 3 % der Bevölkerung dem aktiven Widerstand angeschlossen. Nach 1945 stand für die Mehrheit der Holländer der wirtschaftliche Wiederaufbau des in Trümmern liegenden Landes im Vordergrund. Es war keine Zeit zur Reflexion über das Vergangene. Alle Bürger betrachteten sich als Opfer des Krieges. Die Ansprüche von NS-Opfern auf Entschädigung wurden nicht als besondere angesehen. Die Haltung der Bevölkerung zu den Widerstandskämpfern war ambivalent, denn sie erinnerten die, die das Besatzungsregime hingenommen und sich angepaßt hatten, an ihren eigenen Mangel an Mut. Von Ärzten der niederländischen Behörden wurden die Rentenansprüche von NS-Opfern wegen gesundheitlicher Schäden genauso harsch zurückgewiesen wie von deutschen Ärzten im Rahmen der Wiedergutmachung (op den Velde, 1994). Es scheint also ein generelles Phänomen zu sein, daß die Opfer einer Diktatur nicht beliebt sind, da sie das schlechte Gewissen der schweigenden Mehrheit wachhalten.

In Deutschland ist nach dem Fall der Mauer eine besondere, in der Geschichte bisher nicht dagewesene Situation entstanden: Ein Land, das sich aus den Klauen der Diktatur befreit hat, ist von seinem reichen Bruder geschluckt worden. Die Gegenmacht der Bürgerbewegung, die Herrschaft der runden Tische dauerte nur knapp ein Jahr, so lange, wie es die DDR formell noch gab. Nach der Wiedervereinigung am 3. Oktober 1990 fiel der gesamte Machtapparat, fielen staatliche Verwaltung und Wirtschaft in westdeutsche Hände. Die Bürgerbewegungen, die Hunderttausende auf die Straße gebracht hatten, gingen in den großen westlichen Parteien auf oder zerfielen zu unbedeutenden, zersplitterten Gruppierungen. In einer letzten erfolgreichen Aktion, der Besetzung der Stasi-Zentrale in der Normannenstraße in Ost-Berlin, erreichte die Bürgerbewegung die Einrichtung der Gauck-Behörde per Gesetz. Historisch einzigartig erhält die Öffentlichkeit, erhält der einzelne Bürger einen minutiösen Einblick in das innere Machtgefüge einer Diktatur, in die Aktivitäten ihres Geheimdienstes, werden die kleinen und großen Schergen des Unterdrückungsapparates, wird das Heer der Spitzel identifizierbar. Für die Opfer bekommt der anonyme kafkaeske Apparat, der sie verfolgte und schikanierte, einen Namen, ein Gesicht, und sie können einen Teil ihrer Lebensgeschichte aus dem Nebel der Angst und Verwirrung herauslösen.

Konnte das Gros der NS-Täter nach 1945 untertauchen und sich in die Nachkriegsgesellschaft integrieren – die NS-Akten wurden für die Öffentlichkeit erst Jahrzehnte später zugänglich –, ist die Vertuschung diesmal sehr viel schwieriger. Obwohl das gesellschaftliche Klima sich inzwischen längst in Richtung auf Verdrängung und Verleugnung verändert hat, stehen die Gauck-Behörde und das Stasi-Unterlagen-Gesetz als Relikte der Wende im Raum. Obwohl einflußreiche politische Kräfte nichts lieber sähen, als daß die Gauck-Behörde verschwindet, sorgen Aktenfunde aus der Gauck-Behörde immer wieder für Enthüllungen über die Vergangenheit.

Herr T. – Vom Held der Wende zum bleibenden Opfer?

Am Fallbeispiel eines Patienten aus der DDR wird deutlich, wie gesellschaftliche und individuelle Prozesse in der Bewältigung des Traumas ineinandergreifen.

Herr T. stammt aus einem humanistischen bürgerlichen Elternhaus. Anfang der sechziger Jahre, vor dem Mauerbau gerät er als Oberschüler im Alter von 19 Jahren mit der Staatsmacht aneinander. Er beteiligt sich an einem Diskussionszirkel über die Wiedervereinigung und fährt regelmäßig nach Westdeutschland, wo er sich mit dortigen Jugendlichen trifft. Er wird verhaftet und wegen Verbindungsaufnahme zum „revanchistischen" Westen und „konterrevolutionärer Umtriebe" zu dreieinhalb Jahren Haft verurteilt, von denen er zweieinhalb Jahre absitzen muß. Aus seiner Stasi-Akte erfährt er später, daß ein Lehrer ihn bei der Stasi denunziert hat. Während der Untersuchungshaft kommt er zunächst für mehrere Monate in eine Isolierzelle ohne Tageslicht. Es gibt zu wenig zu essen und zu trinken. Die Häftlinge trinken morgens das Waschwasser vor Durst. Von einer Wärterin wird er sexuell mißbraucht. Über dieses demütigende und mit Ekel und Scham besetzte Erlebnis spricht er 34 Jahre lang mit keinem Menschen. Nach einem halben Jahr erkrankt er an einer schweren Lungenentzündung mit Asthmaanfällen und wird in ein Haftkrankenhaus eingeliefert. Es gibt kaum Medikamente, jedoch bessert sich dort sein Zustand durch die Luftveränderung und durch das bessere Essen.

Als noch heranwachsender junger Mann bricht in der Haft sein idealistisches Weltbild zusammen. Als er entlassen wird, ist er ein anderer Mensch geworden. Zum Abschied sagt ihm ein Stasi-Offizier, daß er als Arbeiter in einem Betrieb unterkommen könne, ein Universitätsstudium sei ausgeschlossen. Man werde immer wissen, wo er sei, was er tue. Er müsse sich jetzt erst einmal für die Arbeiterklasse bewähren, andernfalls werde er das Schild und Schwert der Partei zu spüren bekommen, und dieses Schwert sei „scharf geschliffen".

Die Voraussage bestätigt sich: Er bekommt kein Bein mehr auf die Erde und führt eine völlige Randexistenz. Bei Bewerbungen wird er häufig abgelehnt wegen seiner Vergangenheit als politischer Häftling. Er schlägt sich als Transportarbeiter durch. Infolge des sexuellen Mißbrauchs in der Haft ist seine Sexualität gestört, er leidet unter Minderwertigkeitsgefühlen, Begegnungen mit Frauen sind mit Ekelgefühlen besetzt. Er braucht Jahre, bis er eine Partnerbeziehung aufnehmen kann. Später findet er eine Nische in der Kulturbranche, wo die Vorgesetzten keine Parteiabzeichen tragen und in der eine lockerere Atmosphäre herrscht als anderswo.

Die Hafterlebnisse begleiten ihn all die Jahre. Bei Behördengängen überfallen ihn plötzliche Angstzustände, sein Herz beginnt zu rasen, er ist schweißgebadet. Er fühlt sich gebrandmarkt, meint, daß jeder sehen könne, daß er ein „Zuchthäusler" ist. Beim Ertönen einer Klingel gerät er in Panik, da ihn das an das klingelnde Telefon aus dem Dienstzimmer der Bewacher erinnert, das eine Vernehmung ankündigte. An den Jahrestagen seiner Verhaftung und Entlassung kommen die Erinnerungen besonders heftig hoch.

1989, das Jahr der Wende, bringt die glücklichste Zeit seines Lebens. Er schwimmt ganz oben auf der Woge der Protestbewegung, die das Ende der Diktatur herbeiführt und die Mauer niederreißt.

Er beteiligt sich an Demonstrationen, engagiert sich im Bürgerkomitee, in einer Bezirksstadt gründet er zusammen mit anderen Bürgerrechtlern ein Dokumentationszentrum zur Aufklärung der Menschenrechtsverletzungen des DDR-Regimes. Er hat sein Büro direkt im ehemaligen Gebäude des Staatssicherheitsdienstes. Es ist für ihn ein ungeheurer Triumph, als ehemaliger politischer Häftling in der Schaltzentrale des Unterdrückungsapparates zu sitzen, wo er zweieinhalb Jahre lang „wie ein Graf" residiert. Er macht Ausstellungen, führt Besuchergruppen, spricht in Schulen und auf politischen Veranstaltungen.

Zwei Jahre nach der Wiedervereinigung kommt die kalte Dusche, die ehemalige DDR-Bürgerrechtsbewegung gerät ins politische Abseits. Die Dokumentationsstelle, die er mit aufgebaut hat, muß aus finanziellen Gründen schließen. Nach dem revolutionären Höhenflug fällt er nun in ein tiefes Loch. Er verkriecht sich in seiner Wohnung, verfällt ins Grübeln, nachts läuft er umher und kann nicht schlafen. Sein ganzes Leben zieht an ihm vorbei, er findet kein Ende, alles dreht sich im Kreis. Aus nichtigem Anlaß überfallen ihn heftige Zornesausbrüche, die sich auch gegen seine Angehörigen richten. Hinterher plagen ihn Schuldgefühle. Wiederkehrende Alpträume reißen ihn aus dem Schlaf. Es kommen graue Gestalten, die an seiner Tür klingeln und ihn in Handschellen abführen. Eine der Gestalten ist sein Mathematiklehrer, der ihn damals bei der Stasi denunziert hat. Tagsüber, wenn es an der Wohnungstür klingelt, zuckt er jedesmal zusammen, auch wenn er weiß, daß es der angekündigte Besuch eines Freundes ist. Er berichtet von paranoiden Episoden, bei Spaziergängen im Wald sieht er Männer in Ledermänteln ohne Köpfe, die seine Papiere verlangen, er sieht Fratzen an Schranktüren.

Als er seine Akte bei der Gauck-Behörde einsieht, entdeckt er, daß er von seinem besten Freund, mit dem er alles geteilt hat, bespitzelt worden ist. Ihm wird schwindelig, und er muß den Lesesaal verlassen. Als er den Freund besuchen und damit konfrontieren möchte, kann er nur noch mit der Ehefrau sprechen. Der Freund ist krebskrank und liegt im Sterben. Die Frau übermittelt Herrn T., daß ihr Mann keine Reue gezeigt oder eine Entschuldigung ausgesprochen habe.

Er fühlt sich wieder von der Stasi verfolgt, z.T. gibt es dazu auch einen realen Anlaß. Männer haben ihn vor seiner Wohnung auf der Straße bedroht, sie würden ihn fertigmachen, wenn er sich weiterhin öffentlich für die Aufdeckung der Vergangenheit engagiere. Bereits während seiner aktiven Zeit nach der Wende war er von Männern auf der Straße überfallen und geschlagen worden mit dem Ruf: „Wir sind die rote Hand, die Stasi lebt, wir kommen wieder!“ Aus einem von Jugendlichen der autonomen Szene besetzten Haus in seiner Nachbarschaft hat man ihm kürzlich Flugblätter in die Hand gedrückt, in denen der ehemaligen Stasi-Chef Mielke als Held und Freiheitskämpfer gewürdigt wird. Solche Erlebnisse machen ihm Angst.

Zu DDR-Zeiten haßte er das SED-Regime, er wußte, wer seine Gegner waren. Er war fest davon überzeugt, daß das System irgendwann zusammenbrechen würde. Wenn er seinerzeit einem Vernehmer gegenübersaß, gab ihm diese Gewißheit Halt. Dem System unbeugsam widerstanden zu haben, gab ihm Selbstbewußtsein und ein inneres Zentrum. Jetzt, nach der Rückkehr der „alten Seilschaften“, ist seine innere Kraft verpufft, er fühlt sich leer. In den Therapiestunden kreisen seine Gedanken und seine Worte in ständiger Wiederholung um das Wiedererstarken der ehemaligen Verfolger und Täter: Zwei Jahre hätten die Stasi-Offiziere nach der Wende abgewartet, bis sich alles beruhigt, jetzt „kriechen sie wieder aus ihren Löchern“, säßen auf Ämtern, in Politik und Wirtschaft oder kassierten hohe Renten, während die ehemaligen Häftlinge von Sozialhilfe lebten. Neulich sei er z.B. beim Arbeitsamt einem ehemaligen MfS-Offizier begegnet, der heute dort eine hohe Stellung innehabe. Bei Talkshows im Fernsehen träten diese Herren heute wieder auf, als sei nichts gewesen, während ehemalige Bürgerrechtler bei solchen Runden an die Wand geredet würden. Jedes Votum eines hochrangigen Politikers für Amnestie oder Schließung der Gauck-Akten, jeder Freispruch für einen Täter koste ihn zwei Wochen Schlaf. Die Doppelzüngigkeit der westlichen Politiker schmerze ihn besonders, die den Bürgerrechtlern auf die Schulter klopften, sie als „Helden der Wende“ lobten, sich aber andererseits längst mit der ehemaligen DDR-Nomenklatura verbündet hätten. Das ständige Reden von Versöhnung gehe über die Köpfe der Opfer hinweg. Versöhnung könne es erst geben, wenn das Unrecht aufgedeckt worden sei und wenn die Täter zur Rechenschaft gezogen worden seien. Man könne ihn als Opfer nicht zwingen, sich mit einem Täter an einen Tisch zu setzen, wenn dieser nicht wenigstens zugebe, daß er Unrecht getan habe. Manche seiner ehemaligen Haftkameraden seien bei rechtsradikalen Gruppierungen gelandet (wo sie doch gar nicht hingehörten), nur weil diese hin und wieder Selbstjustiz übten. Die Stabilität und Glaubwürdigkeit der Demokratie stehe auf dem Spiel, man habe in Deutschland schon einmal die Opfer einer Diktatur übergangen, nämlich nach 1945. Das werde sich rächen. Es werde im Osten ein zweites 1968 geben, gegen das die 68er Revolte im Westen ein Spaziergang gewesen sei.

Das Haus der ehemaligen Stasi-Zentrale, in dem er zwei Jahre lang residierte, kann er jetzt nicht mehr betreten. Wenn er sich dem Gebäude nur nähert, überfällt ihn Angst und er beginnt zu zittern. Bei einem Besuch in seiner Geburtsstadt trifft er einen Cousin, der eine Karriere bei der Volkspolizei gemacht und sich damals bei der Verhaftung von Herrn T. eilig von ihm distanziert hatte, um seine Stellung nicht zu gefährden. Jetzt muß Herr T. erleben, wie der Cousin schon wieder ganz oben schwimmt in einer lukrativen Position bei einem Unternehmen, den großen Herrn markiert und den „kleinen" Vetter spüren läßt, daß dieser es zu nichts gebracht hat im Leben. Zur gleichen Zeit trifft er einen alten Schulfreund, der wegen seiner regimefeindlichen Haltung keine Karriere gemacht hat, jetzt aber schon wieder im Abseits steht, da im Ort die alten Stasi- und Parteibonzen wieder das Sagen haben. In solchen Momenten überfällt ihn eine tiefe Resignation, ein Gefühl, daß all die Kämpfe und das Durchhalten der letzten Jahrzehnte umsonst gewesen sind. Die depressiven Zustände wechseln sich ab mit Phasen überschäumender Wut und Phantasien, daß er sich bewaffnet und Selbstjustiz übt. In solchen Momenten wird seine Stimme laut und hämmernd, sein Gesicht verhärtet sich.

Herr T. fühlt sich wie magisch angezogen von politischen Veranstaltungen über die DDR-Vergangenheit und Versammlungen von Stasi-Opfern. Jeden Zeitungsbericht, jede Fernsehsendung darüber saugt er in sich auf. Hier findet er immer wieder aufs Neue bestätigt, daß die Täter die Gewinner und die Opfer die Verlierer sind. Er ist wie besessen von diesem Thema und quält sich damit. Wie ein bezwungener Tiger kreist er im Käfig und findet keinen Ausweg. Resigniert stellt er fest, wer einmal Opfer war, wird immer ein Opfer bleiben.

In den Therapiestunden redet Herr T. hastig und ohne Pausen. Seine Worte kreisen um das ständig gleiche Thema, und es ist kaum möglich, den Kreisel zu durchbrechen. Es ist, als halte er sich an seinem Käfig fest und wehre jedes Angebot, die Tür nach draußen ein wenig zu öffnen, ab. Ich fühle mich erschlagen und gelähmt, denn ich kann an der gesellschaftlichen Entwicklung, an der Herr T. leidet, kaum etwas ändern. Ich schlage ihm vor, einmal Urlaub zu nehmen vom „Kreisel", Abstand zu gewinnen von den Veranstaltungen, den Medienberichten, vom enormen politisch-moralischen Druck, den er sich auflädt. In seinen Augen wäre dies jedoch das Eingeständnis der Niederlage. Schon die Tatsache, daß er Hilfe bei einem Therapeuten gesucht hat, war für ihn eine Kapitulation. Seine Kameraden von den Opferverbänden stellten schon unangenehme Fragen, warum er sich so selten blicken ließe. Für ihn gebe es nur zwei Alternativen: es der RAF oder der IRA gleichzutun, oder sich ganz aus der Politik zurückzuziehen, Geld zu machen und ein Spießer zu werden. Sein Selbstbild als Held der Wende läßt kein Schlappmachen zu. Das, was ihn die ganzen Jahre aufrechterhalten hat, seinen Kampfgeist soll er jetzt ablegen?

Ein erstes Ausscheren aus dem Kreisel erlebt er während der sechswöchigen Behandlung in einer psychosomatischen Kurklinik. Dort offenbart er einem Therapeuten zum ersten Mal das Geheimnis seines Traumas: die sexuelle Mißhandlung durch die Wärterin im Zuchthaus. Er schildert alle Einzelheiten, anschließend bricht er zusammen. Ihm ist elend und er möchte sterben. Die Halluzinationen von den grauen Männern, die ihn verhaften wollen, holen ihn wieder ein. Es gelingt dem Therapeuten, ihn allmählich wieder aufzurichten, sein Selbstwertgefühl zu stärken mit der Botschaft: Er befinde sich nun im letzten Viertel seines Lebens, er habe sehr viel erreicht im Leben, sehr viel geleistet, er sei eine historische Figur und habe Geschichte gemacht. In diesem Stadium sei es völlig normal und legitim, kürzer zu treten, und keine Schande, daß er nicht mehr die gleiche Energie und Kampfeslust habe wie mit 35 Jahren. Er sei erschöpft und er habe ein Recht darauf, sich auszuruhen. Man legt ihm nahe, einen Rentenantrag zu stellen. Das Formular für diesen Antrag zerreißt er und schmeißt es in eine Ecke. Er bäumt sich auf, jetzt will er erst recht wieder loslegen, er wird kämpfen, Bäume ausreißen. Kurz darauf folgt der nächste Absturz.

Aus der Kur kommt er deutlich gebessert zurück. Die bittere Pille des Rentenantrages hat er geschluckt. Er kann besser schlafen, Wutausbrüche gegen Freunde und Angehörige sind seltener geworden. Es gelingt ihm öfter als früher, dem Kreisel zu entrinnen. Er kann sich den angenehmen Dingen des Lebens zuwenden, der Musik, der Literatur, der Natur – Quellen, aus denen er früher viel Kraft geschöpft hat. Er möchte sein Zentrum wiederfinden. Kurze Zeit später erleidet er einen Rückfall. Die Politik hat ihn wieder eingeholt: Ein Zeitungsbericht über hohe Rentennachzahlungen für ehemalige Stasi-Bedienstete bringt ihn für Tage aus dem Gleichgewicht. Er wirkt deutlich depressiv, er spricht von Ohnmachts- und Haßgefühlen. Diesmal geht er so weit, sich seine „Nische“ in der alten DDR wieder herbeizusehnen, in der Kulturbranche, wo er überwintert hatte, seinen Ideen treu geblieben war und sich nicht hatte anzupassen brauchen. Die guten alten Zeiten, in denen er wußte, wer seine Gegner waren und wo er hingehörte.

Nach einem Unfall erleidet er eine Gehirnerschütterung. Für zehn Tage ist er an das Bett gefesselt und von der Außenwelt abgeschirmt. Diese Quarantäne koppelt ihn gezwungenermaßen vom „Kreisel“ ab und verschafft ihm eine Erholungspause. Anschließend wirkt er viel weniger verbissen als sonst, die Abstinenz habe ihm gut getan. Er strebe eine

„philosophische Erhabenheit" an, ein Über-den-Dingen-Stehen. Schelmisch lächelnd bemerkt er: „Lieber mit Größe untergehen, als einen mittelmäßigen Erfolg haben." Stolz erzählt er von seinem Sohn, der jetzt an einer Doktorarbeit schreibt über die Bürgerbewegung der DDR und ihn, den Vater, als wichtigen Kronzeugen darin zitiert. Mir fällt dazu die Strophe aus dem Volkslied über Florian Geyer, eine Figur aus den Bauernkriegen, ein: „Geschlagen ziehen wir nach Haus', die Enkel fechten's besser aus." Diese Strophe spricht ihn sehr an, und er läßt sich die Worte aufschreiben. In solchen Momenten löst sich die gespannte Lähmung durch den „Kreisel", und es macht Spaß, mit ihm zu philosophieren.

Die Dynamik der Opferrolle

Der Pendelschlag in Richtung Restauration, der offenbar mehr oder weniger stark nach jedem gesellschaftlichen Umsturz erfolgt, treibt die Opfer mit dem Rücken zur Wand. Er vermittelt ihnen das Gefühl, daß ihr Kampf gegen die Diktatur, die Jahre, die sie im Gefängnis verbracht haben, die Nachteile, die sie in Kauf genommen haben, umsonst gewesen sind. Hinter der berechtigten Kritik an der Restauration der alten Seilschaften, an der gesellschaftlichen Benachteiligung der Opfer lauert jedoch eine Falle. Sich im Wehklagen zu vereinen und als wandelnder Vorwurf vor die Gesellschaft zu treten, hilft nicht heraus aus dem Teufelskreis von lästiger Mahner – kollektive Schuldabwehr – gesellschaftliche Isolation. Es scheint, daß die Opfer mit dieser Haltung ihr Opferdasein perpetuieren, in Passivität verharren und ihre Ressourcen, ihr Schicksal selber in die Hand zu nehmen, die während des Umsturzes mobilisiert wurden, verkümmern lassen. Hinter dem Wehklagen verblaßt die historische Errungenschaft, statt unter den Bedingungen von Bespitzelung, Zensur, Mauer, Stacheldraht, jahrelangem Verschwinden hinter Kerkermauern nun in einem relativ freiheitlichen System zu leben.

Die Geschichte des Herrn T. und vieler anderer ehemaliger Dissidenten zeigt: Widerstandskämpfer in einer Diktatur zu sein, spendet Kraft und Identität. Man hebt sich aus der Masse heraus, man wird auch wegen seines Mutes bewundert, man kann sich in einer Tradition von historischen Helden des Aufstandes sehen. Wenn nach dem Fall des Regimes die Restauration einsetzt, fällt diese Aura weg und man wird Teil der großen Masse.

Die Rolle des Therapeuten

Erscheint nach dem Ende des revolutionären Frühlings der Therapeut auf der Bildfläche und will den Klienten dazu ermutigen, Urlaub zu nehmen vom inneren und äußeren Druck, zu sich selbst zu finden, dann verstärkt dies das Gefühl der Niederlage, den Identitätsverlust. Der Therapeut findet sich in der Rolle des Repräsentanten der schlechten Wirklichkeit, der den Klienten „entwaffnet". Der Haß auf das System war eine Triebfeder. Die Energien, die der Haß mobilisierte, flottieren jetzt frei im Raum und finden kein neues Objekt. Unkontrollierbar brechen die Aggressionen sich Bahn gegen Partner, Kinder und Freunde, gegen den Therapeuten und gegen sich selbst. Herr T. geht in verzweifelten Momenten so weit, daß er die Zeiten der Diktatur zumindest in der Phantasie herbeisehnt, Zeiten, in denen er Gut und Böse unterscheiden konnte, in denen er wußte, wo er hingehörte, wer seine Gegner waren, während jetzt der Feind nicht mehr greifbar ist für ihn. Mit dem Status des ewigen Opfers hat Herr T. etwas zu verlieren. Nachdem er seinen Kraftquell und seine Identität als Widerstandskämpfer in der Freiheit schon verloren hat, klammert er sich an seine Identität als Opfer, zieht er aus der Perpetuierung seines Krankseins und Leidens einen sekundären Krankheitsgewinn. „Im Leiden bin ich wenigstens noch ein Held." Der Arzt und der Psychotherapeut laufen Gefahr, sich vom Patienten in diese Dynamik einbinden zu lassen, sich in die Rolle seines Verbündeten drängen zu lassen im Klagen über die schlechte Wirklichkeit und damit seinen Opferstatus zu zementieren.

Im Verlauf der Therapie erlebt Herr T. jedoch, daß er mit dem Verlust des „ewigen Opfer"-Seins auch etwas hinzugewinnt: Gelassenheit, Schalk, über sich selbst lachen können, Freude an kleinen Dingen des Lebens, Zugang zu verschütteten Ressourcen wie Wandern, Musik hören. Er brauchte Ausnahmesituationen wie einen Klinikaufenthalt, den Zwang zur Bettruhe nach einem Unfall, um sich aus dem inneren Gefangensein im „Kreisel“ zu lösen. Er kann jetzt einen Teil seiner Mission an seinen Sohn delegieren. Daß in ferner Zukunft vielleicht auch die Enkel das Versäumte nachholen, beruhigt und ermutigt ihn. So ist alles doch nicht umsonst gewesen.

Öffentliche Bewältigungsrituale

In Deutschland gibt es eine besonders ausgeprägte Versicherungskultur. Man ist gegen alles versichert. Auch in der Frage der Entschädigung von DDR-Opfern verdrängt zuweilen die berechtigte Forderung nach Entschädigung den Gedanken an Heilung von den Folgen der Diktatur, die durch materielle Entschädigung allein nicht gelingen kann. Auf den Veranstaltungen der letzten Jahre (Veranstaltungen der Gauck-Behörde, Bautzen-Forum der Friedrich-Ebert-Stiftung, Seminare der Kirchen) ist ein ständig sich wiederholendes Ritual zu beobachten: Eine Expertenrunde auf dem Podium aus prominenten Ex-Häftlingen, Juristen und Ärzten spricht über die Folgen der Diktatur, die Leiden der Opfer und die mangelnde Anerkennung durch die Gesellschaft. In der anschließenden Diskussion im Plenum melden sich die zahlreich erschienenen Opfer zu Wort, ermutigt durch die Expertenrunde erzählen sie ihre persönliche Leidensgeschichte und wie ihre Anträge auf Entschädigung abgebügelt werden, wie sie auf Ämtern den alten Stasi- und SED-Genossen wiederbegegnen. Das schaukelt sich hoch, es ensteht eine Atmosphäre von Wut, Empörung, Ohnmacht und Verzweiflung im Saal, die die Expertenrunde meist erschrecken läßt, welche Dynamik ihre Stellungnahmen auslösen. Dann tritt ein Politiker auf, der auf der Woge der aufgeputschten Stimmung im Saal reitet, sich in lautstarker Pose zum Anwalt der Opfer macht, das Versagen der großen

Politik anprangert und verspricht, in Bonn Dampf zu machen. Im tosenden Beifall geht unter, daß er damit nur die Illusionen der Anwesenden verstärkt und die unweigerlich kommende Enttäuschung vorprogrammiert. Meist hat keiner der Experten den Mut, den Leuten die Wahrheit zu sagen, daß sie gesellschaftlich in der Minderheit sind, daß es kaum Aussicht auf eine Änderung der Gesetze zu ihren Gunsten gibt und daß man sich vielleicht Gedanken über andere politische Strategien und Formen der Verarbeitung des Leidens machen muß. Eine Ausnahme machte ein Vertreter der Organisation HELP auf dem Bautzen-Forum der Friedrich-Ebert-Stiftung im Mai 1995, der den im Saal anwesenden Opfern einen kritischen Spiegel vorhielt: In der pluralistischen Gesellschaft komme nur der zu seinem Recht, der seine Interessen organisiere und lautstark zur Geltung bringe. Die Interessenverbände der Täter hätten das schon längst verstanden. Statt darüber nur zu lamentieren, sollten die Opfer sich an die eigene Nase fassen. In Berlin allein lebten ca. 30000 ehemalige politisch Inhaftierte. Es seien aber nur ca. 200 in den untereinander zerstrittenen Opferverbänden organisiert. Und von diesen 200 zahlten noch nicht mal alle regelmäßig ihren Mitgliedsbeitrag.

Der Arzt oder Psychologe wird auf solchen Veranstaltungen mit hohen Erwartungen konfrontiert; er soll öffentlich mit seiner fachlichen Autorität und gutachterlichen Stellungnahmen den Opferverbänden Munition liefern für ihren Kampf um eine verbesserte Gesetzgebung. Er soll außerdem individuell therapeutische Hilfe gewähren und die mangelnde gesellschaftliche Anerkennung wettmachen. Nach der Veranstaltung wird er umringt von Betroffenen, für deren Fall er sich einsetzen soll. Darin lauern eben solche Fallen, wie sie sich die Opfer selber stellen. Die Wirksamkeit ärztlichen und psychotherapeutischen Handelns beruht gerade auf der fachlichen Unabhängigkeit und der Unabhängigkeit von gesellschaftlichen Interessengruppen. Läßt sich der Arzt aus Mitgefühl gegenüber den Opfern zu sehr von der Stimmung dieser Veranstaltungen mitreißen und sich zum politischen Fürsprecher eines Verbandes machen, dann verliert er seine Unabhängigkeit und sein Gewicht als neutrale fachliche Instanz.

Die kollektiven Rituale auf solchen öffentlichen Foren haben jedoch auch eine konstruktive Seite. Sie können neben der Einzeltherapie oder an Stelle einer solchen eine heilende Funktion ausüben. Sie ermöglichen Trauer- und Verarbeitungsprozesse in großen Gruppen. Die Enquete-Kommission des Bundestages zur Aufarbeitung von Geschichte und Folgen der SED-Diktatur (sie ist in Teilen vergleichbar mit der „Wahrheitskommission“ in Südafrika) zeigte eine solche Wirkung. In zahlreichen öffentlichen Sitzungen kamen Opfer zu Wort, Vertreter der Bürgerrechtsbewegung, Historiker und Politiker. Über die dokumentierten Menschenrechtsverletzungen wurde in Presse und Fernsehen berichtet, die Sitzungsprotokolle wurden veröffentlicht (Enquete-Kommission, 1995). Eine ähnliche Funktion erfüllen die Foren anderer Verbände. Es sind öffentliche Hearings, auf denen Opfer zu Wort kommen und diejenigen, die keinen Mut haben, öffentlich zu sprechen, sich mit den Berichten ihrer Leidensgenossen identifizieren können. Man kann manche dieser Veranstaltungen als eine Art Großgruppenselbsterfahrung bezeichnen. Ebenso wichtige Elemente der kollektiven Selbstheilung sind Symbole wie Mahn- und Gedenkstätten, an denen sich zu Jahrestagen die Opfer versammeln, Dokumentationszentren, die Beweismaterialien über Menschenrechtsverletzungen sammeln und der Öffentlichkeit vor Augen führen.

Neben Therapie und gesellschaftlicher Bewältigung bleibt die Tragödie

Wilson und Lindy sehen aus den in der Supervision von PTSD*-Therapeuten gewonnenen Erfahrungen eine besonders häufige Form der Gegenübertragung in der Überidentifizierung mit dem Opfer, die sie Verstrickung nennen (*enmeshment*). Der Therapeut ist überengagiert, überidentifiziert mit dem Opfer, er verliert die Grenzen seiner Rolle. Eigene unbewußte Schuldgefühle von Tatenlosigkeit und Duldung von Gewalt und Unrecht will er an dem Patienten wiedergutmachen. Indem er den Patienten „rettet“, versucht er sein eigenes Trauma zu bewältigen. Therapeuten, die selber Opfer von Gewalt, Mißbrauch oder politischer Verfolgung waren, sind dafür besonders anfällig. Eine sekundäre Viktimisierung kann die Folge sein, das heißt der Patient kann erneut zum Opfer, nämlich zum Opfer des Therapeuten gemacht werden. Der Therapeut macht den Patienten von sich abhängig und wiederholt damit die Dynamik der Unterdrückung und Entmündigung in der Verfolgung (Wilson/Lindy, 1994).

Judith Hermann hat in ihrem Buch „Narben der Gewalt“ (Hermann, 1994) die Rolle von Rache- und Wiedergutmachungsphantasien als therapiehemmende Faktoren analysiert. Der Patient verspricht sich von Rache oder Wiedergutmachung eine magische Erlösung von seinem Leiden, eine Katharsis. In Wirklichkeit bleibt er aber in seinen gewalttätigen Rachephantasien mit dem Täter weiterhin verstrickt. In der Rache wird er selbst zum Täter, vollzieht die gleichen schrecklichen Untaten wie dieser. Das verstärkt seine Angstgefühle und führt ihn zu einem negativen Selbstbild (ein Monstrum zu sein). In seinen Wiedergutmachungsphantasien macht er sich ebenfalls von den Launen bzw. der Gnade des Täters (oder seines Rechtsnachfolgers in Gestalt des Staates, der die Diktatur ablöst) abhängig. Er erwartet mit der Wiedergutmachung eine Entschuldigung oder eine öffentliche Demütigung des Täters. Läßt sich der Therapeut auf unrealistische Wiedergutmachungsphantasien ein, weil er sich geschmeichelt fühlt durch die magischen Kräfte, die ihm zugeschrieben werden (mit seinem Attest wird er dem Opfer zu einer Rente verhelfen), verletzt er die Grenzen seiner Therapeutenrolle und beutet den Patienten für seine eigenen narzißtischen Bedürfnisse aus.

Ziel der Behandlung von posttraumatischer Belastungsstörung ist, dem Patienten zu helfen, sich aus seinem Opferdasein herauszulösen, die Autonomie und Selbstbestimmung über sein Leben, die ihm die Verfolgung und die Haft genommen haben, wieder möglich zu machen. Einen entscheidenden

Schritt zur Heilung sieht Judith Hermann im Prozeß der Trauer. Opfer sträuben sich gegen das Trauern aus Stolz oder weigern sich, ihr Leid zuzugeben, weil sie glauben, daß damit dem Täter der Sieg zugestanden wird. Trauern ist nach Hermann jedoch kein Akt der Demütigung sondern des Mutes, im Trauern findet das Opfer wieder Zugang zu seinen versteinerten Gefühlen und zu seinem Innenleben (Hermann, 1994). Dem Patienten Herrn T. gelingt es in kleinen Schritten, sich aus seinen Rachephantasien, der Fixierung auf die Täter, aus der Erstarrung der Opfer- bzw. Märtyrerrolle zu lösen.

Das Verkettet-Sein des Patienten mit dem Täter aufzulösen, sich auf die Reise mit ihm zu begeben, seiner Spur zu folgen, die er verdeckt und verschlüsselt legt, die Rätsel, die er sich und dem Therapeuten aufgibt, zu entschlüsseln, das Dickicht der eigenen Verstrickung mit dem Patienten in der Übertragung und Gegenübertragung aufzuhellen, das ist ein langwieriger Weg mit vielen Rückschlägen. Er führt an die Grenzen der eigenen Welt des Therapeuten, an Grundfragen der menschlichen Existenz. Es schmerzt, sich der Unvollkommenheit unseres Daseins bewußt zu werden, daß trotz aller Bewältigungsversuche das Geschehene eine Tragödie ist und bleibt, daß es eine absolute Gerechtigkeit, daß es die große Katharsis nicht geben wird. Patient und Therapeut wollen eine bessere Welt, die zu Lebzeiten nicht zu verwirklichen oder vielleicht überhaupt nie zu verwirklichen ist, da Gewalt ein immanenter Bestandteil des menschlichen Seins überhaupt ist.

Da, wo Worte fehlen, sind Tränen die Brücken – Gedanken über die Sprachlosigkeit in der Arbeit mit Folterüberlebenden

Von Britta Jenkins

Laut Duden ist die Definition von *sprachlos*: „im Augenblick unfähig zu sprechen". Was ist es, das uns „die Sprache verschlägt"? Es sind Situationen, die hervorgerufen werden durch Schock, körperliche oder seelische Verletzungen, starke Emotionen, großen Schmerz oder Angst. In dieser Auflistung ist auffallend, daß starke Emotionen sowohl durch bedrohende als auch freudige Momente ausgelöst werden können, alle anderen Begriffe jedoch eindeutig mit negativen Gefühlen besetzt sind. Im täglichen Leben haben wir alle erfahren, daß uns die Worte ungleich länger fehlen, nachdem uns Leid zugefügt wurde, als nach einer Jubel auslösenden Botschaft. Jubel kann man nicht zurückhalten, er löst die momentane Sprachlosigkeit auf, während es nach Verletzungen sehr schwer sein kann, die Sprache wiederzufinden und das Leid in Worte zu fassen. Auf der anderen Seite haben wir aber auch erfahren, wie erlösend es sein kann, dann jemanden zu finden, der zuhören kann, der das Gehörte ertragen kann und der den eigenen Worten Glauben schenkt. Das Zuhören, Ertragenkönnen und Glaubenschenken hängt in hohem Maße davon ab, wie tabubeladen die Themen sind, die einem selbst die Sprache verschlagen haben.

In einem Artikel in der *ZEIT* (Nr. 29 vom 14. Juli 1995) heißt es: „Messer an der Kehle – Vergewaltige Männer: Ein Tabu wird Thema (...) Die Vergewaltigung von Männern ist so tabubeladen, wie es die Vergewaltigung von Frauen oder der sexuelle Mißbrauch von Kindern vor zwanzig Jahren waren." Der letzte Satz ist nach unserer Erfahrung irreführend. Sexueller Mißbrauch ist nach wie vor ein sehr schwieriges Thema, auch wenn darüber inzwischen viel geschrieben und diskutiert worden ist. Betroffenen kann es nach wie vor passieren, daß sie bei diesem Thema auch bei Therapeuten auf Ablehnung stoßen und mit diesem Thema alleine gelassen sind, weil sie keinen Therapeuten finden, der selbst das Thema ertragen kann.

Sexuelle Mißhandlung in verschiedenen Formen ist eine der angewandten Praktiken, die unsere Patienten unter der Folter erleiden müssen. Wir wissen inzwischen, daß das Ziel der Folter zumeist nicht das Erpressen von Geständnissen oder Information ist. Der brutale Folterer und der „freundliche" Folterer, der scheinbar eingreift, um dem Gefolterten zu helfen, der Verständnis zeigt, sei es durch Worte oder Taten, sie haben das gleiche Ziel: den Menschen vor ihnen in seiner Integrität zu zerstören, ihn aus der Gesellschaft auszustoßen, indem sie ihm durch verschiedene Foltermethoden sein Grundvertrauen in die Menschheit nehmen und ihn an der Gesellschaft irre werden lassen. Diese Menschen kommen zu uns mit Themen wie Mißtrauen, Verrat, Vergewaltigung, Erniedrigungen, Ausgestoßensein, Angst und Selbstablehnung.

Das Thema Folter zieht Kreise, wie die Kreise eines Steins auf der Wasseroberfläche. Und wenn man mit dem Thema in Berührung kommt, dann befindet man sich innerhalb dieser Kreise, ob man will oder nicht. In der Arbeit mit den Patienten im Behandlungszentrum gehöre ich zu dem äußeren Kreis.

Zunächst möchte ich über meine Erfahrungen mit der Sprachlosigkeit aus den Kontakten berichten, die sich aus meiner Verwaltungsarbeit ergeben. Die Sprachlosigkeit kann bereits durch die erste Betroffenheit am Telefon beginnen, wenn ein Mensch mich mit seinem Leidensdruck oder seiner Geschichte überschwemmt. Was sind die richtigen Worte, wenn man sie überhaupt finden kann? Wie grenze ich mich ab, wenn der Gesprächspartner zu fordernd, zu drängend oder, in ganz seltenen Fällen, sogar unverschämt wird? Habe ich das Recht, einen Verfolgten in seine Schranken zu weisen oder als letzten Ausweg das Gespräch durch Auflegen zu beenden? „Selbstverständlich" mag die Antwort aus sicherer Distanz sein. In der Praxis des Helferkreises, zu dem ich als Mitarbeiterin gehöre, ist das jedoch ein Lernprozeß, einmal abzuwägen, wieviel „Ohr ich dem Bedrängten leihen kann", ohne selbst wegzuschwimmen, und zum anderen auch zu akzeptieren, daß es Momente geben kann, in denen aggressive Gefühle in mir aufsteigen, in denen ich selbst das Gespräch begrenzen muß. In den meisten Situationen versuche ich, auch wenn sehr viel Druck ausgeübt wird, dennoch einen Weg zu finden, der dem Anrufenden das Gefühl gibt, Gehör gefunden zu haben.

Meine Sprachlosigkeit fühle ich auch durch die Sprachbarriere, wenn Patienten am Telefon in einer Fremdsprache ihr Anliegen ständig wiederholen in der Hoffnung, daß ich doch endlich verstehe. Andere wiederholen ständig als einziges Wort den Namen desjenigen Kollegen oder derjenigen Kollegin, die ihre Muttersprache sprechen. Das führt z.T. zu unsinnigen „Unterhaltungen", die manchmal nur durch Auflegen zu beenden sind. Da die Behandler während der Therapiestunden nicht gestört werden, habe ich als Nichtbehandlerin in schwierigen Situationen beim telefonischen Kontakt oft keine Möglichkeit, das Gespräch zu meiner eigenen Entlastung an einen Behandler weiterzuleiten. Bei Menschen, die anrufen, um gehört zu werden, um ihre Geschichte loszuwerden und auch einen Teil ihres eigenen Drucks, entlädt sich oft ein Wortschwall, der so atemlos ist, daß zunächst keine Möglichkeit des Unterbrechens besteht. Es kann passieren, daß ich mir erst nach einigen Anläufen Gehör schaffen kann, um dann lediglich das Gespräch weiterzuleiten.

Zu der Sprachlosigkeit am Telefon gehören auch die vielen Anrufe helfender Berufsgruppen wie Mediziner, Psychotherapeuten, Seelsorger, Sozialarbeiter, Lehrer. Sie rufen an, weil sie in ihrer Arbeit plötzlich schwersttraumatisierten Menschen gegenüberstehen, denen sie helfen sollen oder wollen. Sie fühlen sich in der Situation oft ratlos und überfordert und hoffen, von uns Ratschläge für den Umgang oder die Behandlung dieser Menschen zu erhalten, die sie sofort anwenden können. Als z.B. im Sommer 1992 weltweit von den ersten Massenvergewaltigungen bosnischer Frauen in den serbischen Lagern berichtet wurde, stand bei uns das Telefon nicht mehr still. Die

Anfragen kamen aus der gesamten Bundesrepublik, von Professionellen, die vor Ort helfen und sich Ratschläge holen wollten, oder auch von wohlmeinenden Helfern, die den Druck nicht mehr aushielten und „etwas“ tun wollten. Dieses „etwas“ jedoch sollten wir konkretisieren. Wie oft kann ein Mensch am Tag per Telefon versuchen, Hilfesuchenden Rat zu geben, wie oft über Lager, Vergewaltigungen, Töten, Vertreibung reden, ehe er selber den Hörer hinwerfen möchte, weil er keines dieser Worte auch nur noch einmal ertragen kann? Eine Frage, die jeder für sich persönlich beantworten muß. Um uns ein wenig von diesem Druck per Telefon zu entlasten, haben wir inzwischen Telefonsprechzeiten eingerichtet.

Einem ähnlichen Druck sind wir auch durch persönliche Anfragen von Betroffenen ausgesetzt. Da es weitaus mehr behandlungsbedürftige Flüchtlinge in Deutschland gibt, als wir oder die anderen Behandlungszentren aufnehmen können, müssen wir trotz vorgetragener schrecklicher Erfahrungen leider oft auf einen späteren Termin vertrösten. Diese Menschen erhoffen sich viel von uns, und sie machen uns sprachlos, weil wir, statt ihre Hoffnungen zu erfüllen, sie zunächst enttäuschen müssen. Sie schildern uns eindringlich immer wieder ihre Leiden und können unser vorläufiges *NEIN*, das wir ihrem Wunsch nach Behandlung entgegensetzen müssen, nicht verstehen. Oft entfernen sie sich nur sehr zögernd und langsam. Die oft notwendige Abgrenzung fällt manchmal schwer. Da wir alle inzwischen diese Situation kennen, kommen wir einander bei der nötigen Abgrenzung zu Hilfe.

Als Nichtbehandlerin treffe ich weiterhin direkt mit den Patienten vor und nach ihren Behandlungsterminen zusammen, wenn sie sich anmelden und wenn ich ihnen etwas zu trinken anbiete. Hier zeigt sich die Sprachlosigkeit in verschiedenen Situationen. Einmal wiederum in der Tatsache, daß ich mich mit vielen nicht verständigen kann, abgesehen von Worten wie z.B. „Çai“ (Tee), ein Wort, das unsere Patienten aus Osteuropa und von Afghanistan bis Marokko gemeinsam gebrauchen und verstehen, oder „Rojbas“, was auf Kurdisch „Guten Tag“ heißt. Die fehlende Sprache wird durch Gestik und Mimik ausgedrückt, man lächelt sich an, scherzt und lacht auch manchmal.

Trotzdem schwebt das „Unausgesprochene“, der Grund ihres Besuchs, immer über uns. Das wird mir besonders bewußt bei den Patienten, mit denen ich mich sprachlich verständigen kann. Wenn einer dieser Patienten sich in einer besonders schwierigen Situation befindet, sei es, daß seine asylrechtliche Situation in Deutschland gefährdet ist, sei es, daß das Erlebte ihn in der Therapie sprachlos und gelähmt macht, dann lähmt auch mich das in meinem Umgang mit diesem Menschen. Es ist vielleicht ein unausgesprochenes Übereinkommen, daß wir Nichtbehandler mit den Patienten über andere Themen sprechen, daß das „Unaussprechliche“ den Therapien vorbehalten ist. Wir schaffen durch freundliches Begrüßen und ein nettes Hin und Her über das Wetter oder andere unverfängliche Themen den äußeren Rahmen für den inneren Kreis, in dem „das Andere“ Thema ist oder sein kann. Wenn ich dann einen Patienten gefährdet weiß, so gefährdet, daß er sich in seiner Verzweiflung sogar mit Selbstmordgedanken trägt, dann bleiben mir die Worte bisweilen im Halse stecken, dann kann sich meine Sprachlosigkeit in ein besonders freundliches Lächeln und Umsorgen übersetzen.

Es gibt aber auch andere Situationen, wie z.B. mit einem Patienten, der völlig erstarrt und sprachlos zu uns kam. Der jeden freundlichen Kontakt abwies und der uns damit auch verstummen ließ. Der ein Therapieangebot erst annahm, dann aber wegblieb, um später doch wiederzukommen. Der dann irgendwann schluchzend wie ein kleines Kind am Telefon war und beruhigt werden mußte. Der jetzt keinen Termin mehr ausläßt, oft lächelnd wartet und der zum Abschied plötzlich bis ins Büro kommt, um persönlich „Tschüß“ zu sagen, ehe er wieder geht. Ein wunderbarer Moment, in dem das Zugewandtsein der therapeutischen Arbeit auch nach außen dringt und ich einfach dasitze und selber lächle. Oder der beglückende Augenblick, wenn ein Patient zu uns kommt und uns einen Umschlag mit seiner aufenthaltsrechtlichen Anerkennung entgegenstreckt. Diese Nachricht verbreitet sich immer sehr schnell im gesamten Team und löst große Freude aus. Besonders auffallend für mich ist die Freude über das Asyl bei Patienten, mit denen ich mich nicht sprachlich verständigen kann. In den Monaten zuvor hatten sie meistens auf ihre Termine zusammengesunken und mit einem Ausdruck von Schmerzen gewartet, in ihrem Verhalten höflich-distanziert. Wenn sie dann eines Tages unerwartet und plötzlich durch die Tür kommen mit einem unglaublichen Strahlen auf dem Gesicht und diesem Stück Papier in der Hand, dann verstehe ich, daß ihnen endlich der Druck der ungewissen Exilsituation genommen worden ist.

Die Sprachlosigkeit erreicht mich auch in der Küche, unserem Aufenthaltsraum, wenn ein Behandler oder eine Behandlerin nach einer Therapiestunde von dem gerade Gehörten erstarrt oder aufgelöst hereinkommt und erstmal wieder zu sich kommen muß. Da ist es wichtig, daß man versucht zu spüren, was dieser Mensch braucht: Worte, Berührung, Weinen-, Alleinelassen oder Dasein? Es geht dabei um den mitmenschlichen Kontakt, ihn bei dem „Wieder-zu-sich-Kommen" zu begleiten.

Die Sprachlosigkeit holt mich auch als Übersetzerin ein, wenn sich die Sprache in Wort und Schrift auf irgendeine Art und Weise mit dem Thema „Folter" auseinandersetzt. Elaine Scarry (1992, S. 68) schreibt:

„Wer die willentliche Verursachung von Todesqualen auch nur mit einem glimpflichen Wort belegt, der macht Sprache und Kultur zu Komplizen ihrer Destruktion: (...) In all diesen Fällen, in denen zur Benennung schmerzhafter Formen körperlicher Versehrung ein Wort gebraucht wird, das auf zivilisatorische Errungenschaften verweist, kommt es zu einem Zirkel von Negationen: Da ist kein Mensch, der schreckliche Schmerzen litt, da ist nur ein Telefon; da ist kein Telefon, da ist nur ein Mittel zur Zerstörung eines Menschen, der kein Mensch ist. Die doppelte Negation eines Menschen und eines Symptoms von Zivilisation führt in dieser Kombination zu einer weiteren Negation, zur Negation der Wahrnehmung."

Scarry bezieht sich auf die Wahrnehmung des Gefolterten, dem die Folterer mit verschiedenen Methoden die ihm bekannte Welt und Zivilisation zertrümmern und ihn damit ausstoßen. Die Begriffe, um die es hier geht, sind Worte wie Telefon, U-Boot, Schaukel oder Papageienschaukel. Hinter diesen so harmlos lautenden Worten verbergen sich allgemein bekannte und angewandte Foltermethoden. „Telefon" sind wiederholte Schläge auf die Ohren, „U-Boot" bezeichnet das Untertauchen bis fast zum Ersticken in stinkende Flüssigkeiten, oft auch Urin und Exkremente, und die „Schaukel" oder „Papageienschaukel" bezeichnet das Zusammenbinden von Händen und Füßen auf dem Rücken eines Menschen, der in dieser Lage dann aufgehängt wird.

Diese und andere Bezeichnungen sind jedoch nicht nur Wortschatz der Folterer, sondern auch Sprachgebrauch der „einschlägigen Kreise", die den Folterern den Kampf angesagt haben, wie z.B. amnesty international oder ein Behandlungszentrum. In Veröffentlichungen und Vorträgen stellen wir diese Foltermethoden mit eben diesen Worten vor, wenn auch mit nachfolgender Beschreibung und Aufklärung. Warum tun wir das? Es ist unser Ziel, die Gesellschaft zu informieren über das Unvorstellbare, das im Namen von Gesellschaften geschieht, obwohl es außerhalb der normalen Wertvorstellungen und Vorstellungskraft liegt. Dabei haben wir die Hoffnung, nicht nur zu informieren, sondern auch zu aktivem Handeln aufzufordern, damit es für die Täter schwieriger wird zu foltern und die Bereitschaft zur Auseinandersetzung mit den Beschädigungen von Folterüberlebenden wächst. Wenn versucht wird, die Folter genauso brutal vorzustellen wie sie ist, sei das verbal oder visuell, dann werden die meisten Menschen sofort abblocken, weil sie mit dem, was eigentlich nicht sein darf, nichts zu tun haben wollen. Bei Verwendung solcher allgemein bekannter Begriffe besteht jedoch die Möglichkeit, daß zwar die präzise und sachliche Beschreibung des Folterakts verdrängt wird, das metaphorische Wort – z.B. „Telefon" – eingeprägt wird. Das könnte dann heißen, daß sich vielleicht bei der Benutzung dieses Geräts der Gedanke einstellt, daß es Folter gibt und welche Assoziationen dieses Wort wohl bei einem gefolterten Menschen hervorrufen mag. Bei diesem Prozeß spielen

Schuldgefühle und auch der Wunsch, es für sich etwas erträglicher zu machen, eine große Rolle. Schuldgefühle, weil Folter ein gesellschaftliches Problem ist. Eine Person, die aus privatem Elend eine Therapie braucht, kann man leichter abtun als verrückt, zu labil, selber schuld usw. Ein Folteropfer jedoch leidet unter den Folgen kollektiver Gewalt. Ich bin fest davon überzeugt, daß sich bei der Auseinandersetzung oder schon bei der bloßen Begegnung mit diesem Thema unbewußt folgende Fragen einstellen: Habe auch ich Schuld, und wenn ja, wo fängt sie an? Was hätte ich in einer solchen Situation gemacht? Wie wäre ich mit Verrat, Mißtrauen und Isolation umgegangen? Wen hätte ich verraten, wenn überhaupt? Was hätte mir helfen können, etwas nicht Vorstellbares zu verstehen und zu überleben?

Scarry (1992, S. 20) spricht in ihrem Buch von „dem unerläßlichen Anfangszeichen eines kollektiven Projekts“, einen sprachlichen Ausdruck von Schmerz zu finden, „um den Schmerz zu verringern“. Das schreckliche Problem eines gefolterten Menschen ist, daß wir bei dem Thema „Folter“ zunächst mit unserem eigenen Unbehagen = Schmerz beschäftigt sind, ehe wir uns überhaupt seinem Schmerz zuwenden oder gar auf ihn einlassen können. Unser eigener Schmerz steht wie eine Mauer zwischen uns und dem Gefolterten.

In diesem Zusammenhang ist mir bei der Überarbeitung von extern angefertigten Übersetzungen unserer Jahresberichte in die englische Sprache aufgefallen, daß Inhalte, die dem Übersetzer selbst zu großes Unbehagen und damit vielleicht auch Schmerz zufügten, unbewußt abgemildert und damit „aussprechbarer und annehmbarer“ ausgedrückt wurden. Dazu folgende Beispiele:

Aus „*Scham- und Schuldgefühlen, die so schmerzhaft sind, daß sie nicht ins Bewußtsein gelangen dürfen*“ wird „*Scham- und Schuldgefühle, die so schmerzhaft sind, daß er sie nicht wahrnehmen darf*“.

Aus „*Menschen, die in ihrer individuellen Selbstbestimmung vernichtet werden sollen*“ wird „*ihnen wird die Möglichkeit genommen, selbst zu entscheiden*“.

Aus *„daß der Therapeut mit ihm ein Stück durch die erlebte Hölle geht"* wird *„daß der Therapeut ein kleines Stück in die erlebte Hölle geht"*.

Aus *„die Ereignisse wiedererleben und bewußt werden zu lassen in allen ihren Facetten der Täter/Opfer-Beziehung"* wird *„sich alle Aspekte zu vergegenwärtigen"*.

Der im deutschen Text gebrauchte englische Begriff PTS *„Post-torture-syndrome"* (Post-Folter-Syndrom) wird zu *„post-trauma-syndrome"*.

Aus *„Probleme in der Psychotherapie mit Folteropfern"* wird *„Probleme in der Psychotherapie an Folteropfern"*.

Aus *„den vielfach vergewaltigten Frauen"* werden die *„vielen vergewaltigten Frauen"*.

„Solange Menschen wegen anhaltender Bedrohung und Verfolgung ihre Heimat verlassen müssen, sind Behandlungszentren in ‚Exilländern' notwendig." Aus den *„Exilländern"* wird ein *„Gastland"*.

In den ersten Übersetzungen, die ich angefertigt habe, habe ich konsequent aus „Trauma" „Traum" gemacht. Dies ist mir zunächst nicht aufgefallen, erst beim Überarbeiten der englischen Fassung stolperte ich über „dream". Erst die „Fremd"-sprache gewährte mir genügend Abstand, um zu erkennen, daß die „Fremden", die zu uns zur Behandlung kommen, selten Träume, sondern meistens Alpträume beschreiben.

Was haben alle diese Übersetzungen gemeinsam? Bis auf meinen eindeutigen Fehler, das Trauma in einen Traum zu verwandeln, sind die gemachten Aussagen ja nicht falsch. Offenbar haben die Übersetzer konsequent extreme Situationen, die für sie schmerzhaft sein könnten, auf ein ertragbares Mittelmaß zu bringen versucht. Unter diesem Aspekt könnte man die vorher genannten Beispiele folgendermaßen interpretieren: Wenn Scham- und Schuldgefühle erst gar nicht wahrgenommen werden, dann können sie auch nicht in das eigene Bewußtsein gelangen. Für einen Menschen, dem es selbstverständlich ist, selbst zu entscheiden, wird der Gedanke unerträglich sein, „in seiner individuellen Selbstbestimmung vernichtet zu werden". Da selbst Therapeuten manchmal

Schwierigkeiten haben, mit den Patienten ein Stück durch die Hölle zu gehen, ist es nicht verwunderlich, daß ein Übersetzer lediglich „ein kleines Stück" dazu bereit ist. Mit den Facetten der Täter-Opfer-Beziehung treten wir „in medias res" ein, d.h. in den innersten Kreis der Themen und Beziehungen zwischen Opfer und Täter. Um da nicht unter Umständen an Eigenes zu kommen, an eigene Verletzungen oder quälende Fragen, ist es sicherer, die Facetten wegzulassen, denn das würde ja bedeuten, sich einzulassen, zu verstehen versuchen, wie die Wechselwirkungen dieser Beziehung sind. Um noch mehr Abstand zu bekommen, arbeitet man nicht *mit* Folteropfern, sondern beschreibt die Psychotherapie *an* Folteropfern, wodurch die Passivität, in der die Opfer oft gefangen sind, weiter verstärkt wird. Vergewaltigung, ein Tabuthema mit unterschiedlichen Nuancen in allen Kulturen, ist unerträglich genug. Vielleicht werden deshalb aus „vielfach vergewaltigten Frauen" „viele vergewaltigte Frauen".

Interessant ist auch, daß diese Tendenz des „Es-ertragbarer-Machens" auch die Situationen bei uns, in dem Exilland, miteinbezieht. Denn wir sind ein Exilland und nicht ein „Gastland", wie übersetzt. Gastland würde ja bedeuten, daß wir den Gast aufnehmen und ehren, ihm Gastfreundschaft erweisen. Doch wir schweigen zu dem Unrecht, das er erlitten hat, wollen davon nichts hören.

Es geht hier nicht darum, die Arbeit eines Übersetzers zu zerpflücken. Dieser Übersetzer könnte stellvertretend für uns alle stehen, für unsere Versuche, uns vor der Sprachlosigkeit zu bewahren. Im Grunde genommen muß jeder, der sich einläßt, „ein Stück durch die Hölle zu gehen", die Möglichkeit haben, sich zu entlasten, um wieder zu einem Zustand der Normalität zu gelangen. Wenn ich übersetze, begreife ich mehr von der therapeutischen Arbeit mit Traumatisierten, aber ich gelange auch an Grenzen, an denen ich mich nicht weiter „nur" an der Sprache festhalten kann. Die Inhalte fangen an, in mich einzudringen. Ich brauche Entlastung.

Beim Korrekturlesen unseres 1994er Jahresberichts war mir aufgefallen, daß in einer Fallgeschichte der Anfangsbuchstabe des Namens einer Patientin nicht geändert worden war. Ich änderte den Anfangsbuchstaben in ein U. Das U bedeutete für mich „unsäglich“, da die Fallgeschichte dieser bosnischen Patientin bei jedem neuen Lesen Grauen auslöst. „Unsäglich“ kommt von sagen. Sagen = Sprache = Werkzeug eines Übersetzers. Meine Kollegen helfen mir dabei, meine Distanz zu dem „Unsäglichen“ wiederzufinden. Aber wer entlastet einen Übersetzer, der viele unterschiedliche Übersetzungen anfertigt von Gebrauchsanweisungen bis hin zu komplizierten Fachtexten und der nun einen unserer Texte übersetzen soll? Auch er bedarf des Angebots zum entlastenden Zuhören, wenn Passagen zu „unsäglich“ sind.

Um den Kreis der Sprachlosigkeit zu schließen noch eine Beobachtung: In meinem Berufsleben habe ich noch nie in einer Umgebung gearbeitet, in der Freudsche Versprecher schon fast zum Alltag gehören, wie dies im Behandlungszentrum für Folteropfer der Fall ist. Wenn wir am Telefon oder im persönlichen Gespräch den vollen Namen unserer Einrichtung nennen, reagieren die Leute mit: „Ach, was machen Sie da? Auf meiner Arbeit werde ich auch gefoltert, kann ich da auch mal zu Ihnen kommen?“ Auf dem Krankenhausgelände, auf dem wir angesiedelt sind, werden wir nur noch in Kurzform das *Folterzentrum* genannt. Diese Beispiele sind im eigentlichen Sinn keine Versprecher, sondern drücken eher das Unbehagen beim Nennen dieses Wortes aus. Darauf gibt es meist zwei Reaktionen: die „witzige“ oder die „betroffene“. Beide enthalten oft den unausgesprochene Wunsch, dieses Thema nicht weiterzuführen.

Inzwischen ist uns aber aufgefallen, daß selbst Menschen, die sich sehr wohl mit dem Thema auseinandersetzen, von dem *Folterzentrum* sprechen, ohne sich dessen bewußt zu werden. Eine Pfarrerin, die sich bei uns telefonisch Rat holte wegen eines Asylbewerbers, fragte mich in unserem Gespräch mehrmals: „Und was machen Sie in einer solchen Situation im *Folterzentrum*?“ Früher habe ich diese Versprecher übergangen, heute weise ich darauf hin. Es darf in diesem Zusammenhang auch erwähnt werden, daß selbst der Lektor dieses

Buches den ersten seiner Briefe an uns an das *Folterzentrum* richtete.

Ich habe beim Verfassen dieses Artikels geschrieben: „Solange Menschen wegen anhaltender Bedrohung und Verfolgung ihre ‚Hei*r*at' verlassen müssen ..." Das sollte „natürlich" Hei*m*at heißen. Ich deute diese Fehlleistung so: Die meisten unserer Patienten verlieren ja die Heirat, d.h. die Beziehung zum Ehepartner, oft mit dem Verlust der Heimat, weil der Partner nicht mitkommen kann, verschollen oder schon tot ist. Auch dann, wenn sie hier mit dem Partner zusammenleben, ist die Heirat trotzdem verlassen, da aufgrund der Foltererfahrung eine Beziehung wie vor der Folter leider allzu oft unmöglich geworden ist.

In einem Gutachten las ich als Diagnose „posttraumatische Bel*u*stigungsreaktion" anstelle von „posttraumatische Bel*a*stungsreaktion". Ich bin überzeugt, daß der „Fachmensch" darüber hinweggelesen und damit das Richtige gelesen hat. Nur was ist das Richtige? In dem Moment, wo das Gutachten getippt wurde, waren die Inhalte vielleicht schon so unerträglich und fremd geworden, daß sich die Spannung löste, indem aus einer Belastung eine Belustigung wurde. Bekanntermaßen lachen Menschen in Extremsituation scheinbar „ohne Grund", wenn das eigene Unbehagen zu groß wird.

Die Arbeit mit Folterüberlebenden kann sehr belastend sein, weil man oft an eigene Grenzen gelangt. Obwohl viele Menschen baß erstaunt sind, daß Folter heute noch praktiziert wird – eigentlich sei das eine Sache des Mittelalters gewesen –, wollen sie doch bitte nichts damit zu tun haben. Sie gebrauchen aber gelegentlich Ausdrücke wie „auf die Folter spannen", der aus den Praktiken des Mittelalters abgeleitet ist; heute ist er aber vollkommen entfremdet, weil er der Ausdruck „freudiger Erregung" ist. Man wird nicht „auf die Folter gespannt", wenn man Unangenehmes erfährt, sondern es ist das Auskosten vor einer schönen Überraschung oder Situation.

Nach diesen ersten vier Jahren praktischer Arbeit wissen wir, daß es die Folter wohl immer geben wird, solange es Menschen gibt. Es scheint, daß der Phantasie der Menschen, Grausamkeiten an anderen Menschen zu verüben, offenbar keine Grenzen gesetzt sind. Oft ereilt uns die Sprachlosigkeit dann, wenn wir von extremen Grausamkeiten hören, wie zum Beispiel von systematischen Menschenschlachtungen. Was tun wir in solchen Situationen? Um nicht in Sprachlosigkeit zu erstarren, weinen wir, entweder mit den Patienten oder mit Kollegen, die gerade aus so einer Therapiesitzung zu uns kommen. Eine Kollegin sagte das einmal sehr schön: „Wenn ich das Gesagte nicht mehr ertragen kann, dann weine ich, mit oder ohne die Patientin." Da die Worte fehlen, sind Tränen die verbindende Brücke.

In dieser Arbeit, in der wir versuchen, den Menschen dabei zu helfen, von Opfern der Folter zu Überlebenden zu werden, müssen wir uns der Sprachlosigkeit, die dieses Thema begleitet, bewußt sein und lernen, damit umzugehen. Einmal, um Brücken zu schlagen zwischen dem Schmerz der Person, die „Unsagbares" erlitt, und der Gesellschaft, die sich dem „Unsagbaren" verschließt, um selbst keinen Schmerz zu empfinden. Zum anderen aber auch, um unserer eigenen Sprachlosigkeit etwas entgegenzusetzen. Den Weg in eine Hölle mitzugehen, die man nie selber erlebt hat und die man doch versucht mitzuertragen, ist die therapeutische Aufgabe. Um aber dann an dem eigentlich Unsäglichen und Unvorstellbaren nicht selber zu ersticken, wie unsere Patienten, weil niemand sonst es hören will oder kann, werden wir mit dem Gehörten immer wieder an die Öffentlichkeit treten. Denn Folter war und ist weiterhin nur möglich, weil sie von den Staaten und Gemeinschaften, in denen gefoltert wird, stillschweigend geduldet wird. Auch in den Exilländern wollen die Menschen davon nichts hören, weil das Grauen und Unsägliche des Gehörten unsere Vorstellungskraft übersteigt. Ändern wird sich erst dann etwas, wenn das Unsägliche als die erlebte Realität eines anderen Menschen als solche akzeptiert – wenn auch nicht verstanden – werden kann, wenn mehr Menschen bereit sind, zuzuhören und vielleicht auch zu weinen. Damit könnte eine Basis geschaffen werden für die Menschen, die, wie Jean Amery sagt, „nach der Folter nicht mehr heimisch werden können in dieser Welt“. Diese Basis kann nichts versprechen und mag auch sehr zerbrechlich sein, weil sie sehr befrachtet ist mit unserer Angst und Abwehr. Aber immerhin eine Basis, den Gefolterten davor zu bewahren, wieder in den Abgrund zu fallen, in den ihn die Folter schon einmal verstoßen hat.

200 Schläge an den Kopf – Möglichkeiten und Grenzen der Beurteilung von körperlichen Folterfolgen

Von Sepp Graessner

Einführung

Mit wachsender Erfahrung der Therapeuten des Behandlungszentrums, die zwangsläufig erst durch einen mühsamen Lernprozeß entstand, stiegen auch die Anforderungen an die Mitarbeiter, gutachterliche Beurteilungen zu treffen. Von Flüchtlingen in der behördlichen Anhörung vorgebrachte Foltererfahrung führte in steigendem Maße zu Anfragen durch Verwaltungsgerichte, Rechtsanwälte und Beratungsstellen, ob wir bereit seien, Interviews zu und Untersuchungen und Nachweise von Folterfolgen zu führen.

In einer therapeutischen Einrichtung kann die gutachterliche Stellungnahme nur eine randständige Bedeutung haben, weil der Schwerpunkt des Angebotes auf Therapie liegt. Extreme Traumata werden behandelt, unabhängig davon, ob sie durch staatliche Instanzen oder im Verlauf eines Bürgerkrieges oder im familiären-privaten Bereich verursacht worden sind. Die Folgen, d.h. die vielfältigen Beschwerdebilder, unterscheiden sich in bedeutsamen Bereichen nicht. Eine therapeutische Einrichtung, die sich nach reiflicher Überlegung Behandlungszentrum für Folteropfer nennt, legt sich mit ihrem Namen auf eine Gruppe von Menschen, überwiegend Flüchtlinge, fest. Sie kann der selbstgewählten Spezialisierung nicht entkommen.

Im Heimatland erlittene Folter gilt in europäischen Ländern im Rahmen des Asylverfahrens nicht als Asylgrund. Sie kann jedoch als Abschiebehindernis gewertet werden. Aus dem 1993 veränderten Grundgesetzartikel 16 a ist diese Bewertung herauszulesen.

Ethische Überlegungen

Bevor wir Beurteilungen von Folterspuren in schriftlicher Form erstmals öffentlich gemacht haben, plagten uns einige ethische Probleme, die wir mit entsprechenden Einrichtungen in Europa teilen, jedoch in unterschiedlicher Weise aufzulösen suchen. Im Rahmen eines sozialmedizinischen Selbstverständnisses von Behandlung läßt sich der differenzierte Nachweis einer erlittenen Folter unserer Ansicht nach als Basistätigkeit vertreten.

Will man in erster Linie mit Extremtraumatisierten arbeiten, die ein Foltertrauma aufweisen, so ist erst einmal die Frage zu klären, ob Belege für das geschilderte Foltertrauma vorliegen. Therapeuten in Langzeit-Psychotherapien benötigen ein gewisses Maß an Sicherheit, weil sie die Annäherung an das Trauma in die Planung des Behandlungsprozesses einbeziehen wollen und müssen. Es ist daher notwendig, die Symptome, die von Folter herrühren, von denen zu unterscheiden, die aus anderer Ursache entstanden sind oder zu einem früheren Zeitpunkt schon bestanden haben. In beiden Fällen kann Behandlungsbedürftigkeit bestehen.

Therapeuten könnten freilich auch die subjektive Schilderung des Patienten zur Grundlage einer therapeutischen Beziehung machen und dabei auf forensische Überlegungen verzichten. Diese Haltung haben ähnliche Einrichtungen der europäischen Nachbarn, die daher bewußt nur mit Folterüberlebenden arbeiten, die einen gesicherten Aufenthaltsstatus haben, also von überragenden Ängsten vor Abschiebung nicht beeinflußt werden. In diesen Einrichtungen wird daher niemand Behandlung begehren, der nicht ein Mißhandlungstrauma aufweist.

Die Erfahrungen mit dem Nationalsozialismus und die Auseinandersetzung mit seinen Folgen für Flüchtlinge und Emigranten haben das Behandlungszentrum zu der Entscheidung bewogen, auch extremtraumatisierten Flüchtlingen Behandlung zu offerieren, die noch im Asylverfahren stehen. Die Väter und Mütter des Grundgesetzes haben dem Asylrecht Verfassungsrang eingeräumt. Wir nehmen deren Motive ernst.

Bei Flüchtlingen mit ungesichertem Aufenthaltsstatus verbieten sich tiefere und aufdeckende Behandlungen aufgrund der Aktualität der Abschiebungsängste. Es wird ganz allgemein der extremtraumatisierte Flüchtling in den Mittelpunkt des therapeutischen Interesses gerückt, was *während des Asylverfahrens* zu Lasten der günstigsten Voraussetzungen für eine Langzeitbehandlung gehen kann. Eine intensive Therapie muß daher den Exilierten mit sicherem Aufenthalt vorbehalten bleiben. Allerdings erfährt ein wachsender Prozentsatz von Patienten während der Behandlung eine Anerkennung als politisch Verfolgte. Von den Patienten des Behandlungszentrums befinden sich zum Zeitpunkt ihrer Aufnahme im allgemeinen über 50 % noch im Asylverfahren.

Ein weiterer Grund für die Entscheidung, extremtraumatisierten Flüchtlingen ohne gesicherten Aufenthaltsstatus Behandlung anzubieten, liegt in der Schwierigkeit, für Folterüberlebende eine angemessene und aufmerksame Behandlung im System der niedergelassenen Kassenärzte zu finden, denn Behandlung von Folterfolgen ist sehr zeitaufwendig und wegen der sprachlichen Probleme im Rahmen der Kassenpraxis kaum zu leisten. Die Auseinandersetzung mit Folter und gefolterten Menschen bedarf gezielter Stützung und Reflexion der Therapeuten in Selbsterfahrung und Supervision. Minimierung, Verleugnung, Vermeidung und Ausblendung sind oft menschliche Reaktionen auf geschilderte Foltererlebnisse.

Folterfolgen äußern sich sehr oft in chronischen Leiden. Die Behandlung solcher Beschwerden wurde nach den jüngsten gesetzlichen Beschränkungen in der medizinischen Versorgung von Flüchtlingen, die vom Bundesärztetag als unethische Zweiklassenmedizin abgelehnt wurden, aus dem Leistungskatalog gestrichen. Dadurch wird ein früher und vermutlich erfolgreicher Zugang zu den Beschwerden verhindert. Psychologische Stützung oder psychotherapeutische Verfahren in

Praxen kamen auch schon vor den letzten einschneidenden Änderungen nicht in Betracht. Je früher die Behandlung eines Foltertraumas erfolgt, desto wirksamer die mittelfristigen Ergebnisse. Der Infektion der Kindergeneration durch traumatisierte Eltern wäre besser vorzubeugen. Das hätte somit Auswirkungen bis in den Bereich der Bildungschancen von Flüchtlingskindern.

Hat man sich aber einmal entschlossen, mit Extremtraumatisierten mit ungeklärtem Aufenthaltsstatus zu arbeiten, so gehört die Stützung im Verlauf des gesetzlichen Verfahrens dazu. Das bedeutet in erster Linie, daß wir Zeugnis ablegen von Menschenrechtsverletzungen. Diese anwaltliche Zeugenschaft oder auch das Stützen rechtsanwaltlicher Argumentationen kann man zugleich als eine Form der Distanzierung begreifen: Indem ich andere, d.h. eine Öffentlichkeit, mit meinen Beobachtungen belaste, entlaste ich mich selbst. Derselbe Mechanismus ist auch festzustellen, wenn das Behandlungszentrum zu Stellungnahmen aufgefordert wird. Das stark belastende Thema Folter wird zur Klärung von Details an Spezialisten weitergereicht: Niedergelassene und Krankenhaus-Ärzte, Rechtsanwälte, Richter und Sozialarbeiter suchen sich durch Überweisung an das Behandlungszentrum zu entlasten.

Da wir mit diesen entsorgenden Mechanismen vertraut sind, ist bei uns eine Bereitschaft gewachsen, ärztliche und psychologische Stellungnahmen zu erstellen und sie implizit zu einem mehr oder weniger beachteten Bestandteil des Asylverfahrens zu machen. Ein wesentliches Ziel der sachverständigen Stellungnahmen ist es u.a., Richtern und Richterinnen die Antwort auf die Frage nach Verfolgungsdetails und Abschiebehindernissen zu erleichtern.

Psychosoziale Zentren in der Bundesrepublik und in anderen Ländern verfahren wie das Behandlungszentrum in Berlin. Es gibt freilich auch Einrichtungen, die darauf bestehen, daß sie nicht zum Teil eines aufenthaltsrechtlichen Verfahrens werden, weil es ihrer Ansicht nach stören würde, wenn sie ein Instrument einer staatlichen Prozedur würden. Sie befürchten, daß sie sich einem vorgegebenen Procedere unterwerfen müßten: Übernahme eingeschränkter Definitionen von Trauma und Diagnoseschemata, Vorläufigkeit des Kenntnisstandes und Verlust der Vertraulichkeit, die als Basis der therapeutischen Beziehung gilt. Das sind jeweils ernste Gründe, die man bei einem spontanen Wunsch nach Unterstützung für Flüchtlinge reflektieren sollte, sonst läuft man in eine Falle. Denn was macht ein Arzt, wenn er Foltererfahrungen geschildert bekommt, Spuren im sichtbaren oder ableitbaren Bereich jedoch nicht nachweisen kann? Er wird dann Teilnehmer an einer juristisch definierten Wahrheitsfindung, während doch eine biographische Wahrheit, die in all ihrer schöpferischen Subjektivität geschildert wird, in einem therapeutischen Verhältnis einem anderen existentiellen Wahrheitsbegriff folgen kann. Unserer Unkenntnis über andere Kulturen schulden wir einen Spielraum, der sich für Symbole, Phantasien, sprachliche Übersetzungsprobleme und Interpretationsirrtümer offenhält.

Hier besteht ein Dilemma, das sich wohl nicht befriedigend auflösen läßt. Für zahlreiche Leistungen nach dem Bundessozialhilfegesetz sind ärztliche Stellungnahmen erforderlich, die gesundheitsförderliche Gründe für den oft mühseligen Erhalt einer Leistung (Wohnung, Arbeit, Fahrtkosten, orthopädische Hilfsmittel usw.) voraussetzen. Schon bei dieser alltäglichen Unterstützung wird eine Abwägung zwischen ärztlicher Schweigepflicht und praktischer Hilfsmaßnahme für einen Patienten aus öffentlichen Mitteln notwendig, so daß sich Sigmund Freuds Empfehlung aus dem Jahre 1920 nicht hundertprozentig umsetzen läßt: *„Der Arzt soll in erster Linie der Anwalt des Kranken sein, nicht der eines anderen. Wie der Arzt in den Dienst eines anderen tritt, ist seine Funktion gestört.“*

Aus den genannten ethischen Gründen sollten Aufträge für *gutachterliche* Stellungnahmen durch Gerichte (als eines staatlichen Hoheitsaktes) nur in solchen Fällen gestellt werden, in denen kein therapeutisches Verhältnis besteht oder angestrebt ist.

In denjenigen Fällen, in denen das Aufnahmeteam des Behandlungszentrums eine Behandlungsbedürftigkeit festgestellt hat, wird eine therapeutische Beziehung in Gang gesetzt. *Ärzt-*

liche und psychologische Stellungnahmen zur Frage der Foltererfahrung und ihrer Folgen werden dann als Teil der Behandlung betrachtet und folglich auch in das Asylverfahren eingeführt, wenn die Flüchtlinge, informiert und aufgeklärt, zustimmen. Das bedeutet, daß jeder Schriftwechsel, auch mit Anwälten, vom Patienten in sprachvermittelter Form gebilligt werden muß.

Eine ähnliche ethische Problemlage trat auf, als vormundschaftliche Organisationen eine Altersbestimmung für Jugendliche wünschten, deren Altersangabe von Behördenvertretern nicht geglaubt wurde. Die jungen und zumeist extremtraumatisierten Flüchtlinge hatten nach ihren eigenen Angaben ihre Heimat als „unbegleitete Jugendliche“ verlassen. Die vormundschaftlichen Instanzen waren der Auffassung, daß es sich bei ihren Mündeln um jüngere Menschen handeln müsse und daß die Einschätzung der Behördenvertreter falsch sei.

Da die Einschätzungen der Behördenvertreter in der Tat fragwürdig erschienen und einer Willkür nicht entbehrten, stimmten wir der Erstellung von Jugendaltersbestimmungen zu. Sie erwiesen in allen Fällen eine Abweichung von der behördlichen Schätzung. Da die Stellungnahmen in einem anwaltlichen Sinne für die Jugendlichen im Auftrag der Vormünder und nicht für die Behörden erstellt wurden, meinten wir, diese Altersbestimmungen erstellen zu dürfen. Sie stellten quasi eine Gegenexpertise dar. Fälle aus Hessen, bei denen eine Röntgenuntersuchung des Handskeletts der Jugendlichen von Behörden angeordnet wurde, haben eine Fraktion der hessischen Ärztekammer zu einem Gutachten zur Frage der Aussagefähigkeit und Ethik von Altersbestimmungen veranlaßt. Die Gutachter kamen zu dem Schluß, daß ethische und gesundheitsgefährdende Bedenken eine Röntgenuntersuchung für Verwaltungszwecke nicht zuließen. Die Begründungen waren schlüssig, so daß sich in Berlin die für die Behörde arbeitenden Altersbeurteiler zurückzogen. Allerdings um den Preis, daß nun weiterhin eine willkürliche und ungenaue Beurteilung des Alters von unbegleitet reisenden Jugendlichen ohne Ausweispapiere vorgenommen wird.

Jedes Organ oder Organsystem kann von Folter betroffen sein. Daher ergibt sich die Notwendigkeit, in den ärztlichen Stellungnahmen die Bewertungen zahlreicher Fachkollegen zusammenzufassen. So muß zur Beurteilung der Folterfolgen die Unterstützung von Dermatologen, Neurologen, Hals-Nasen-Ohren-Ärzten, Urologen, Orthopäden, Psychiatern, Radiologen, Gastroenterologen, Kardiologen u.a. angefordert werden, sofern die eigenen Kenntnisse und Erfahrungen auf Grenzen stoßen. Grundsätzlich muß die Kooperation mit klinischen und niedergelassenen Kollegen als erfreulich bezeichnet werden. Wir fanden in nahezu allen Fällen Geduld und Sensibilität für unsere von Folter betroffenen Patienten. So sind unsere Stellungnahmen vielfach eine Synopse verschiedener Fachbeurteilungen.

Soziale Medizin im Zusammenhang mit Folterüberlebenden sucht unter anderem wie die Gerichtsmedizin die erkennbaren Spuren mit den dargestellten Folterhandlungen in Beziehung zu bringen oder eine solche Beziehung zu verwerfen. Soziale Medizin in unserem Bereich sucht zudem die kulturellen und politischen Bedingungen von Menschenrechtsverletzungen verständlich zu machen.

Die Bestätigung von Foltererfahrung beruht auf verschiedenen Komplexen:

1. *Den Rahmenbedingungen des Heimatlandes:* Durch die wiederholte Begegnung mit Folterüberlebenden aus denselben Gefängnissen und Polizeistationen sind inzwischen intime Kenntnisse über bauliche Besonderheiten der Gefängnisse, der Folterkeller und Zellen entstanden. Belegungsdichte der Zellen und die hauptsächlichen Folterformen kennen wir aus den Darstellungen der Patienten für die unterschiedlichsten Regionen der Erde. Die Informationen von amnesty international trugen ebenfalls zur Erweiterung unseres Kenntnisstandes bei. Wir haben inzwischen eine ziem-

lich genaue Kenntnis beispielsweise davon, ob und wo Ärzte am Foltervorgang beteiligt sind, wo die Gefangenen mit verbundenen Augen gefoltert werden.

2. *Lokale Besonderheiten und politische Rivalitäten:* Erst eine gewachsene Erfahrung ermöglichte es uns, die vielfältigen gewalttätigen Einflüsse z.B. im Libanon den handelnden Gruppierungen zuzuordnen. Da im Rahmen des Bürgerkriegs alle beteiligten Gruppierungen mißhandelten, jeder regionale Führer auch eine geheime Mißhandlungseinheit führte, war hier nicht von staatlicher oder parastaatlicher Folter auszugehen. Für die Betroffenen und ihre Gesundheit ist es freilich belanglos, wer foltert. Ähnliche Wildwüchsigkeit der Folteranwendung in politischen Krisenzeiten läßt sich beispielsweise auch für Angola, Sierra Leone, Liberia, Äthiopien nachweisen.
3. *Das Auftreten und die Form der Darstellung:* Da unsere Einrichtung von Flüchtlingen nicht leicht eingeschätzt werden kann, herrscht zu Beginn des Kontaktes erst einmal ein gewisses Mißtrauen. Es richtet sich auf den Dolmetscher, wenn er aus dem gleichen Land stammt wie der Flüchtling. Es richtet sich aber auch auf den Behandler, von dem der Patient meist kein Wort versteht, sondern von dem er allein Mimik, Tonfall und Körpersprache registrieren kann.
   Im Verlauf des Gespräches zu den traumatischen Erfahrungen können sich heftige emotionale Ausbrüche zeigen. So kann erstickte Wut sichtbar werden. Viele Patienten weinen, wenn die Rede auf ehrverletzende Folterformen kommt. Manche Patienten verstummen plötzlich und versinken in ihrem Schmerz, manche Patienten springen auf, werden unruhig, schwitzen und zittern bei ihrer Darstellung. Es gibt noch weitere vegetative Zeichen, die wir als Zeichen der Mühen ansehen, unter denen die Verfolgungsgeschichte erinnert wird. In einem Behandlungszentrum in Schweden, das sich vorwiegend dem Nachweis von Folter zuwendet, werden während der Interviews Videofilme mit Zustimmung der Patienten gemacht. Diese können nach dem Willen der Patienten in die gerichtlichen Verfahren eingeführt

werden. Auf ihnen sind die vegetativen, mimischen und gestischen Reaktionen auf die eigene Darstellung von Mißhandlungen zu sehen. Sie sollen eine Beurteilung der Glaubwürdigkeit erlauben. Bislang hat noch kein Richter Gebrauch von den Filmen gemacht.

4. *Einfache Fragebögen, die eine Selbstbewertung der aktuellen Beschwerden erlauben:* Der Harvard-Trauma-Questionnaire und die Hopkins-Symptom-Check-List werden im allgemeinen in muttersprachlicher Form vorgelegt. In ihnen kreuzt der Patient seine Beschwerden in abgestufter Vorgabe an. Wir erhalten dadurch eine erste Annäherung an die Symptome der posttraumatischen Belastungsstörung. Die Ergebnisse der Fragebögen erlauben eine orientierende Zuordnung zu der dargestellten Biographie. Die Bearbeitung der Fragen kann allerdings zu einer Verstärkung der Symptomatik führen.
5. *Die ärztliche Untersuchung:* Dabei wird einmal ein Status erhoben und zugleich nach den Spuren gefahndet, die nach der Schilderung der Folter und der betroffenen Körperteile zu erwarten sind. Es ist naheliegend, daß die Untersuchung der Haut am ehesten Aussagen über Folterfolgen zuläßt. Verletzungen der Sinnesorgane können relativ leicht mit den geschilderten Foltermethoden in Beziehung gesetzt werden. So sind Perforationen beider Trommelfelle oftmals die Folge von beidhändigen Schlägen auf die Ohren. Es zeigen sich wie beim Knalltrauma typische Anordnungen der Löcher. Schädigungen durch elektrischen Strom hinterlassen vielfach charakteristische Narben. Die in vielen Ländern angewandte Falanga (Schläge auf die Fußsohlen) führt zu gut belegbaren Veränderungen der Sohlen und der Statik der Füße und Unterschenkel. Aus Syrien kennen wir die Verbrennungen durch heißes Plastik mit bezeichnender Narbenbildung. In zahlreichen afrikanischen Ländern kommt es während der Verhaftung durch Militärs, zudem in den Camps und Kasernen, zu Stichverletzungen mit Bajonetten, die eindeutige Spuren zeigen. Zwangshaltungen in Minikäfigen über Wochen führen zu schmerzhaften Veränderungen an Gelenken

und Muskulatur. Brennende Zigaretten hinterlassen typische Narben auf der Haut. Ein Mann aus Libanon wies 72 solcher Verbrennungsnarben auf. Folter in hängenden Positionen hat Kopfverletzungen zur Folge, weil die Opfer plötzlich fallengelassen werden. Nervenschädigungen an den Handgelenken durch Fesselungen sind häufige Folgen. Schläge in großer Zahl gegen den Körper lassen ihn „wie eine Aubergine" (Patientenschilderung) aussehen. Beim Abbau der Blutergüsse aus Haut und Muskeln können so viele Eiweiße in den Nieren anfluten, daß eine Dialyse notwendig werden kann, wie wir aus dem Iran erfuhren. Nachweise von sexueller Mißhandlung sind vielfach abhängig von der Zeit, die seit dem Trauma vergangen ist. Hunger und Beteiligung an Hungerstreiks sind relativ leicht abzulesen an den Geweberissen des Unterhautgewebes. Langwährende soziale Deprivation oder sensorische Deprivation hinterlassen kognitive Einschränkungen, die nur jemand beschreiben kann, der sie erfahren hat. Verbundene Augen vor, während und nach der Folter kann psychoseähnliche Zustände begünstigen, die den Erfahrungen von Menschen gleichen, die eine Augenoperation mit anschließender mehrtägiger Abdeckung der Augen durchmachen. Mißhandlungen durch Gegenstände, die unter die Finger- und Fußnägel geschoben werden, lassen sich auch nach längerer Zeit nachweisen.

Während also für zahlreiche Folterformen ein relativ sicherer Nachweis zu führen ist, gibt es viele Beschwerdebilder, bei denen unsere Kenntnisse nicht ausreichen oder bei denen wir uns in einem spekulativen Raum bewegen. Welche langfristigen Folgen verursachen 200 Schläge an den Kopf, wenn sie mit Fäusten und Gegenständen ausgeführt werden, wobei das Opfer verbundene Augen hat? Wie wirkt sich dauerhaft erlittene Angst auf die Funktion des Gedächtnisses aus? Können zahlreiche Schläge an den Kopf mit wiederholten Bewußtlosigkeiten Jahre später zu Einblutungen auf die Hirnrinde führen? Sind die Mißhandlungen und die Haftbedingungen für eine Monate später diagnostizierte Tuberkulose verantwortlich?

Wie sind auffällige EEG-Befunde zu interpretieren? Sind Hämorrhoiden in eine kausale Beziehung zu Mißhandlungen des Enddarmes zu setzen? Sind sie Folge von Haftbedingungen, unter denen die Toilettenbenutzung verboten war oder in überbelegten Zellen durch Schamgefühle behindert war? Ist eine HIV-Infektion in Myanmar vorsätzlich verursacht worden? Hier zeigen sich noch viele ungeklärte Fragen, die der systematischen Untersuchung bedürfen und zugleich die Aussagefähigkeit der Nachweise von Folterspuren begrenzen.

Der „common sense" mag solche Beziehungen für naheliegend halten. Die exakten Nachweise sind oft schwer zu führen, selbst wenn man die gesamte Literatur heranzieht. Für viele Länder der Erde oder Regionen liegen einfach keine Basisuntersuchungen vor. Von Europa aus mit seinen Kausalitätskriterien läßt sich daher eine Beurteilung vornehmen, die unterschiedliche Grade von Wahrscheinlichkeit angibt.

Wir haben die üblichen Abstufungen in der Bewertung in Absprache mit anderen europäischen Behandlungseinrichtungen übernommen:

1. *Dargestellte Biographie und Foltererfahrung sowie nachweisbare Spuren zeigen einige Konsistenz.*
2. *Zwischen der geschilderten Foltererfahrung und den nachweisbaren Spuren besteht ein Verhältnis von großer Wahrscheinlichkeit.*
3. *Mit an Sicherheit grenzender Wahrscheinlichkeit handelt es sich um einen Folterüberlebenden.*

Die geringste Evidenz sagt oftmals nur aus, daß wir keine sicheren Spuren fanden oder bei den vorhandenen Spuren keine eindeutige Kausalitätsbeziehung herstellen können, was vielfach unseren mangelnden Kenntnissen zuzuschreiben ist oder der zunehmenden Tendenz in vielen Staaten, psychische Folter (d.h. ohne sichtbare Spuren) anzuwenden. Evidenz der ersten Stufe stellt an sich keine Aussage zur Glaubwürdigkeit eines Patienten dar. Es ist aber vor allem die mangelnde Glaubwürdigkeit, die in den ablehnenden Bescheiden des Bundesamtes für die Anerkennung von Flüchtlingen eine zentrale Bedeutung hat. Der Vorwurf mangelnder Glaubwürdigkeit trifft besonders Asylbewerber aus südsaharischen Staaten, dic oftmals äußerst seltsam anmutende Haft- und Fluchtbedingungen schildern, die sich ohne intime Lokalkenntnisse dem europäischen Verständnis entziehen. Eine Flucht aus der Haft durch die Hilfe eines Monsieur X, durch einen Wärter oder Soldaten aus der Familie oder dem Stamm des Häftlings löst bei europäischen Behördenvertretern Unglauben aus. Dabei könnte es so befreiend sein, daß die Menschen der Erde nicht nach den Gesetzmäßigkeiten einer deutschen Kleinstadt funktionieren! Andere Kulturen sind eben nicht europäische Kulturen auf niedrigem Niveau, wie das behördliche Unverständnis suggerieren will, sondern komplett andere Erfahrungs-, Kommunikations- und Handlungssysteme. Da uns aber die Kenntnisse von lokalen Besonderheiten, von kulturell geprägten Beziehungen, Schweigegeboten und eidlichen Verpflichtungen vielfach fehlen, sollten Aussagen zur Glaubwürdigkeit nicht billig von uns verlangt werden.

Etliche Beschwerden können wir nicht kausal der Foltererfahrung zuordnen. Dabei ist besonders an die diffusen Schmerzbilder zu denken. Schmerzen, die überwiegend nur auftreten, wenn es kalt ist oder der Patient an seine traumatischen Erfahrungen denkt oder sie ihm im Alptraum begegnen, lassen sich in einen psychosomatischen Formenkreis fassen, erklären lassen sie sich (einstweilen) dennoch nicht. In solchen Fällen kann man beschreiben. Aber auch bei körperlichen Verletzungen werden Patienten und Behandler oft mit Vorhaltungen konfrontiert, der Flüchtling könne sich diese Verletzungen auch bei der Feldarbeit, bei einem Unfall, ja mutwillig selbst zugezogen haben. Wie oft sind Narben nach Macheten-hieben auf den Rücken als rituell erworbene Narben abgewehrt worden! (Selbstverständlich kann ein Mensch, der sich in religiöser Entrückung geißelt, Narben aufweisen.) Wenngleich diese behördlichen Vorhaltungen oft durchsichtige Versuche darstellen, die Realität von Folter und Folterfolgen zu leugnen oder zu vermeiden, so sind sie eine forensische Herausforderung.

Beispiel aus der Praxis

Exemplarisch soll ein Ausschnitt aus einer *ärztlichen* Beurteilung dargestellt werden, um die vielfältigen körperlichen Einflüsse der Folter auf die Gesundheit nachvollziehbar, zugleich aber auch den kulturellen und politischen Charakter von Beschädigung sichtbar zu machen. Das Beispiel des Herrn A. stellt keineswegs eine besondere Ausnahme dar, sondern ist als Muster für Folter und Folterfolgen zu verstehen, wie es uns täglich begegnet.

Dabei ist die Wiedergabe von extremen Mißhandlungspraktiken unvermeidlich:

Nach der Anfrage eines Richters am Verwaltungsgericht Berlin sollten wir prüfen, ob es Belege für die von Herrn A. behauptete Folter an Händen und Geschlechtsteilen gebe. Selbstverständlich kann man sich bei einer Anamnese der Foltererfahrung nicht allein auf zwei Körperteile beschränken, weil erst die Zusammenschau aller Symptome und Spuren eine gesicherte Aussage zuläßt.

Aus Termingründen fanden nur drei Sitzungen statt, die sich jeweils über mehrere Stunden erstreckten. Interviews und Untersuchungen können in dieser gedrängten Form die Gefahr einer Retraumatisierung bergen. Herr A. wurde folglich auf die Möglichkeit eines flash-backs und assoziativer Panikreaktionen hingewiesen. Es wurde eine Stützung für diesen Fall angeboten.

Es handelte sich um einen 27jährigen Mann, einen Kurden aus der Türkei. Seit dem 13. Lebensjahr dieses Mannes, d.h. seit dem Militärputsch von 1980, herrscht der Ausnahmezustand in den kurdisch bewohnten Provinzen der Türkei. Millionen von Jungen und Mädchen lernen in dieser Periode nichts als latente Angst kennen. Herr A. erhält in seiner Schulzeit, wenn er kurdisch spricht, Schläge vom Lehrer. Dauerhaftes Mißtrauen gegen jedermann bestimmt seinen Alltag und seine sozialen Kontakte. Da nichts so ansteckend ist wie Gewalt, wird er zwangsläufig von der Gewalt der Polizei und der Militärs infiziert. Verwandte werden verhaftet. Herr A. schwankt ständig zwischen Trauer und Rachegefühlen. Als der bewaffnete Widerstand sich formiert, sieht sich Herr A. herausgefordert, den Widerstand zu unterstützen, mit Nahrung, Kleidern und Geld. Zunehmend kommt ihm zu Bewußtsein, daß ihn auch die Gewalt des Widerstands in Form von „Strafaktionen" infiziert und daß er sich in einem tragischen Konflikt befindet: Wenn er sich den mit den türkischen Militärs kooperierenden Dorfschützern anschließt, macht er sich damit dem bewaffneten Widerstand verdächtig. Wenn er die Rolle des Dorfschützers ablehnt, wird er automatisch als Unterstützer der Rebellen angesehen. Eine freie Entscheidung dazwischen existiert für einen Mann seines Alters nicht.

Er beschließt seine Flucht nach Deutschland. Der erste Versuch mißglückt.

Er wird nach seiner Verhaftung nach Diyarbakir gebracht, wo er nach seinen Angaben vier Monate lang fast täglich gefoltert wird. Mißhandlungen hatten schon auf dem Transport stattgefunden. Man wirft ihm eine Zusammenarbeit mit verbotenen Organisationen vor. Warum hätte er als Kurde sonst wohl illegal, d.h. ohne Paß und Visum, das Land verlassen wollen, so argwöhnen die türkischen Behörden.

Nach der Schilderung der räumlichen Verhältnisse während der Verhöre und Folterungen wird erkennbar, daß es sich um das E-Typ-Gefängnis in Diyarbakir gehandelt haben muß. Darstellungen durch andere Patienten, vor allem ihre Zeichnungen des Bauwerks und der Keller, erlauben diese Schlußfolgerung.

Die von Herrn A. unter Mühen dargestellten Folterformen ergeben ein Gesamtbild, das wir für dieses Gefängnis als bezeichnend kennen:

Herr A. wurde gezwungen, einen Raum zu betreten, dessen Boden mit Glassplittern übersät war. Er zerschnitt sich die Fußsohlen und wurde danach in einen Raum gedrängt, der mit Salz ausgelegt war.

Anschließend mußte er in einen Raum, in dem knöchelhoch Wasser stand. Zuvor war er wiederholt auf die Fußsohlen geschlagen worden.

Zum Zeitpunkt der Beurteilung lagen die Ereignisse in Diyarbakir drei Jahre zurück. Zu suchen war folglich nach rund drei Jahre alten Narben an den Fußsohlen. An der linken Sohle fanden sich dreizehn, an der rechten zwölf abgrenzbare Narben, dunkler als die Umgebung. Das Alter kann aus der Erfahrung bestätigt werden. Die Fettpolster unter den Sohlen sind deutlich reduziert, was als Falanga-Folge gewertet werden muß. Die Sehnen der Sohlen lassen sich kaum anspannen, die Großzehen sind überstreckbar. Den Untersuchungen der dänischen Kollegin Skylv verdanken wir die pathophysiologischen Erklärungen dieses Befunds. Die Folge dieser Symptomatik sind Schmerzen und Gangstörungen.

Herr A. gab an, man habe ihn mit dem Bajonett auf die Hände geschlagen. Er schildert ferner, daß man ihn durch erhitzte Zangen oder ähnliches am Handrücken gefoltert habe. Bei der Untersuchung findet sich auf beiden Handrücken je eine unregelmäßige Narbe, die Quetschverletzungen entsprechen kann. Daneben besteht eine sekundär verheilte Schnittwunde über der rechten Handfläche, die als Folge der Bajonetthiebe auf die Hände aufgefaßt werden kann. Herr A. hatte im Interview von Verbrühungen mit heißem Wasser berichtet. Bei der Untersuchung erkennt man Verbrennungsareale mit Narbengewebe über der rechten Wange, der Stirn, dem rechten Oberlid und dem Nasenrücken sowie Verbrennungsnarben in typischer Figuration über den Fingerrücken der Finger II bis V beidseits. Die Hände seien in gefesseltem Zustand verbrüht worden, was die Aussparung der Daumen erklärt. Bei der Untersuchung imponiert ferner eine unregelmäßige, wulstige Narbe an der Schulter, die Herr A. mit einem spontanen Biß eines Folterers erklärt. Er habe bei der Verbrühung eine den Folterer treffende Abwehrreaktion gemacht. Darauf habe der Mann ihn heftig gebissen. Es sind in der Tat Bißspuren von zwei Schneidezahnreihen zu erkennen. Da Bißverletzungen sehr oft Infektionen zur Folge haben, sind die narbigen Auftreibungen erklärbar.

Herr A. war nach seinen Worten der elektrischen Mißhandlung am Penis ausgesetzt. Seine Darstellung der Applikation der Elektroden entsprechen den angewandten Praktiken. Es findet sich eine bezeichnende Narbe, die aus naheliegenden Gründen keiner gewebebioptischen Untersuchung unterzogen wird. Es sind uns Folterüberlebende begegnet, die darauf bestanden, daß von Ohrläppchen und Händen Gewebeproben untersucht würden.

Die gebräuchlichsten Formen der Mißhandlung waren nach den Angaben von Herrn A. Schläge mit Fäusten und Gegenständen an den Körper und vor allem an den Kopf. Sie hatten wiederholte Bewußtlosigkeit zur Folge. Auf dem behaarten Kopf finden sich sieben abgrenzbare, altersgleiche Narben. Davon deuten drei auf chirurgische Intervention. Man erkennt noch die Stichkanäle. Bei Hinweisen auf ärztliche Beteiligung im Umfeld von Folterhandlungen merken wir besonders auf. Solche Fälle werden speziell dokumentiert.

Nach den Angaben von Herrn A. erwachte er zweimal aus einer Bewußtlosigkeit und stellte fest, daß seine Kopfhaut genäht wurde. Er hatte verbundene Augen gehabt und konnte uns daher keine Einzelheiten berichten. Es wurde während der chirurgischen Versorgung nicht gesprochen. Nach den Worten von Herrn A. könnte es sich auch um Pfleger gehandelt haben. Ein Verletzter, der die Augen verbunden hat, das wissen die Verantwortlichen, kann die Schädigung nur unter der Folter erlitten haben.

Erfahrungen von scham- und ehrverletzenden Mißhandlungen lassen sich nicht von der Haut ablesen. Sie enthüllen sich allerdings im Vorgang des Erinnerns durch Sprechweise, Mimik, Trauer, Verstummen.

Herr A. ist stets in unbekleidetem Zustand gefoltert worden. Ihm wurden Gegenstände in den Enddarm gesteckt. Er wurde gezwungen, den Urin der Folterer zu trinken. Die Verhöre erlebte Herr A. meist mit verbundenen Augen. Er registrierte die Folterungen in benachbarten Räumen. Das passive Mithören von Schreien anderer Gefangener hinterläßt tiefe Spuren.

Die Absicht hinter diesen schamverletzenden Foltermethoden ist nicht das Geständnis, sondern die Auflösung der persönlichen Identität. Je größer die geschilderten Ungeheuerlichkeiten und je brüchiger die Identitätsreste, desto größer der Eindruck der Unglaubwürdigkeit. Simon Wiesenthal berichtete einmal vom Vergnügen der SS-Leute in den Vernichtungslagern, wenn sie den Gefangenen zynisch vor Augen hielten: „Stellen Sie sich nur vor, Sie kommen in New York an, und die Leute fragen Sie: ‚Wie war es in den deutschen Konzentrationslagern? Was haben sie da mit euch gemacht?‘ (...) Sie würden den Leuten die Wahrheit erzählen. (...) Und wissen Sie, was dann geschehen würde? (...) Sie würden Ihnen nicht glauben, würden Sie für wahnsinnig halten, vielleicht sogar in eine Irrenanstalt stecken." Auch Herr A. wird mit den Worten aus der Haft entlassen, er würde keine Menschen finden, die ihm seine Geschichte glaubten. Es gebe keine Anklage, keinen Prozeß, kein Urteil, nichts Schriftliches. Lediglich ein von Herrn A. unterschriebenes Geständnis, in dem er sich für die freundliche Behandlung bedankt.

Die Erlebnisse der erniedrigenden, ehrverletzenden sexuellen Mißhandlungen lassen Herrn A. aussprechen, er wäre lieber gestorben. Es gibt eigentlich keinen Patienten, männlich oder weiblich, in unserer Einrichtung, der aus dieser Region stammt und keine sexuellen oder schamverletzenden Mißhandlungsfolgen beklagt. In der Haft in Diyarbakir sind schon viele Menschen unter der Folter gestorben. Diese Fälle sind sowohl von amnesty international als auch von der türkischen Menschenrechtsstiftung dokumentiert.

Theoretisch ist für jede der nachgewiesenen, altersentsprechenden narbigen Veränderungen eine alternative Geschichte konstruierbar. Dafür bedarf es nur einer Portion Bösartigkeit oder enttäuschten Vertrauens. Im vorliegenden Fall mußte aus der Gesamtschau der Beurteilungsmaßstäbe gefolgert werden: Es handelt sich mit an Sicherheit grenzender Wahrscheinlichkeit um einen Folterüberlebenden.

Nach seiner erfolgreichen Flucht entschieden das Bundesamt und das Verwaltungsgericht über Herrn A. und seine Gründe zur Flucht. Das Bundesamt für die Anerkennung ausländischer Flüchtlinge lehnte asylrelevante Gründe ab. Bei der Begutachtung ging es folglich um die Feststellung, ob durch die dargestellte Folter ein Abschiebehindernis angenommen werden könne. Es ging für das Gericht also um die Frage, ob im Falle einer Abschiebung erneute Folter zu befürchten sei. Vor diesem Hintergrund ist es unter ethischen Gesichtspunkten zuweilen schwierig zu entscheiden. Im dargestellten Beispiel erhoben sich keine Zweifel.

Die ärztliche Beurteilung körperlicher Folterspuren kann auf eine Antwort zur Frage einer Suizidalität nicht verzichten. Einige Patienten schildern sich als gefährdet. Ihre Phantasien kreisen täglich um Formen, sich das Leben zu nehmen. Einige Patienten haben Suizidversuche hinter sich. Andere wiederum leugnen diese Möglichkeit trotz offenkundiger Resignation und Depression aus religiösen Verpflichtungen. Die Gefährdung durch Selbsttötung bedeutet einen starken Druck für den gutachternden Arzt. Der Druck kann so massiv werden, daß gutachterliche Neutralität nicht durchzuhalten ist. Eine nur oberflächliche Darstellung von Suizidalität in einer Stellungnahme verbietet sich daher. Wenn bei einem Patienten Hinweise auf Suizidalität erkennbar werden und er sich nicht in regelmäßiger ärztlicher Behandlung oder dichter sozialer Kontrolle befindet (was bei alleinstehenden Flüchtlingen häufig nicht der Fall ist), wird zwangsläufig eine therapeutische Situation entstehen.

Ernstgemeinte und ernstgenommene Suizidabsichten müssen zur Stützung eines Menschen führen. Sie sind daher auch notwendigerweise in das formale Asylverfahren einzuführen, da eine begründete Suizidtendenz als Abschiebehindernis gewertet werden muß. Dies gilt selbstverständlich nicht nur für Folterüberlebende. Zwanzig Suizide in Abschiebehaft allein im Jahre 1994 sind Mahnung und Warnung. Ziele der Stellungnahmen und gutachterlichen Äußerungen sind die Zeugenschaft für die erlittene Folter (wichtiger Aspekt der Behandlung!), die therapeutische Orientierung im traumatischen Geschehen, die Planbarkeit von langfristiger Behandlung sowie die Beantwortung der Frage, ob eventuell Jahre später gestellte Forderungen nach Entschädigungen gestellt werden können. Die Berechtigung solcher Forderungen muß mit einer gewissen Eindeutigkeit festgestellt werden, damit die Reparationsansprüche nicht leicht abgewehrt werden können. Reparationen sind vor internationalen Gerichtsinstanzen einklagbar. Wenngleich Entschädigungen in vielen Staaten, die durch ihre Militärs und Polizei foltern lassen, nicht erreicht werden können, so ist der Nachweis von Folter nach dem Sturz eines Folterregimes für den inneren Frieden in einigen Ländern von herausragender Bedeutung, wenn sich eine Gesellschaft ihrer Geschichte stellt und sie zu verarbeiten sucht.

Einem verständigen Menschen stellen sich jetzt sicher die Fragen: Ist der ganze Aufwand der Begutachtung, der Befragung und Untersuchung überhaupt gerechtfertigt, ist er notwendig? Gibt es nicht andere Wege zur Biographie eines Flüchtlings? Findet durch die Form der Befragung und Untersuchung vielleicht eine Retraumatisierung statt? Soll man überhaupt seine Nachweismethoden von Folterfolgen öffentlich machen? Führt das nicht zur Verfeinerung der Methoden durch die Folterer? Solche Fragen kommen uns auch in den Sinn. Sie sind Teil unserer andauernden Ambivalenz zu unserer Rolle im gegenwärtigen Asylverfahren. Völlig ohne Ambivalenz ist dagegen unsere Haltung zum Schutzbedürfnis und zur Behandlungsbedürftigkeit von traumatisierten Flüchtlingen.

„Wie ein Tropfen Wasser ...“ Der Alltag von Asylbewerbern und die Sozialarbeit mit Folterüberlebenden

Von Frank Merkord

Die Arbeit des Sozialarbeiters besteht im wesentlichen aus Telefonaten, dem Schreiben von Briefen, Informationsbeschaffung, Beratung, Vermittlung von Kontakten und einem nicht endenden Tauziehen und Verhandeln mit den Behörden. Die Arbeit ist mühselig und von Enttäuschungen begleitet. Um so größer ist die Freude bei Erfolgserlebnissen, wenn ein Patient Asyl bekommt oder eine Wohnung findet. Um zu verdeutlichen, mit welchen Schwierigkeiten Sozialarbeit zu kämpfen hat, werden im Folgenden zunächst die Rahmenbedingungen, unter denen Flüchtlinge in Deutschland leben, ausführlich geschildert. Durch Ausländer- und Asylgesetze und administrative Vorgaben wurden spezielle Lebensbedingungen für Flüchtlinge geschaffen. Der Alltag von Flüchtlingen unterscheidet sich von dem unsrigen so stark, daß ich im Rahmen dieses Artikels näher darauf eingehen möchte.

Flüchtlinge befinden sich an einem Wendepunkt in ihrem Leben. Verfolgung, Krieg und Gewalt im Heimatland und anschließende Flucht bedeuten soziale und kulturelle Verluste, Trennungen und Brüche. Flüchtlinge befinden sich in einer für sie neuen Umgebung. Sie beherrschen die Sprache nicht, und die ungeschriebenen Regeln des Exillandes sind ihnen unbekannt. Daraus resultieren persönliche Desintegration und Identitätsverlust.

Aufnahmeverfahren

Sofern Flüchtlinge Deutschland erreichen, werden sie in eigens für sie geschaffenen Einrichtungen untergebracht. Dazu gehören Erstaufnahmeeinrichtungen, Gemeinschafts- oder Sammelunterkünfte. Eine besondere Situation besteht für alleinreisende Kinder und Jugendliche bis zur Asylmündigkeit mit 16 Jahren. Sie werden in betreuten Einrichtungen untergebracht. Den Erstaufnahmeeinrichtungen sind die Behörden angegliedert, die mit Flüchtlingen befaßt sind, also auch Polizeidienststellen oder Bundesgrenzschutz. Ziel der Asylpolitik ist es, den Aufenthaltsstatus der Asylsuchenden innerhalb von drei Monaten so weit abzuklären, daß diejenigen, die nicht aufgenommen werden, ausgewiesen, abgeschoben oder in Abschiebehaft genommen werden können. Gelingt das nicht in der vorgesehenen Zeit, werden Flüchtlinge aus dem Erstaufnahmelager in Sammellager überführt. Beide Lagertypen unterscheiden sich vom Charakter her nicht wesentlich. Erst nach einem Jahr besteht für einen Asylbewerber die Möglichkeit, daß er in einer kleineren Einrichtung untergebracht wird. Leider geht die Tendenz in die Richtung, die kleineren Einrichtungen aufzulösen.

Asylantragsteller müssen ihre Pässe und andere Dokumente zur Person und Anreise abgeben. Damit einher geht eine kurze, formale Befragung zu Herkunft, Reiseroute und bisherigen Aufenthalten. Es kann eine körperliche Durchsuchung stattfinden, bei der Bargeld und Schmuck zur Finanzierung von Verfahrensmaßnahmen beschlagnahmt werden dürfen. Die persönlichen Daten werden im Ausländerzentralregister verglichen und gespeichert. Anschließend erfolgt die Vermittlung des Aufenthaltsortes über ein zentralisiertes Computersystem. Sie dürfen ab jetzt den zugeteilten Aufenthaltsort ohne Genehmigung der Behörden nicht mehr verlassen. Der Wunsch nach Zusammenführung mit in Deutschland lebenden Verwandten wird in den meisten Fällen nicht berücksichtigt. Die Einweisung ins Lager beginnt mit einer erkennungsdienstlichen Behandlung. Danach wird ein Laufzettel mit den Terminen der nächsten Stunden und Tage (Untersuchung beim amtsärztlichen Dienst, Anhörung, kurze Belehrung über die eigene Mitwirkungspflicht) ausgeteilt. Es folgt die Zuweisung von Schlafplätzen.

Das Personal, das die Flüchtlinge verwaltet, ist bei verschiedenen Behörden und Betreibern beschäftigt, untereinander hierarchisch gegliedert und hat unterschiedliche Aufgaben. Den Füchtlingen erscheinen die einzelnen Teile der Administration jedoch als ein Ganzes, als die „andere" Seite, pauschal „Polizei" genannt.

Der Ablauf der Aufnahme und die Art der ersten Befragung lassen die Motive der Menschen zur Flucht weitgehend außer acht. Nach ihrem Befinden wird nicht gefragt. Das Interesse der Behörden gilt dem Reiseweg, vorherigen Aufenthalten und schon eingereisten Verwandten. Ein derartiges Vorgehen signalisiert den Flüchtlingen Desinteresse an ihrer Person und eine niedrige soziale Zuordnung. Diese Behandlung stellt das Selbstbild der Flüchtlinge als Verfolgte und Hilfesuchende in Frage und rüttelt an ihrem Selbstvertrauen.

Asylsuchende sind im Aufnahmeland mit einem administrativen Apparat konfrontiert, der ihnen in dieser technokratischen Vollkommenheit unbekannt ist. So sind Flüchtlinge immer wieder davon überrascht, daß auch Rechtsanwälte, Sozialarbeiter und Ärzte keinen größeren Einfluß auf das Verfahren nehmen können.

Die Anhörung

Im Asylverfahren ist die Anhörung, die innerhalb der ersten drei Tage stattfinden soll, von zentraler Bedeutung. In ihr müssen alle Gründe für die Entscheidung im Asylverfahren zusammengetragen werden. Für eine Verfahrensberatung bleibt so keine Zeit. Der Antragsteller ist aufgefordert, sofort alles zu sagen. Hier stellen sich u.a. die Probleme der fehlenden Sprachkenntnisse und des Analphabetismus. Viele der Flüchtlinge hatten nie Gelegenheit, eine Schule zu besuchen. Entsprechend eingeschränkt ist ihre sprachliche Ausdrucksfähigkeit. Darauf wird im Asylverfahren nicht genügend Rücksicht genommen. Besonders kraß wird dies in den „Flughafenverfahren" sichtbar. Dort findet die Anhörung vor der Einreise statt.

Zur Zeit werden mehr als 90% der Asylsuchenden abgelehnt. Zeitdruck, entfremdete Gesamtsituation und der Verhörcharakter der Anhörung schließen Vertrauen aus. Diese Situation ruft bei zahlreichen Flüchtlingen Erinnerungen an Situationen bei der Polizei und im Gefängnis des Heimatlandes hervor und kann zu krisenhaften Zuständen führen. Eine Ablehnung löst häufig eine schwere psychische Krise aus.

Lager

Obwohl die Flüchtlingslager hinsichtlich ihrer Lage, ihrer Größe und ihres vorherigen Nutzungszwecks unterschiedlich sind, sind sie in ihrem verwaltungstechnischen Aufbau und der inneren Organisation sehr ähnlich. Die großen Wohlfahrtsverbände teilen sich die Unterbringung mit privaten Betreibern, die sich wegen der besonderen Verdienstmöglichkeiten vermehrt in diesem „Geschäft" engagieren. Für die Flüchtlinge ist ihre Unterbringungssituation die von Insassen eines Lagers.

Flüchtlingslager lassen sich nach der Definition des amerikanischen Soziologen Erving Goffman als „totale Institution" bezeichnen. Eine große Zahl von Menschen wird zusammengefaßt und mit Beginn ihres Aufenthalts in Deutschland für eine unbestimmte Zeit gezwungen, an diesen Orten zu leben. Die Lagersituation ist das soziale Milieu, in dem Flüchtlinge ihren Alltag verbringen. Sie haben nur geringen Handlungsspielraum und keine Gestaltungsmöglichkeiten. Fremdversorgung und Reglementierung bestimmen das Leben im Lager.

Flüchtlinge führen in den Lagern ein von der übrigen Gesellschaft weitgehend abgeschlossenes Leben. Dies wird durch die Ansiedlung an entlegenen Orten oder in Industriegebieten, durch schlechte Verkehrsanbindung, Residenzpflicht, Zäune, Stacheldraht und Wachmannschaften erreicht. Die Einweisung in ein Lager stellt einen relativen Freiheitsentzug dar. Von diesem Moment an können die Asylsuchenden nicht mehr selbst bestimmen, wo und wie sie leben wollen. So kann es geschehen, daß sie plötzlich umverlegt werden. Menschen, die im Lager leben und der Aufsicht einer Lagerverwaltung unterstellt sind, stehen unter weitgehender Beobachtung, Kontrolle und Beurteilung. Die von ihnen bewohnten Räumlichkeiten können jederzeit durch Mitarbeiter oder Polizei betreten und auch durchsucht werden. Der Empfang von Besuch wird zeitlich kontrolliert und ist nur mit Ausweis und Eintrag in eine Namensliste möglich. Der Aufenthalt außerhalb des Lagers ist mit Schwierigkeiten verbunden. Flüchtlinge sind oft ohne Bekannte in der näheren Umgebung. Landsleute finden sich meist nur in Städten. Für eine Teilnahme am gesellschaftlichen Leben fehlt das Geld. Ein Kennenlernen der neuen Umgebung und das Entstehen von Beziehungen zur deutschen Bevölkerung ist unter diesen Bedingungen schwerlich möglich.

Da das Leben in den Lagern den meisten Flüchtlingen nicht gefällt, wollen sie die Lager möglichst schnell verlassen. Nur außerhalb der Lager haben sie die Möglichkeit zu Kontakten. Kontakte zu Landsleuten, neue Beziehungen und Freundschaften sind Voraussetzung für eine menschenwürdige Lebensführung. So kommt es, daß trotz Residenzpflicht in vielen Lagern gerade in ländlichen Gegenden ein Teil der Bewohner nicht anzutreffen ist.

Mit dem Aufbau der Lager und nach etlichen Reformen des Asylverfahrensgesetzes sind erstmals seit Kriegsende wieder Polizeibefugnisse auf Lagerleitungen übertragen worden. Offizielle Begründung für die Existenz von Lagern ist die Notwendigkeit, Wohnraum zu schaffen und damit Obdachlosigkeit zu vermeiden. Die Lagerunterbringung kann rechtlich nicht dem Wohnen zugeordnet werden. Nach bestehender Rechtsprechung erfüllt diese Unterbringung nicht das Mindestmaß an Lebenskreisgestaltung.

Verlorene Zeit

Während des Lageraufenthalts müssen Flüchtlinge sich den Behörden zur Verfügung halten. In den Lagern herrscht Langeweile. Die Tage gleichen sich, und die Insassen verbringen den größten Teil der Zeit mit Warten und Grübeln über ihre Zukunft. Sie haben Heimweh und schmerzliche Erinnerungen an ihre Familien. Für Aktivitäten und Freizeitgestaltung existieren im Lager keine Angebote. Diese erzwungene Untätigkeit führt zu Dauerstreß. Für Asylbewerber besteht ein faktisches Arbeitsverbot. Flüchtlinge können allerdings direkt von der Heimleitung für 2,– DM/Std. oder auch ohne Bezahlung zu Arbeiten herangezogen werden, die der Durchführung des Lagerbetriebs dienen. Obwohl dies eine extreme Unterbezahlung darstellt, würden viele Insassen auch gerne derartige Arbeiten verrichten, um der Langeweile zu entrinnen. Allerdings sind es nur wenige, die zu Hilfsdiensten wie Übersetzen, Essenausteilen und Ordnungstätigkeiten herangezogen werden. Auf Dauer besteht die Gefahr, daß erlernte Fähigkeiten verkümmern und die persönliche Fähigkeit zur Realitätsbewältigung verlorengeht. In jeder leistungsorientierten Gesellschaft bedeutet individuelle Untätigkeit gesellschaftliche Abwertung und Stigmatisierung.

Entbehrungen

In Lagern bis zu 1000 Betten verbringen Menschen verschiedener Sprachen, Religionen und politischer Einstellungen ihr tägliches Leben in unmittelbarer Gemeinschaft. Eine Möglichkeit, sich zurückzuziehen, existiert nicht. Toiletten und Duschen sind häufig nicht verschließbar, oder es fehlen Trennvorrichtungen. Das in unserer Gesellschaft so bedeutende Recht auf eine geschützte Privatsphäre gibt es nicht. Lager bedingen Zwangsgemeinschaften. Individuelle Unterschiede und Bedürfnisse werden nivelliert.

Flüchtlinge unterliegen dem Asylbewerberleistungsgesetz. Seine Verfasser haben mit diesem Sondergesetz deutlich gemacht, daß Flüchtlingen nicht zusteht, was in diesem Land als Existenzminimum definiert ist. So haben Asylbewerber keinen Anspruch auf Leistungen in Form von Bargeld. Für sie gilt die Sachleistungsversorgung auf der Basis eingeschränkter Bedürfnisse, darüber hinaus steht ihnen ein Taschengeld von 40,– bis 80,– DM monatlich zu. Telefonieren mit Angehörigen in der Heimat oder einem Rechtsanwalt ist fast ausgeschlossen. Meistens fehlt es bei der Ankunft an ausreichender Kleidung. Diese kann nicht in Geschäften gekauft werden, sondern muß in Kleiderkammern zusammengesucht werden. Ein Buch oder eine Zeitung zur Pflege der eigenen Gedankenwelt und als Verbindung zum Geschehen in der Heimat werden ebenso wie Briefe (Porto!) zum unerschwinglichen Luxus. Für Eltern mit Kindern ist die Situation noch belastender, weil kein Kindergeld gezahlt wird.

Flüchtlinge haben in den meisten Fällen ihr Eigentum verloren. Menschen pflegen ihr Eigentum emotional zu besetzen, und eine Garnitur persönlicher Sachen hat immer eine besondere Bedeutung für Menschen. So gehört die Ausstattung der näheren Umgebung mit persönlichen Dingen zur Aneignung des eigenen Platzes. Dies ist um so wichtiger, als es sich in den Unterkünften um zugewiesene Plätze in Mehrbettzimmern handelt, in denen sich auf engstem Raum eine größere Anzahl von Menschen mit ihren verbliebenen Habseligkeiten eine Privatsphäre aufbauen muß. In diesem Zusammenhang ist es schon von Bedeutung, ob neben dem Bett ein Schrank mit einem Schloß vorhanden ist.

Viele Asylbewerber machen die Erfahrung, daß ihr Name verändert wird. Das Personal ist oft nicht in der Lage, den richtigen Namen des Flüchtlings zu erfassen. Titel werden meist übergangen.

Da Asylbewerbern nur Sachleistungen gewährt werden, erhalten sie Wertgutscheine oder Nahrung in Form von Eßpaketen oder Tellergerichten, die von Großlieferanten zusammengestellt werden. Individuelle und soziale Gewohnheiten und

Selbstbestätigungsmuster werden hierdurch beschnitten. Essen ist mehr als Nahrungsaufnahme. In der Zubereitung eines schmackhaften Essens und dem gemeinsamen Essen gewohnter Speisen liegt die Verbindung zur verlorenen Heimat. Über die Entwertung der Nahrung und des Essens findet auch eine Entwertung der sozialen Rolle der Frauen statt, in deren Verantwortung die Ernährung der Familie liegt. In den letzten Jahren hat sich an der Frage des Essens der größte Unmut in den Lagern entzündet. Es kam in allen Bundesländern zu teilweise heftigen Auseinandersetzungen zwischen Asylbewerbern und Personal.

Verminderter Anspruch auf Gesundheit

Nach dem Gesetz haben Flüchtlinge nur eingeschränkten Anspruch auf Krankenhilfe. Dadurch wird vorsätzlich ihre Gesundheit gefährdet. Nur bei akuten Erkrankungen und Schmerzzuständen ist eine Behandlung zulässig. Üblicherweise muß ein erkrankter Asylbewerber zum Sozialamt gehen, um sich einen einmaligen Behandlungsschein zu holen. Er wird oft auch erst zum Amtsarzt geschickt, der eine Behandlungsbedürftigkeit prüft. Behandlungen bei chronischen Erkrankungen oder Folgen von Folter und Mißhandlungen werden nur selten genehmigt. Zahnersatz und Prothesen werden zumeist verweigert. Eine psychosoziale Versorgung oder Betreuung wird nicht angeboten. Viele Flüchtlinge sind durch Verfolgung, Krieg oder Mißhandlungen körperlich und seelisch behindert. Manchen fehlen Gliedmaßen, andere sind durch Brandwunden gezeichnet, viele sind ängstlich. In einer Gesellschaft, in der Stärke und Leistung Voraussetzungen für Anerkennung und Erfolg sind, werden solche Behinderungen oft als Fehler und Schwächen gewertet. Bei Betroffenen führt dies häufig zu Vermeidungsverhalten und sozialem Rückzug.

Ein weiteres großes gesundheitliches Problem für sämtliche Lagerinsassen ist mangelnder Schlaf. Für Flüchtlinge, die sich ständig Sorgen um die eigene Zukunft und die der Verwandten in der Heimat machen, ist es schwer, Ruhe zu finden. Aufgrund der andauernden Untätigkeit werden sie nicht müde. Da in den Lagern jedem Flüchtling nur wenige Quadratmeter zur Verfügung stehen, kommt unter diesen Umständen niemand zu einem geregelten Nachtschlaf. Unter diesen Bedingungen entwickeln viele Insassen Angst vor der Nacht und dem Schlaf.

Entwürdigend und gesundheitsgefährdend ist auch die Verunreinigung bzw. mangelnde Reinigung der Räumlichkeiten wie Flure, Duschen und Toiletten, von Matratzen und Bettwäsche. So trifft man in Lagern meist auf katastrophale hygienische Verhältnisse. Das gemeinsame Benutzen der Gegenstände, Betten, sanitären Anlagen bedeutet einen erzwungen sozialen Kontakt. Nicht selten berichten Insassen von Ekelgefühlen, bis hin zum Gefühl der inneren Verunreinigung.

Zwischenmenschliche Beziehungen

Die Beziehungen zu Ehepartnern oder Kindern werden durch die Bedingungen des Lagers stark beeinflußt. Die Möglichkeit, Liebesbeziehungen und Sexualität in einer befriedigenden Weise auszuleben, ist stark eingeschränkt, denn in den überfüllten Räumen, in denen sich alle Aktivitäten abspielen, gibt es keine private Atmosphäre. Familien wohnen ständig mit ihren Kindern in einem Raum. Das kann zu verkrampften und belastenden Situationen führen und begünstigt auf die Dauer brutale Formen der Sexualität, Impotenz und andere sexuelle Störungen.

Weibliche Flüchtlinge sind in den kulturell und geschlechtlich gemischten Zwangsgemeinschaften einer latenten Gefahr sexueller Bedrohung ausgesetzt. Frauen sind in der Minderzahl. Aufdringlichkeiten, sexuelle Belästigungen und Vergewaltigungsversuche sind keine Seltenheit. Bekannt sind Fälle erzwungener Prostitution. Um diese Demütigungen zu vermeiden, sind Frauen gezwungen, sich zurückzuziehen. Obwohl die Probleme von sexueller Unterdrückung und Gewalt sowie ihre Folgen bekannt sind, werden für Flüchtlingsfrauen kaum spezielle Schutzräume angeboten. Frauenspezifische Fluchtursachen werden als Asylgründe nicht anerkannt. Folglich wird die Tatsache sexueller Bedrohung bei der Unterbringung von Asylbewerberinnen kaum berücksichtigt. Auch Flüchtlingsfrauen sind dadurch belastet, daß es traditionell ihrer Rolle entspricht, in schwierigen Situationen für Ausgleich und Entlastung zu sorgen. Sie können daher oftmals eigene Interessen nicht wahrnehmen.

Männer und Frauen klagen über Ehe- und Erziehungsprobleme. Vater und Mutter haben innerhalb der Familie häufig ihren traditionellen Einfluß verloren. Sie erleben sich als hilflos. Die Vorbildfunktion des Vaters hat sich aufgelöst. In diesem Zusammenhang verstärkt die Gewalt, die nicht selten von Männern und Vätern ausgeht, die Schwierigkeiten. Hier wirkt neben dem Dominanzanspruch oft ein Minderwertigkeitsgefühl, das durch die eigene Depotenzierung und Hilflosigkeit verstärkt wird. Für die Kinder bietet das Lagerleben weder kindgerechte Bedingungen noch persönliche Entwicklungsförderung. Es gibt keine Spielräume, die Kinder toben auf dem Flur herum, werden von den Erwachsenen zurechtgewiesen oder in dem einzigen Zimmer zurückgehalten. Vater und Mutter trauen sich oft nicht, die Kinder nach draußen in die fremde Umgebung zu lassen. Der allgemeinen Schulpflicht wird in ländlichen Gegenden nur ungenügend nachgekommen. Trotzdem finden sich Kinder schnell in ihrer neuen Umgebung ein. Sie können rascher Deutsch sprechen als ihre Eltern, so daß sie für diese Übersetzungsarbeiten leisten. Dabei wird Kindern eine Verantwortung abverlangt, die sie überfordert. Diese Rollenwechsel bilden ein erhebliches Konfliktpotential.

Sozialverhalten und Widerstand

Lagerbewohner bilden wie andere Zwangsgemeinschaften eine eigene Gesellschaft mit spezieller Hierarchie und spezifischen Informationskanälen. In ihr bilden sich bestimmte Formen und Muster der Konfrontation, der Solidarisierungen und auch der Kollaboration. Unter den Umständen von Unterversorgung und Entbehrungen ist es schwer, Verständnis für andere aufzubringen. Der andere wird eher zum Konkurrenten und zum Störfaktor. Häufig trauen Flüchtlinge einander nicht, weil gestohlen wird und weil das Recht des Stärkeren herrscht. Darunter haben besonders Frauen und die in der sozialen und ethnischen Hierarchie Geringgeschätzten zu leiden. So werden Roma und Sinti auch von anderen Flüchtlingen häufig diskriminiert. Es läßt sich feststellen, daß die Bedingungen der totalen Institution der Herausbildung von sozialem Verhalten und Solidarität unter den Insassen entgegenstehen. Hinzu kommt, daß soziale Verbrüderung schnell den Anschein von Widerstand erhält. Sie wird argwöhnisch vom Personal betrachtet. Auf der anderen Seite ist zu beobachten, daß die Überwindung der kulturellen, situationsbedingten und auch persönlichen Barrieren in der Gegenwehr gegen die Lebensbedingungen im Lager zur Wiederbelebung eigener Energiequellen und Fähigkeiten führt. Flüchtlinge nehmen sich wieder als handelnde Menschen wahr. Sie können feststellen, daß ihre Umgebung veränderbar und die äußere Isolierung aufzubrechen ist. Beispiele dafür sind gemeinsame Verteidigung gegen rassistische Angriffe und gemeinsame Proteste gegen das Essen.

Abschiebung und Illegalität

Während ihres Lageraufenthalts erleben Flüchtlinge Ablehnungen, Ausweisungen und Polizei-Razzien zur Festnahme in Abschiebehaft. Das Thema Abschiebung bestimmt die Zeit des Wartens. Die Bedrohung, abgeholt zu werden, kann Flüchtlinge in die Illegalität treiben. Das Leben in der Illegalität bedeutet größere existenzielle Unsicherheit. In dieser Situation sind Flüchtlinge darauf angewiesen, daß sie Hilfe von Landsleuten bekommen oder Kontakte zu Deutschen herstellen können. Illegalität bedeutet Verstoß gegen das Ausländerrecht und damit Kriminalisierung der Betroffenen. Illegale verfügen nicht mehr über Sozialleistungen. Es kommt zwangsläufig zu

Kleinstraftaten, die ebenso wie die Verstöße gegen die Ausländergesetze in die Kriminalstatistiken einfließen und den hohen Anteil der Ausländer an Straftaten „belegen". Als Verdächtige werden Flüchtlinge immer wieder auch Opfer von unangemessenen polizeilichen Maßnahmen. Die Abschiebehaft kann bis zu 18 Monate dauern, auch wenn der Asylsuchende keine Straftat begangen hat. Sie wird angeordnet, um die Identität abzuklären oder um die Rückführung von abgelehnten Asylbewerbern vorzubereiten. In dieser Extremsituation liegt das Schicksal der Asylbewerber ganz in der Hand der bundesdeutschen Behörden. Für einige geht es subjektiv um eine Frage von Leben und Tod. Immer wieder kommt es in Abschiebehaft auch zu Selbsttötungen.

Das Personal

Das in der Flüchtlingsverwaltung tätige Personal bildet keine homogene Gruppe. Die gemeinsame Aufgabe aller Beteilligten besteht allerdings darin, einen reibungslosen Arbeitsablauf und eine effektive „Abwicklung" der Asylverfahren zu ermöglichen. Dafür wurden die beteiligten Behörden in den zentralen Anlaufstellen konzentriert, die Datenübermittlung wurde ausgebaut und die Zusammenarbeit intensiviert. Das Personal steht vor der Aufgabe, eine restriktive Behandlung durchführen und rechtfertigen zu müssen. Für einige Beschäftigte verursacht dies einen persönlichen Konflikt. Es bestehen eine allgemeine Arbeitsüberlastung und eine seelische Belastung durch die Konfrontation mit den Flüchtlingen, gegen die sich auch das Personal schützen muß. Hierbei hilft es den beteiligten Mitarbeitern unter Umständen, die Perspektive der Behörde einzunehmen und das eigene Handeln als notwendig zu betrachten. „Wenn ich es nicht mache, tut es ein anderer", oder „Es gilt, dem Asylmißbrauch Einhalt zu gebieten." Diese automatische Identifizierung ist ein grundlegendes Mittel sozialer Kontrolle. In der Flüchtlingsadministration gibt es jedoch auch nicht wenige Beschäftigte, die Verständnis für einzelne Flüchtlinge und ihre unwürdige Situation aufbringen. Es sind immer wieder diese MitarbeiterInnen, die Asylsuchenden zu ihrem Recht verhelfen.

Auswirkungen des Asylstatus – Zusammenfassung

Die meisten Flüchtlinge bringen ein falsches Bild über die Situation in Deutschland mit. Das erschwert ihre Einsicht in die neue Lage und führt häufig zu schweren Enttäuschungen. In dem idealisierten Bild von den Deutschen ist die eigene „Minderwertigkeit“ bereits angelegt. Ablehnungen, Vorurteile und Fehlurteile können zur Verbitterung führen und psychische Störungen und Erkrankungen hervorrufen. Das Gefühl, überflüssig zu sein, fördert den Verlust des Selbstwertgefühls und der Selbstachtung. Flüchtlinge sind gezwungen, im Objektstatus zu verharren, was einer weitgehenden Entmündigung und Enteignung ihrer persönlichen Autonomie entspricht. Der Zwang zur Anpassung an eine sinnentleerte Lagerwelt und der Zwang zur Untätigkeit fördern den Prozeß der Regression, ein Zurückfallen in frühere Entwicklungsstufen. Folgen sind die große Hilflosigkeit der Insassen und ein häufig unangemessenes Verhalten. Depressive Verstimmtheiten bis hin zu Todesgedanken werden von Flüchtlingen als die häufigsten Probleme beschrieben.

Angst ist die ständige Begleiterin im Leben von Flüchtlingen. Das Gefühl der Unzulänglichkeit und Nutzlosigkeit und eine ungewisse Perspektive erzeugen darüber hinaus eine ständige innere Anspannung. Zudem ist es Asylbewerbern nicht möglich, zur Unterstützung von Angehörigen in der Heimat beizutragen, die oft die Kosten der Flucht mitgetragen haben und die Rückerstattung erwarten. Das verstärkt vorhandene Schuldgefühle und Selbstanklagen. Flüchtlinge machen sich außerdem oft Vorwürfe, weil sie selbst überlebt haben, während Angehörige weiter Verfolgung und Gefahr ausgesetzt sind.

Warum beschreibe ich das hier? Mediziner, Therapeuten und insbesondere die Sozialarbeiter sind in ihrer täglichen Arbeit mit den Auswirkungen dieser Lebensbedingungen konfrontiert. Wir stellen fest, daß der Leidensdruck unserer Patienten zum Teil aus den aktuellen Verhältnissen entsteht. Die folterbedingten Persönlichkeitsveränderungen machen es ihnen zum einen schwerer, im Leben und mit den Lebensbedingungen während des Asylverfahrens zurechtzukommen, zum anderen können sich auf Dauer Ohnmachtsgefühle und andere durch die vorausgegangene Folter verursachte Symptome verfestigen und verstärken.

Die Aufgabe der Sozialarbeit ist es, den Patienten die Verbesserung ihrer sozialen Situation zu ermöglichen und ihnen die ihnen gesetzlich zustehenden Leistungen und Angebote zu vermitteln. Dabei geht es um aufenthaltsrechtliche Probleme, die Vermittlung von Rechtsanwälten, die Wohnsituation, die Bewegungsfreiheit im Lande, die Frage der materiellen Versorgung, die Krankenversorgung durch niedergelassene Ärzte, Sprachkurse, den Zugang zu gesellschaftlichen Einrichtungen, Vermittlung von kulturellen Angeboten, Bildung, die Einschulung der Kinder, die Aufhebung der persönlichen Isolation, den Schutz vor fremdenfeindlichen Angriffen und die Aufklärung über das soziale, politische und kulturelle Leben im Exilland. Ferner geht es darum, den Patienten in allen sozialen Konflikten beratend und vermittelnd zur Verfügung zu stehen. Nicht selten ist es auch erforderlich, regulierend einzugreifen, z.B. gegenüber Behörden, bei Familienkonflikten oder Eheproblemen. Patienten sind zumeist nicht in der Lage, den bürokratischen Anforderungen zu genügen und regelmäßig Termine wahrzunehmen. Dies erfordert Aufklärungsarbeit bei öffentlichen Stellen und auch anderen Kontaktpersonen.

Es ist wichtig, diesen Teil der Arbeit so weit wie möglich für die Patienten durchschaubar zu machen und sie mit einzubeziehen. So sollen sie erfahren, wie Anträge gestellt werden,

Zuständigkeiten verteilt sind und wie man mit wem redet. Die Patienten sollen befähigt werden, nach und nach wieder Entscheidungen für sich selbst zu treffen. Vielfach schafft die Sozialarbeit erst die Voraussetzungen für eine Psychotherapie. Z.B. müssen Patienten, die aus anderen Bundesländern zu uns kommen, eine Umverteilung nach Berlin beantragen, damit eine kontinuierliche Behandlung möglich wird. Ein ständiges Problem ergibt sich aus dem ungesicherten Aufenthalt. Sozialarbeiterische Unterstützung bei der Aufenthaltssicherung, die Verbesserung der Lebensbedingungen, kleine Freuden und die Gewißheit, nicht allein zu sein, entspannen und stabilisieren die Situation oft erst so weit, daß eine aufdeckende Therapie möglich wird. Unseren Patienten, die sich fern von ihrer gewohnten Umgebung noch in einem Niemandsland befinden, muß geholfen werden, aus ihrem Schwebezustand herauszutreten und sich in der neuen Realität zu verankern. Sprachkenntnisse spielen dabei eine wichtige Rolle.

Bei fast allen Patienten ist das Grundvertrauen erheblich beschädigt. Mit dem Vertrauensverlust hat sich auch die Fähigkeit zur Aufnahme emotionaler Beziehungen verringert. Wiedergewinnung von Vertrauen und der Aufbau einer Beziehung zwischen Sozialarbeiter und Patient gehören zu den wesentlichen Behandlungszielen. Dies setzt persönliche und politische Offenheit beim Sozialarbeiter voraus. Politische Offenheit meint klare Stellung gegen die Folter, die das Leben des Patienten zerstört hat. Sie meint auch eine klare Stellung zu den Lebensbedingungen im Exil. Persönliche Offenheit heißt, sich einfühlen und sich einlassen zu können. In einer solchen Atmosphäre lassen sich Brücken schlagen. Natürlich müssen die eigenen psychischen Grenzen und der persönliche Horizont berücksichtigt werden.

Die Beziehungsaufnahme gestaltet sich bereits mit den ersten Kontakten. Zu Anfang ist den Patienten noch unbekannt, um was für eine Einrichtung es sich beim Behandlungszentrum handelt. Einige Patienten kommen mit der Vorstellung, wir seien Teil der staatlichen Flüchtlingsadministration. Im allgemeinen wissen Patienten, daß es bei uns besondere Hilfen gibt.

An unsere Ärzte richten sich häufig die ersten Erwartungen. Psychotherapie dagegen ist für viele etwas Unbekanntes. Vielfach sehen die Patienten das Angebot der Psychotherapie als Zeichen ihres eigenen Scheiterns an. Es ist daher sehr wichtig, daß wir in den ersten Kontakten unsere Arbeitsweisen und unser Verständnis von Folter deutlich machen und die verschiedenen Hilfen darstellen. Danach suchen wir ein schon vorhandenes Netzwerk der Unterstützung fest zu verknüpfen. Wir respektieren und akzeptieren die Menschen, die zu uns kommen. Wir hören ihnen zu. Wir zeigen, daß wir ihre Erzählungen aushalten können und ihnen glauben. Wichtig ist ein gewisses Maß an Anteilnahme und Empathie. Wir wissen, daß Flüchtlinge bei uns das erste Mal eine solche Erfahrung machen.

Gegenüber den Erwartungen der Patienten müssen wir oft unsere Grenzen darstellen. Wir können niemand versprechen, daß er Asyl erhält. Auch können wir unsere Patienten nicht aus ihrer oft menschenunwürdigen Lagerunterbringung entlassen. Selbstverständlich verfassen wir in Fällen, in denen die Krankheits- oder Verfolgungsgeschichte unserer Patienten nicht erkannt wird, mit Einverständnis der Patienten Stellungnahmen für die Behörden. Genauso setzen wir uns in jedem Einzelfall aus therapeutischen Gründen für bessere Lebensbedingungen ein. Die Klärung der Erwartungshaltung und unserer Grenzen begleiten die Arbeit und müssen immer wieder thematisiert werden. Klarheit und die Vermeidung von Enttäuschungen aufgrund unerfüllbarer Erwartungen sind eine wesentliche Bedingung für das angestrebte Vertrauensverhältnis.

In der Beziehung zum Patienten versuche ich den Ort zu schaffen, an dem er oder sie sich sicher fühlen kann. An diesem Ort soll es möglich sein, Gespräche über Erlebnisse und Gefühle im Exil zu führen. Hilflosigkeit und Ohnmacht dürfen thematisiert werden. Der Patient kann hier die Erfahrung machen, daß seine Gefühle und seine Reaktionen normal und angemessen sind. Ich versuche, ein Bild vom Exilland entstehen zu lassen, das dem Patienten hilft, seine subjektiven Erfahrungen in einen Kontext einzuordnen und zugleich differenziert zu beurteilen. Auf diese Weise erweitere ich seinen Handlungsspielraum. Dafür ist es auch wichtig, gemeinsam die Stärken des Patienten herauszufinden. Kleinste eigene Schritte können zu Erfolgserlebnissen für den Patienten führen und dadurch sein Vertrauen zu sich selbst stärken.

In meinen Kontakten mit Patienten lasse ich mir gern von ihnen berichten, wie sie früher in ihrer Heimat gelebt haben, mit wem sie zusammengelebt haben, was ihnen Spaß gemacht hat und wie die politischen Verhältnisse dort sind. Solche Gespräche über Erinnerungen sind erfahrungsgemäß eine wichtige Quelle persönlicher Ressourcen. Häufig ändert sich dann spontan das momentane Befinden, und ich erlebe die Menschen aktiv, spannend und kompetent. Außerdem ist dies eine gute Gelegenheit, sich über das Geschehen in der Welt aus erster Hand und aus unterschiedlichen Perspektiven zu informieren. Inzwischen habe ich viele interessante Menschen kennengelernt, deren Erfahrungen und Sichtweisen für mich eine Bereicherung sind.

Wichtig ist es, das soziale Beziehungssystem der Patienten zu erweitern. Soweit erreichbar, sollten Kontakte zur Familie, zu Freunden oder anderen Personen, die aus demselben Dorf oder gegebenenfalls derselben Organisation kommen, aktiviert werden. Für den Heilungs- und Stabilisierungsprozeß ist der Austausch mit Personen derselben Herkunft und die Wiedererfahrung der eigenen sozialen Identität von großer Bedeutung.

Während des Behandlungszeitraums kommt es von Zeit zu Zeit zu sozialen Katastrophen und psychischen Einbrüchen, z.B. bei Ablehnung im Asylverfahren, Wohnheimwechsel, besonders schikanöser Behandlung, fremdenfeindlichen Angriffen oder bei schlechten Nachrichten aus der Heimat. In solchen psychosozialen Krisensituationen wird die Stabilität und Tragfähigkeit der Beziehung zwischen Behandler und Patient auf die Probe gestellt. Gespräche mit viel Raum für Enttäuschung, Trauer und Verzweiflung und eine gemeinsame Suche nach dem kleinen Licht der Hoffnung bestimmen diese Phasen.

Zu den Problemen des Sozialarbeiters gehören auch seine eigenen Schwierigkeiten, mit der Thematik umzugehen. Wieviel Offenheit und Verständnis habe ich? Wieviel Schmerz kann ich ertragen und stehenlassen? Wie kann ich Grenzen für mich setzen? Ich muß mich bei dieser Arbeit davor schützen, in die Probleme des Patienten verstrickt und als Behandler gelähmt zu werden. Es ist nicht leicht, zu einer Distanz zu finden, bei der das Einfühlungsvermögen nicht verloren geht. Immer wieder stoße ich dabei auch auf meine Fallen, Vorurteile und Abwehrmechanismen.

Das alltägliche Miterleben der Auswirkungen der Verschärfungen des Asylrechts auf die Flüchtlinge stellt eine besondere Belastung dar und fordert die ständige Auseinandersetzung mit den Verhältnissen im eigenen Lande.

Mein Leben ist wie ein Tropfen Wasser, der auf meiner Hand liegt. Die Hand zittert und wackelt, und der Tropfen schliddert auf der Hand hin und her und droht abzustürzen. Meine Hoffnung ist es, daß meine Hand hier zur Ruhe kommt und ich wieder gesund werde.
(Patient aus dem Libanon)

Alles Vergessen! – Gedächtnisstörungen bei Flüchtlingen mit Foltererfahrung

Von Sepp Graessner, Salah Ahmad und Frank Merkord

„Und ob es nun um soziale oder um persönliche Identität geht, unterscheidet sich falsche Darstellung, man sei, was man nicht ist, von falscher Darstellung, die beweisen will, man sei nicht, was man ist.“
(Goffman, 1967, S. 82)

Asylbewerber mit einer Vorgeschichte von Folter und Haft, die eine Behandlung ihrer Störungen und Krankheiten wünschen, verweisen oftmals auf die Protokolle ihrer Anhörung vor dem Bundesamt für die Anerkennung ausländischer Flüchtlinge. Wir lesen diese vielfach gekürzten Aufzeichnungen grundsätzlich erst nach den ersten, beziehungskonstituierenden Gesprächen, die wir mit der Unterstützung von Dolmetschern mit den Patienten führen. Dabei ergeben sich meist völlig andere Akzentuierungen zur eigenen Verfolgungsgeschichte. Die feststellbaren Abweichungen von den Angaben im Anhörungsprotokoll werden um so auffälliger, je länger sich eine Beziehung gebildet hat. Obwohl dies naheliegend erscheint, führt es zwangsläufig zu Irritationen bei Anhörern und Richtern: Wie ist es möglich, daß so differierende Versionen einer persönlichen Biographie erzählt werden? Warum erhalten die Behandler im Behandlungszentrum detailliertere, aber auch andere Angaben, die der Bewerber bei uns nicht vorträgt? Ist es nicht folgerichtig, wenn wir ungenügende Glaubwürdigkeit unterstellen?

Dabei müßte es doch erst Verdacht erregen, wenn in zwei völlig unterschiedlichen Situationen mit unterschiedlichen Gesprächs- und Fragetechniken ein und dieselbe Version dargestellt würde.

Die Protokolle offenbaren vielfach eine Fragetechnik, die sich in der Form und im Ziel erheblich von der unseren unterscheidet, speziell was den Respekt vor der Gesamtpersönlichkeit eines Flüchtlings betrifft. Würde und kulturgebundene Ehre sind ja vielfach die einzigen Merkmale, die die Flüchtlinge mitnehmen können. Das hat uns veranlaßt, Überlegungen zu den Gründen und zur Bedeutung der Störeinflüsse anzustellen, die sich seitens der Bewerber, ihrer Biographie, Kultur und Erinnerungsform, aber auch durch äußere Ursachen in die Darstellung vor deutschen Behörden drängen.

Flüchtlinge, die Haft, Folter und Flucht überlebt haben, müssen sich in Deutschland einer Anhörung unterziehen, in der sie ihre persönliche Verfolgungsgeschichte kohärent und überzeugend darstellen sollen. Wenn die Anhörer und Entscheider zu der Überzeugung gelangen, daß die Darstellung widersprüchlich oder inhärent ausfällt oder ungenaue Daten enthält, so erhält der Asylbewerber eine Ablehnung seines Asylbegehrens, die er in einem Verwaltungsgerichtsverfahren überprüfen lassen kann.

Wir gehen davon aus, daß Asylbewerber, die ein massives individuelles Verfolgungsschicksal mit allen posttraumatischen Störungen aufweisen, nicht in der Lage sein können, widerspruchsfreie und exakte Angaben zu ihrer Biographie zu machen. Ihnen wird daher in zahlreichen von uns dokumentierten Fällen fälschlicherweise von der Behörde versuchte Täuschung oder übersteigertes Begehren unterstellt.

Anhörung und desorientierende Einflüsse

So können sich in die Anhörung desorientierende Störeinflüsse einschleichen: Im allgemeinen handelt es sich um sprachlich vermittelte Interviews. Der Dolmetscher genießt nicht a priori das Vertrauen des Asylbewerbers. Die Rahmenbedingungen sind streßbesetzt, weil der Bewerber ahnt, daß seine zukünftige

Aufenthaltssituation von der nächsten Stunde abhängt. Eine immer wieder unterbrochene Selbstdarstellung von oft 45 Minuten entscheidet über die Lebenschancen eines Bewerbers. Die subjektiven Ängste können sich in dieser Periode nicht auflösen. Die Interviews finden selten in einer entspannten Atmosphäre statt. Sie erinnern die Bewerber zuweilen an die Verhöre, denen sie in ihrer Heimat ausgesetzt waren. Die Verhöre in der Heimat waren davon bestimmt, daß die Bewerber nichts sagen wollten, was sie oder andere belastet und was ihnen das Wohlwollen der Verhörer entzieht. Bei der Anhörung vor dem Bundesamt sollen sie durchaus andere belasten und sich zugleich das Wohlwollen der Anhörer sichern.

Vor ihrer Anhörung haben die Bewerber zumeist schon Kontakt mit Behörden gehabt: Ausländerbehörde, Sozialamt, Heimleitung usw. Dort erfahren sie einiges über die ungeschriebenen Gesetze des Umgangs mit Autorität. Sie begegnen Mißtrauen, Abwehr und emotionaler Verschlossenheit. Sie erfahren sich als Gegenstand eines Verwaltungsaktes, und sie erfassen sehr empfindsam die Strömungen, die ihnen gesamtgesellschaftlich entgegenschlagen.

Nach den Änderungen des Asylrechts und der Einrichtung von Zentralen Aufnahmestellen ist die Orientierung in einer lagerähnlichen Umgebung (als totaler Institution, in der alle Lebensäußerungen einer Verwaltung unterliegen) mit retraumatisierenden Assoziationen verbunden. An- und Abmeldung an der bewachten Pforte, Verbot der Entfernung vom Zuteilungsbezirk, räumliche Enge, Hausordnung und die Kontrolle von Besuchern sind beispielhafte Elemente, die Folterüberlebende unmittelbar an ihre Haftbedingungen erinnern. Diese Erinnerungen haben aber keinen präzisierenden Einfluß auf die Traumageschichte, sondern eher eine verwirrende Auswirkung. Jede totale Institution hat eine geistige Desorientierung zur Folge und verfestigt ein Stigma, statt es zu normalisieren.

Das bedeutet, daß die Bewerber geneigt sind, den Anhörern keine „Schwierigkeiten" zu machen. Sie unterwerfen sich dem Ritual, dem sie lediglich eine diffuse Erwartungshaltung entgegenbringen. Wenn die Bewerber gründlich oder mit anwaltlicher Unterstützung vorbereitet in die Anhörung gehen, werden sie den Kern ihrer Verfolgungsgeschichte abspulen und den Ablauf der Anhörung mit ihren Angaben bestimmen. Sie werden auch die Stichworte für überprüfende Nachfragen selbst geben.

Kommen Bewerber allerdings schlecht vorbereitet zum Interview, weil sie der Überzeugung sind, ihre Angaben würden für sich selbst sprechen, so können sie böse Überraschungen erleben. Schlecht vorbereitet heißt hier auch, daß die Bewerber sich mit ihrer Geschichte mit Landsleuten ausgetauscht haben, daß sie zahlreiche Informationen zu Geschehnissen in ihrer Heimat erhielten, die sich, durch Landsleute vermittelt, desorientierend in ihre eigene Geschichte drängen. Diese Informationen können, ohne daß Vorsatz unterstellt werden muß, die eigenen biographischen Details verdrängen und die exakte Erinnerung verfälschen, sofern eine exakte Erinnerung überhaupt möglich ist.

Anhörer als „Infizierte" der Geschichten der Bewerber

Es ist eine wesentliche Tatsache, daß Anhörer – ähnlich wie Strafrichter – mit Ungeheuerlichkeiten konfrontiert werden, die sie in einen Interessenkonflikt drängen: einerseits mit Mitgefühl einem Folterüberlebenden zu begegnen, andererseits das Erfahrene, wenn es sich um von Menschen verursachte Katastrophen handelt, mit Tabuisierung, Relativierung oder Identifikation mit den Tätern zu beantworten.

Als Behandler von Folterüberlebenden wissen wir, daß wir durch die Kumulation des „Unaussprechlichen", der wir uns stellen, infiziert werden, so daß eine unangemessene Distanzierung vom Erfahrenen einsetzen kann:

„So schlimm wird es schon nicht gewesen sein, sonst säße der Betreffende nicht vor mir. Einiges wird sicher übertrieben dargestellt sein. Ganz ohne Grund wird nicht gefoltert worden sein, wer weiß, was der Anteil des Asylbewerbers war, vielleicht hat auch er zuvor mißhandelt. Jedes Opfer weist auch

Täteraspekte auf. Ja, in diesem und jenem Land geht es grausam zu, aber es hängen sich immer wieder Leute an die Geschichte der wirklich Verfolgten ..."

Eine oft zu beobachtende Reaktion auf die Ungeheuerlichkeiten besteht darin, den Bewerber in eine Verhörsituation zu ziehen, um sichtbar zu machen, daß es nicht so gewesen sein kann, wie er es schildert. Dazu werden örtliche, zeitliche und inhaltliche Widersprüche bereitwillig aufgenommen, um die Last des Erfahrenen, die einen Anhörer zum Zeugen macht, zu relativieren. Damit identifiziert sich der Anhörer, ohne sich dessen bewußt zu werden, allmählich mit den Tätern. Dies muß sich zwangsläufig auf den Bewerber auswirken. Er findet im Befragenden nicht den Zeugen, sondern den Zweifler.

Nicht nur Einzelentscheider können sich in diesen Mechanismus der Abwehr verstricken, sondern sogar ganze Gesellschaften: Die Schilderungen von Mißhandlungen, Schikanen und unfairen Prozessen in der DDR wurden als Menschenrechtsverletzungen nur von einem geringen Teil der bundesdeutschen Öffentlichkeit geglaubt. Opfer fanden kaum Gehör. Wenige nur wollten Zeugenschaft übernehmen. Dies führte bei den Opfern zum übersteigerten Vorbringen der eigenen Leidensgeschichte. Diese Übersteigerungen wurden kurzschlüssig entlarvt und in psychiatrische Kategorien verwiesen. Das Resultat war eine subtile Komplizenschaft mit dem Regime der DDR.

Sehr deutlich erfassen Bewerber, ob ihnen während der Anhörung Sympathie entgegengebracht wird oder ob sie dem Entscheider unsympathisch sind. Das Mechanische des Verwaltungsakts spricht sich als erstes in Kreisen von Asylbewerbern herum und trägt nicht zu einem vertrauensvollen Gespräch bei. Wir haben Protokolle und ablehnende Bescheide gelesen, die in ihrer Stereotypie den Glauben an eine Einzelfallprüfung zerstörten. Da wurden Menschen aus einem afrikanischen Land mit einer Begründung abgelehnt, die die Nationalität des Bewerbers falsch wiedergab, als habe der Entscheider zuvor einen Asylbewerber eines anderen Landes abgelehnt und sei dann nicht in der Lage gewesen, sich auf die Voraussetzungen des vorliegenden Falles umzustellen.

Mißtrauen auf beiden Seiten

Als Kardinalsymptom fällt bei zahlreichen Flüchtlingen ihr Mißtrauen auf. Selbst in einer entspannten Atmosphäre sind sie oftmals erst nach Wochen oder Monaten in der Lage, ihre Verfolgungsgeschichte in Details zu erzählen. Selbst in der therapeutischen Situation können länger zurückliegende und schmerzliche Ereignisse verdeckt bleiben.

Das Mißtrauen betrifft zuerst den Dolmetscher, der zumeist aus demselben Kulturkreis stammt wie der Bewerber. Politisch Verfolgte argwöhnen eine Beziehung der Dolmetscher zu deren Landesvertretungen, was in einigen Fällen nicht auszuschließen ist, vor allem wenn die Dolmetscher ihrerseits Flüchtlinge waren und in der Heimat Angehörige haben, deretwegen sie erpreßbar sind. Das Mißtrauen betrifft aber auch den Anhörer: Werden meine Angaben vertraulich behandelt? Gibt es innerbehördlichen Aktenaustausch? Wer hat Zugang zu ihnen?

Mißtrauen bestimmt zugleich die Auswahl dessen, was vorgebracht wird. Die Anhörer erwarten, daß alles Asylrelevante binnen kurzer Zeit und schlüssig vom Bewerber vorgetragen wird. Diese Erwartung wird vom Anhörer im allgemeinen auch ausgesprochen. Sie trifft einen Bewerber, der nicht weiß, was asylrelevant ist. Ein mißtrauischer Bewerber wird eher häppchenweise Szenen seiner Verfolgung vortragen, in der Hoffnung, ein Zeichen zu erhalten, wann er ausreichend berichtet hat. Je weniger er von sich aus anbietet, desto eher wird er mit Fragen konfrontiert. Diese Nachfragen haben oftmals das Ziel, Detailangaben zum Fluchtweg und zur individuellen Verfolgung zu erhalten. Wenn ein Bewerber, der gefoltert wurde, diese Erfahrung nicht erwähnt, weil sie schmerzlich ist und er die Erinnerung daran verweigert, wird er im allgemeinen nicht ausdrücklich danach gefragt, denn nachgewiesene Traumatisierung könnte später vor Gericht aufenthaltsrechtliche Relevanz haben.

Es ist überhaupt nicht einzusehen, warum Fragen nach Haftbedingungen und Verhörpraktiken nicht gestellt werden, obschon die Antworten Hinweise auf persönlich erlittene Menschenrechtsverletzungen geben könnten, wenn der Bewerber sich zur Darstellung bereitfindet. Die Problematik der Menschenrechte würde dann allerdings ins Zentrum rücken, wo sie offensichtlich der Anhörer nach den Gesetzen und Vorschriften nicht haben möchte. Erlittene Folter gilt nicht per se als Asylgrund. Daß die in der westlichen Welt so mundreich beschworenen Menschenrechte als universelle Rechte bei der Anhörung nur eine Bedeutung haben, wenn der Bewerber sie verbissen äußert, muß den Bewerber zusätzlich verwirren. Überhaupt entpuppt sich die Tatsache wiederholt erlittener Menschenrechtsverletzungen als asylrechtlich irrelevant, wenn nicht nachgewiesen werden kann, daß sie gezielt die um Asyl bittende Person treffen sollten.

Es gibt folglich auch kein Merkblatt zur Anhörung, das dem Bewerber bei der Stellung seines Asylbegehrens ausgehändigt wird und in dem muttersprachlich die Anforderungen des Interviews festgehalten sind. Daher enden so viele Verfahren vor den Verwaltungsgerichten, weil es dort wenigstens eine Verfahrensordnung gibt.

Kein anhörender Beamter ist frei von den Urteilen und Vorurteilen, die gesellschaftlich produziert werden. Er mag sich bemühen, wie er will. Er wird die vorgegebenen Raster, die zumeist von der Exekutive, vom Außenministerium, stammen, nicht verlassen. Auch der Anhörer entwickelt Mißtrauen. Es kränkt ihn, belogen zu werden – und er wird nicht selten belogen. Daher tritt sein Mißtrauen in Wechselwirkung mit dem des Bewerbers. Es entstehen die Bedingungen eines Duells. Wer möchte schon gern unterliegen? Diese Situation muß als belastend für den Anhörer gewertet werden. Es müßte deshalb eine entlastende Supervision für Entscheider und Anhörer gefordert werden.

Aus seiner Anspannung weicht der Anhörer, der nur selten gute Kenntnisse über das Herkunftsland des Bewerbers hat, in den Nachweis von Widersprüchen über Orte und besonders über Jahreszahlen aus.

Psychomedizinische Überlegungen

Vom medizinischen und psychologischen Standpunkt aus gibt es eine Reihe von Störeinflüssen, die die Erinnerungsfähigkeit eines Bewerbers beschränken. Sie sind in zahlreichen Experimenten niedergelegt, die sich vor allem mit dem Gedächtnis von Zeugen befaßten und zugleich einen Beitrag zur Erforschung der Gedächtnisfunktion und seiner Wirkungsweise leisteten.

Die Genauigkeit, mit der Gedächtnisspuren wiedergegeben werden können, ist abhängig von vielen Faktoren: vom Alter des Bewerbers, von der Zeitdauer, die seit dem zu erinnernden Ereignis vergangen ist, von den Umständen, unter denen Gedächtnisspuren reproduziert (genauer: produziert) werden sollen, vom Umfang der Schädigungseinflüsse auf das Gehirn, von den Ablenkeinflüssen nach dem Ereignis, von dem Kulturrahmen eines Bewerbers u. a. m.

Betrachten wir diese Faktoren, die zu Gedächtnistäuschungen führen können, genauer, so wird deutlich, daß Traumatisierte einem größeren Risiko der Täuschungen unterliegen. Wir haben Verwaltungsrichter in Asylverfahren erlebt, denen die Literatur der Störeinflüsse auf das Gedächtnis vertraut war und die daher geringere Widersprüche in der Darstellung des Bewerbers zu dessen Gunsten berücksichtigten, wenn sie von der Traumatisierung an sich überzeugt waren.

Es ist eine Binsenwahrheit, daß Erinnerungen mit fortgeschrittenem Alter schlechter abrufbar sind als in Jugendjahren. Es werden offensichtlich Löschvorgänge aktiviert, oder der Zugang zu den Speichern wird verstellt. Dies gilt auch für biographische Details, nicht jedoch für traumatische Erlebnisse, die sich unter den Einflüssen von Adrenalin und anderen Streßhormonen eher tief einprägen. Traumatische Erlebnisse können daher spontan ins Bewußtsein treten oder im Traum bildlich werden. Sie können selbst im hohen Alter nach langer Latenz wieder auftreten, so, als führten sie eine autonome Existenz. Allerdings sind dann in vielen Fällen die begleitenden Zuordnungen verschüttet, wie z.B. die Jahreszahlen, die Tageszeiten, Namen usw. Ist das traumatische Ereignis wieder und wieder erzählt worden, so wirkt in diesen Fällen die jeweils zuletzt gesetzte Gedächtnisspur der eigenen Darstellung. Bei Ereignissen, die mit Scham und Schuld verbunden sind, wird die Erinnerung blasser, weil sie nicht oder nur in therapeutischen Verhältnissen artikuliert werden können. Als Indiz mag das gesamtgesellschaftliche Schweigen und Vergessen der Deutschen, Soldaten wie Zivilisten, nach dem Zweiten Weltkrieg gewertet werden. Die wiederholte Erzählung der gleichen Geschichte (Hungern und Frieren in Stalingrad) gegenüber Freunden, Verwandten und Therapeuten erhöht den Glauben einer Person an die Wahrheit des Erzählten, unabhängig von seinem objektiven Wahrheitsgehalt. Selektive Erinnerungsspuren verdrängen bedeutsame Details und werden teilweise für die ganze Wahrheit gehalten.

Dieser Effekt schlägt einem vor allem dann entgegen, wenn man es mit Menschen zu tun hat, die mit ihrer Geschichte ein konkretes Begehren verbinden. Nun haben traumatisierte Flüchtlinge durchaus ein konkretes Begehren: Sie wollen einen gesicherten Aufenthalt im Exil. Allerdings sind sie in den seltensten Fällen in der Lage, ihre Geschichte von Verfolgung, Folter und Flucht zu erzählen. Sie wirken auf ihre Anhörer eher wie Menschen mit einer Kriegs- oder Rentenneurose: Sie konzentrieren sich oftmals auf unwesentliche Details, auf eine allgemeine Schilderung der Lage in ihrer Heimat, auf ihre Ängste, auf Ereignisse, die anderen Menschen zugestoßen sind, oder auf die Kosten, die die Flucht mit einer Schlepperorganisation verursacht hat. Am Ende steht der Appell an die demokratische Tradition Deutschlands. Einem Leser des Anhörungsprotokolls verschlägt solche Unterwerfung oft die Sprache. Die eigentliche asylrelevante Biographie wird dagegen eher zögerlich oder ungenügend vorgetragen. Je länger ein zu erinnerndes Ereignis zurückliegt, desto unsicherer die Erinnerung, desto größer die Möglichkeit des Verunsicherns durch im Gespräch geäußerte und gezeigte Zweifel und Ungeduld.

Nach vielen Jahren der Forschung auf dem Gebiet der Gedächtnistäuschungen und einer fast nicht mehr überschaubaren Zahl von Experimenten mit einer ebenfalls stattlichen Anzahl verschiedener Methoden bleibt erstaunlich wenig an unumstrittenen oder wenig umstrittenen Fakten, sagt der Psychologe Wolfgang Hell 1993 (Hell/Fiedler/Gigerenzer, 1993). Wenngleich die Erklärungsversuche für Gedächtnistäuschungen noch nicht zweifelsfrei zum Grundlagenwissen gehören, so sind einige Bausteine doch allgemein anerkannt. Dazu zählt die Abhängigkeit des Ausmaßes der Täuschung von Variablen, die die Güte des Gedächtnisses beeinflussen, wie die Zeit der Speicherung und die Güte der Kodierung der zu erinnernden Information. Ist die Gedächtnisspur für die zu erinnernde Information schwach, ist die Täuschung stark, faßt Hell zusammen. So ist eigentlich einleuchtend, daß zuordnende Jahreszahlen eher eine sehr schwache Spur hinterlassen, weil Ereignisse nicht in Verbindung mit Daten engrammiert werden, sondern mit Außenwahrnehmungen und begleitenden Emotionen. „Ein Gedächtnis als einen Speicher von Repräsentationen der Umwelt, die für verschiedene Gelegenheiten abgerufen werden können, gibt es als neurophysiologische Funktion nicht", so der Hirnforscher H.R. Maturana 1982.

Dagegen ist immer noch nicht klar, was mit dem Gedächtnis unter der Folter passiert. Tatsache ist, daß unter peinlichen Verhören das Gedächtnis bewußt desorientiert wird und gezielt mit der Verwirrung des Gedächtnisses operiert wird. Es ist der Folterer, der nicht nur die realen Zeiteinheiten unter der Folter bestimmt, sondern auch die historische Orientierung schädigt. Die unter starken Emotionen erinnerte Zeiteinheit der Folter läßt reale Zeiteinheiten dehnen und vermutlich verfälschen. Vernichtungsangst führt im Gehirn zu einer Verlangsamung der Zeiterfahrung – darin ähnlich der Wirkung von Halluzinogenen –, die im Exil durchaus die Synchronisation von Zeiterleben und kalendarischer Zuordnung verändern kann. In diesem Zusammenhang wird man einräumen müssen, daß auch die Angst vor Abschiebung mit gefürchteten Repressalien im Heimatland eine ähnliche Desorientierung bewirken kann. Im Gehirn antizipierte Angst ist reale Angst. Aufgrund einer solchen erneuten Desorientierung könnte sich ein junger Türke aus der sechsten Etage des Berliner Verwaltungsgerichts gestürzt haben. Zwanzig Selbstmorde von Asylbewerbern in Abschiebehaft allein im Jahre 1994 sollten so ernst genommen werden, wie es der Tod eines Menschen immer verdient.

Subjektive und objektive Gedächtniseinbußen

Gedächtnisveränderungen sind als Folgen nach extremer Traumatisierung seit den systematischen Forschungen über Holocaust-Überlebende unumstritten. Sie gehören zum Grundwissen bei allen, die mit Folterüberlebenden therapeutisch umgehen. Therapeuten wissen folglich auch, daß in einem Verwaltungsakt nicht einfach traumatische Erlebnisse erforscht werden dürfen, ohne daß gleichzeitig eine Perspektive der gemeinsamen Verarbeitung aufgezeigt wird. Das (Re-)Produzieren schmerzlicher Erfahrungen vor einem Anhörer hat diese Perspektive nicht. Es läßt einen Bewerber in einem unwirklichen Schwebezustand, dessen Folgen unvorhersehbar sind. Sie sind ja selbst in therapeutisch gestützten Situationen in ihrer Dynamik nicht immer vorhersehbar. Insofern geht jede Anhörung das Risiko des katastrophalen Ausgangs ein. Manche Anhörungen müssen unter diesen Kriterien deshalb als fahrlässig bezeichnet werden.

Vielfältig sind die Mechanismen, die dazu führen, daß ein Bewerber seine traumatischen Erfahrungen nicht erzählt. Der Hauptgrund besteht darin, daß er vergessen möchte. Die Anhörungen finden heute so rasch nach der Flucht statt, daß sie eigentlich in eine Periode der Erschöpfung oder entlastenden Depression fallen. In dieser Phase besteht ein ausgesprochener Unwillen, die Vorbedingungen der Flucht zu reflektieren. Wesentliche Traumata sind in einem Schamkordon verborgen. Dieser kann, muß aber nicht kulturell bedingt sein. Die Mißhandlung durch Gegenstände, die unter der Folter in den Anus gesteckt werden, ist überkulturell schambesetzt. Wir sollten uns an unsere Irritationen erinnern, als wir von den Massenvergewaltigungen von Frauen in Bosnien erfuhren. Obschon auch Beamtinnen nicht zwangsläufig Gewähr dafür bieten, daß sie die Anhörungen mit der erforderlichen Sensibilität durchführen, dürften Anhörungen von Asylbewerberinnen schon aus diesem Grunde nicht von Männern durchgeführt werden.

Nicht wenige Flüchtlinge werden im Rahmen ihrer traumaverarbeitenden Strategien die Möglichkeiten des Verleugnens und Vermeidens unbewußt einsetzen. Ihre Form der Verarbeitung behindert verständlicherweise die erneute, detaillierte Ausforschung der „verpackten" traumatischen Erinnerungen. Vor allem wenn das traumatische Erlebnis Jahre zurückliegt, haben inzwischen spontane Coping-Mechanismen eingesetzt.

Kulturelle Aspekte

„Vergessen" wird nach Jan Assmann bedingt durch einen Rahmenwechsel, durch die völlige Veränderung der Lebensbedingungen und sozialen Verhältnisse (Assmann/Hardt, 1991). Diese Voraussetzungen treffen sehr wohl auch auf Flüchtlinge zu. Sie treffen allemal auf Menschen zu, die aus völlig anderen Kulturen als Beschädigte zu uns kommen. Wenn nun Asylbewerber aus Kulturen zu uns kommen, in denen die mündliche Überlieferung den Hauptanteil der Kommunikation trägt, so werden sie von Fragen nach exakten Daten überfordert, da sie sich ihre Erlebnisse nicht datenfixiert einprägen. In schriftlich operierenden Kulturen ist die Verbindung von Ereignis und Zeitangabe gebräuchlich, es gibt jedoch zahlreiche Menschen auf dieser Erde, denen diese Form der Erinnerung fremd ist.

Der französische Soziologe Maurice Halbwachs, der in Buchenwald ermordet wurde, hat die These entwickelt, daß es kein Gedächtnis gebe, das nicht sozial sei. Auch der Abrufvorgang, das Erinnern, ist an soziale Bedingungen gebunden. Entfallen sie durch das Exil, ist das Erinnern gestört. Erinnern bedeutet Sinnstiftung für Erfahrungen in einem Rahmen; Vergessen bedeutet Änderung des Rahmens, wobei bestimmte Erinnerungen beziehungslos und also vergessen werden, während andere in neue Beziehungsmuster einrücken und also erinnert werden, erläutert Assmann.

Daß die Erfahrung der Folter durch ein sinnstiftendes Erinnern nicht integrierbar ist, mag vielen einleuchten. Folter kann in der individuellen Erfahrung keinen Sinn bekommen, sie bleibt sinnlos. Der Versuch der Erinnerung an die Folter ist eine Sisyphosarbeit. Das einfache Erwähnen von Foltererfahrung genügt manchen Anhörern nicht. Sie wünschen Details. Wenn diese aber zögerlich geäußert werden oder nur stichwortartig ausfallen, wird nachgebohrt. Gute Anhörer brechen dagegen angesichts der emotionalen Mühen ab.

Eine besondere Problematik ergibt sich, wenn Asylbewerber bei der Darstellung ihrer Biographie in einen Loyalitätskonflikt geraten. Nicht wenige Flüchtlinge haben sich durch einen Treueschwur an eine Organisation gebunden. Sie haben sich verpflichtet, ihre mögliche Verwicklung in Menschenrechtsverletzungen zu verschweigen und dadurch ihre Organisation oder Partei zu schützen. Ihre Darstellungen wirken daher oft lückenhaft und nicht überzeugend. Hinter ihrer Darstellung verbirgt sich ein Geheimnis, das sie nicht offenbaren können. Daher braucht es eine längere Zeit, bis dieses Geheimnis hinter der vordergründigen Geschichte erkennbar wird. Oft ist es freilich auch dann nicht möglich, die „wahre" Geschichte zu erfassen. Es bleibt lediglich der vorherrschende Eindruck, daß Wesentliches verborgen bleibt. Wir müssen uns damit abfinden und nicht versuchen, die Lücke mit unseren Phantasien zu füllen.

Spezielle Einschränkungen des Gedächtnisses

Wenn das Behandlungszentrum mit seinen Fachkräften (oder eine vergleichbare Einrichtung) zur Begutachtung herangezogen werden würde, wäre gewährleistet, daß traumazentriert vorgegangen wird und ein Folteropfer nicht von vornherein als potentieller Schwindler betrachtet wird. Von der Art der Traumatisierung ist nämlich abhängig, wie ein Mensch sich erinnert, wie er formuliert, wie er sich konzentrieren kann. Wir brauchen gar nicht die sich auf tiefe Seelenschichten auswirkenden sexuellen Mißhandlungsformen zu betrachten. Es genügt, den weitverbreiteten Gebrauch von Schlägen an Kopf und Nacken und deren Folgen zu berücksichtigen.

Wiederholte Schläge gegen Kopf und Nacken führten bei einem großen Teil unserer Patienten zu mehrfacher Bewußtlosigkeit; es kann sich um Schlagfolgen oder um Bewußtseinstrübungen durch gesteigertes Atmen (Hyperventilation) handeln. Beide Formen scheinen gleich oft aufzutreten. Dort, wo wir Bewußtseinsverluste durch Schläge mit Gegenständen an den Kopf annehmen müssen, zeigen sich die Symptome der wiederholten Gehirnerschütterung (commotio cerebri). Auch Gehirnquetschungen sind nicht selten. Da es oft vorkommt, daß Gefolterte ihr Bewußtsein verlieren und eine retrograde oder posttraumatische Amnesie erleiden, werden sie bestimmte Ereignisse, die der Folter vorausgehen, gar nicht erinnern können. Beidhändiges Schlagen auf die Ohren erzeugt eine enorme Zahl von Trommelfellperforationen mit charakteristischer Anordnung der Läsionen (wie bei Knalltrauma). Die sozialen Folgen bestehen in kommunikativem Mißtrauen, wie es bei Hörgeschädigten oft der Fall ist.

Unbestritten ist, daß Schläge, die mit ihren Druckwellen bestimmte Anteile der tiefen Hirnschichten erreichen, nicht nur zu einem Zusammenbruch des elektrischen Tonus führen, sondern auch Durchblutungsveränderungen in der Hirnrinde zur Folge haben. In makabren Tierversuchen ist dieser Mechanismus nachvollzogen worden. Die Konsequenzen können unterschiedliche Störungen der Erinnerungsfähigkeit sein, besonders wenn die Druckwellen das Areal des Hippocampus treffen. Die Spätfolgen des Boxsports können stark an die Symptomatik bei Folterüberlebenden erinnern.

Daher muß man das Trauma genau untersuchen, um Veränderungen der Gedächtnis- und Erinnerungsleistungen eines Asylbewerbers bewerten zu können. Die Bewertung der traumatischen Folgen und ihre konsekutiven Einschränkungen müssen Ärzte und Psychologen, nicht Juristen vornehmen.

Völlig unsicher ist ferner die Einschätzung der Auswirkungen elektrischer Folter auf die Gedächtnisleistung. Die auf Elektrofolter folgende Bewußtlosigkeit dürfte in den meisten Fällen hyperventilatorischer Natur sein, hervorgerufen durch das Schreien und das gesteigerte Atmen unter der Folter. Überhaupt gibt es etliche Formen der Mißhandlung, die entweder schwer nachzuweisen sind oder sich nur aus der Gesamtdarstellung eines Patienten ergeben. Man sollte jedoch nicht dem Fehler verfallen, eine Mißhandlungsform und ihre Folgen zu negieren, nur weil man davon noch nicht gehört hat oder in Erklärungsnotstand gerät. Die Folterer variieren ihre Methoden, und unsere Nachweise hinken zwangsläufig hinterher. Dies gilt besonders für diejenigen Staaten, die zunehmend die körperliche Folter durch raffinierte Formen der psychologischen Folter ersetzen.

Sicherer können wir Aussagen zur Störung des Gedächtnisses treffen, wenn wir unsere Erfahrungen und die der Gutachter in Regreßfällen nach dem Holocaust zusammenfassen.

Danach zeigt sich, daß vor allem Mangelernährung durch Hunger oder Hungerstreik und ihre Folgen für die Gedächtnisleistung nicht unterschätzt werden dürfen. Eiweiß-, Vitamin- oder Kalorienmangelsituationen haben zentrale Auswirkungen. Das Nervensystem leidet unter diesem Entzug, und damit auch dessen Leistungen.

Allein die bloße Isolierung von sensorischen Eindrücken kann Auswirkungen auf den Kreislauf im Sinne einer Hypotonie haben, was eine Störung der kognitiven Fähigkeiten inklusive der Erinnerungs- und Konzentrationsfähigkeit bewirkt.

Die Einnahme psychotroper Medikamente im Exilland sowie die Fehlbehandlung im Heimatgefängnis mit Medikamenten, deren Anwendung in der nördlichen Welt verboten ist, können zu einer Beeinflussung des Gedächtnisses bei der Anhörung oder vor Gericht führen. Die Studien hierzu sind Legion.

Epidemiologische Forschung

Es liegen bislang nur wenige epidemiologischen Studien in Europa vor, die die Häufigkeit von Foltererfahrung bei Flüchtlingen untersucht haben. Eine dänische Untersuchung (Montgomery/Foldspang, 1994) an zufällig ausgewählten Flüchtlingen aus dem Nahen Osten hält nach strukturierten und semistrukturierten Interviews 1994 eine Häufigkeitsrate von 30% für erlittene Foltererfahrung fest. Der Foltererfahrung wird dabei die Definition der Tokyoter Erklärung der World Medical Association zugrunde gelegt.

Eine schwedische Studie (Nordström/Persson, 1988), die 187 neuangekommene, multiethnische Flüchtlinge in Schweden 1988 medizinisch untersuchte und interviewte, kam zu einem Ergebnis von 25 % Flüchtlingen mit Foltererfahrung.

Baker (Basoglu, 1992) schätzt die Häufigkeit einer Foltererfahrung unter multiethnischen Flüchtlingen in England 1992 mit 5–30%.

So ist auch in Deutschland damit zu rechnen, daß statistisch etwa jeder vierte Flüchtling Folter erfahren hat. Dies muß man sich bewußt machen, wenn man Foltererfahrungen nicht übersehen oder durch eine Fehlbeurteilung vertiefen will. Insgesamt wird man einräumen müssen, daß traumatisierte Asylbewerber zahlreichen Einflüssen unterliegen, die sich desorientierend auf ihr Gedächtnis und ihre Erinnerungsfähigkeit auswirken. Dies wird deutlich, wenn man sich ihren fehlerhaften oder unvollständigen Angaben bei der Anhörung oder dem Verwaltungsgerichtsverfahren von der *Traumaseite* nähert.

Was tut „es“ mit uns?

Von Johan Lansen

Wie alle intensive Arbeit mit „man-made disaster“ (wenn Menschen durch Menschenhand gequält werden) ist therapeutische Arbeit mit Folteropfern ein Thema, das niemanden unberührt läßt. Es ist eine Arbeit, die eine sehr persönliche Beteiligung der Therapeuten in mancher Hinsicht notwendig macht. Es geht dabei nicht nur um die ernsthaften psychischen Krankheitsbilder, die Geschichten von Elend oder um die spezifischen Schwierigkeiten in den Behandlungen. Es handelt sich auch noch um etwas anderes, um eine Art von „Berufsfeindschaft“ mit ethischen Hintergründen. Folter und Psychotherapie sind einander Antipoden. Wo Therapie beabsichtigt, den Menschen von Leiden zu befreien, will die Folter den Mitmenschen unterdrücken und bewußt Leiden verursachen. Therapie fördert die Autonomie des Menschen, Folter beabsichtigt eine totale Abhängigkeit. Therapie bedeutet Wachstum, Folter Beraubung des Glanzes der Psyche und Verstümmelung des Körpers. Gerade deswegen sind Therapeuten und Folterer einander Todfeinde. Normale therapeutische Arbeit hilft dem Menschen, der irgendwie ein schweres Schicksal erleidet, Opfer einer Krankheit ist oder eine unglückliche Lebensgeschichte hinter sich hat.

Wie schlimm auch all dieses sein kann, so ist es zumeist nicht mit dem zu vergleichen, was wir bei den Folteropfern vorfinden: Die Frau, das Kind, der Mann, die systematisch „miß-handelt“, gequält worden sind, haben eben dies von *Menschenhand* erfahren. Wir gehören derselben Gattung Mensch an wie die Folterer; sie sind keine Teufel, und wir sind keine Engel. Der totale Gegensatz ist dadurch entstanden, daß sie den Mitmenschen teuflisch „behandelt“ haben, während wir dagegen versuchen, uns nach einem ethischen Gebot zu richten.

Kann man das aushalten?

„Wie können Sie das alles aushalten?" „Wie können Sie bei diesen Geschichten Zuhörer bleiben?" Das sind Fragen, die man uns oft stellt. Wie wir sehen werden, gibt es fachkundige Antworten, wenigstens Versuche dazu. Auf solche persönlichen Fragen kann man aber keine Antworten von Professionellen geben; man spürt, daß sie in einem persönlichen Kontakt nicht gültig sind. Natürlich tut diese Arbeit mit uns etwas. Sie kann uns unseres Schlafes berauben, sie kann uns „burn-out" bescheren. Sie kann unser Verhalten zu Hause und im Kollegenkreis beeinflussen, sie kann uns zu lästigen Personen machen. Wir können die gleichen Symptome bekommen wie unsere Patienten: Spannungen, Depressionen und sonderbare Ängste.

Diese Arbeit kann uns aber auch über die Kleinigkeiten des Alltags erheben, unseren Geist und unsere kreativen Kräfte fördern, uns versöhnen mit den Unvollkommenheiten von anderen und von uns selbst. Sie kann uns zu wärmeren und weiseren Menschen machen.

Aber auch das Folteropfer als ein Mensch, der das Unsagbare erfahren hat, der dieses Trauma als einen Fremdkörper mit sich schleppt, dessen „Selbst" zum Teil gebrochen ist, kann manchmal von sich aus, aber meistens nur mit Hilfe anderer (z.B. Therapeuten) ein Leben führen, das am Ende trotz allem differenzierter, reicher und möglicherweise auch glücklicher ist, als hätte er diese Erfahrungen nicht gemacht. Folter muß nicht eine Gebrochenheit für immer bedeuten. In dieser Hinsicht entstehen bei uns Therapeuten (auch wenn wir auf unsere professionelle Distanz achten müssen) deutliche Parallelen zum Folteropfer.

Wenn Therapeuten indirekt mit Folter in Berührung sind, kann es vorkommen, daß sie diese Erfahrungen eine Zeitlang nicht verarbeiten können; die Identifikation mit dem Menschen, der die Foltererfahrungen nicht hat verdauen können, kann sich zerrüttend auswirken. Aber genau wie das Opfer können Therapeuten im Prinzip immer wieder Abstand gewinnen, um sich dann behutsam wieder dem Schrecken nähern zu können. Für diesen Prozeß benötigen auch die Therapeuten sinnvolle Hilfen. Allmählich lernen sie, den Schrecken zu fassen, auszuhalten, und sie werden zu „Containern“ für Gefühle von Trauer, Schmerz und Demütigung; zusammen mit dem Klienten können sie dessen traumatische Erfahrungen „verdauen“.

Schwierige Arbeit

Leicht ist die therapeutische Arbeit nicht, weder für die Betroffenen noch für die Therapeuten. Behandlung von Klienten, die an Folgen von Verfolgung und Folter leiden, ist im wesentlichen Behandlung von Menschen, die an einer Form von extremem Psychotrauma leiden. Das klinische Bild eines solchen Traumas sprengt, wie wir es bei Holocaust-Opfern erfahren haben, die Grenzen der engen Klassifikation der posttraumatischen Belastungsstörung, wie sie im Konzept PTSD* (DSM IV, APA, 1994) definiert sind.

Wie schwer intensive Arbeit mit Folteropfern sein kann, können wir vielleicht mit nüchternen klinischen Fakten belegen.

Einige klinische Aspekte, welche die Behandlung schwierig machen können, sind:

- Überdauernde Symptome treten auf („Complex PTSD“* nach Herman, 1992).
- Neben der Diagnose PTSD gibt es weitere, wie z.B. Depression, Zwangsverhalten etc.
- Auch die Diagnose Depression scheint zu kurz zu greifen. Niederländische Kollegen sprechen von „existentiellem emotionalem Syndrom“ (Blyham, 1992).

- Die Affekte (Regression, reduzierte Toleranz, Anhedonie*, Verlust der Fähigkeit, Gefühle und Empfindungen wahrzunehmen und dafür Bedeutung und Worte zu finden) sind schwer gestört (Krystal, 1988).
- Aufgrund der gesteigerten Verletzbarkeit scheint eine Bereitschaft für neue Traumatisierungen zu bestehen, die durch ganz normale Lebensereignisse ausgelöst werden können.
- Die innere psychische Welt kann dauerhaft geschädigt sein durch eine „Opferhaltung", Muster von Aggression und Mißtrauen.

Diese Strukturen können unter der Oberfläche einer sozialen Anpassung verborgen sein. In zwischenmenschlichen Beziehungen können sie aber die Intimsphäre (Partner, Kinder) beschädigen. Ähnlich sind so auch Therapeuten, die mit Gefolterten arbeiten, indirekte Opfer des Traumas.

burn-out

Jede intensive Arbeit mit Gruppen von schwer leidenden und beschädigten Patienten trägt das Risiko des „burn-out", des „Ausgebrannt-Seins" in sich. Burn-out-Symptome sind, um nur einige herauszugreifen: Apathie, Gefühle der Hoffnungslosigkeit, schnelle Ermüdbarkeit, Desillusionierung, Schwermütigkeit, Vergeßlichkeit, Reizbarkeit, die Arbeit wie eine bleischwere Last erleben.

Die Phänomene des burn-out manifestieren sich nicht nur bei Therapeuten, die Folteropfer behandeln. Auch andere Mitarbeiter wie Verwaltungspersonal, Sekretariat, Telefondienste und Dolmetscher können im Laufe der Zeit von burn-out betroffen werden.

In dieser Hinsicht sind Behandlungszentren für Folteropfer nicht wesentlich anders als andere Einrichtungen, die mit anderen Arten von schweren Pathologien und Problemen bei Klienten arbeiten, z.B. mit Aidspatienten, Opfern von rassistischer oder sexistischer Diskrimination, drogenabhängigen Jugendlichen usw.

Professionelle und Ehrenamtliche in dieser humanitären Arbeit werden oft in alle Aspekte der Probleme ihrer Klienten verwickelt, aber auch in die Probleme ihrer Einrichtung (Herman, 1992) oder ihrer Organisation. Besonders für diese Problematiken zeigt die Außenwelt oft geringe Einsicht und wenig Verständnis.

In einem Behandlungszentrum für Folteropfer treten oft Probleme auf, die weiter gehen als die Foltererfahrung. So gibt es Schwierigkeiten in der Anpassung an das fremde Land und die fremde Kultur. Es treten Sprachprobleme und Schwierigkeiten mit dem Aufenthaltsstatus auf. Darüber hinaus haben die Flüchtlinge schwere Verluste erlitten, wie den Verlust von Freunden und Angehörigen, von Arbeit und Ansehen/Status. In vielen Familien gibt es komplizierte Beziehungs- und Gesundheitsprobleme.

Die Behandlungszentren und ihre Trägerorganisationen müssen häufig mit sehr beschränkten Mitteln außergewöhnliche Aufgaben erfüllen, an denen auch die Therapeuten beteiligt werden. Die Zentren – und dies ist fast auf der ganzen Welt so – haben oft einen Status außerhalb der ordentlichen Systeme der Gesundheitsfürsorge und Sozialhilfe. Statt öffentliche Subventionierung zu erhalten – wie es in einer „anständigen", das heißt sozialstaatlichen Gesellschaft der Fall sein würde –, muß man selber Geld sammeln und dazu auch für seine „public relations" Sorge tragen. Zur gleichen Zeit wird gefordert, daß so ein Zentrum nicht nur Folteropfer betreut, sondern auch Forschung betreibt und Öffentlichkeitsarbeit leistet, daß es Besucher empfängt aus anderen Bereichen des Gesundheitswesens und daß es zu vielen sozialpolitischen und gesellschaftlichen Ereignissen Stellung nimmt.

Auf diese Weise können hochmotivierte Therapeuten und andere Mitarbeiter sehr schwer belastet werden. Symptome von Erschöpfung werden sichtbar bei einzelnen und in Teams. In einem Team, in dem burn-out deutlich anwesend ist, findet man keine Tatkraft mehr. Die Energie geht verloren durch Nörgeln und Quengeln, in Klagen über die Außenwelt oder die Leitung, Streiten über die Verteilung der

Arbeit. Die eigentlichen Aufgaben drohen vernachlässigt zu werden.

Betroffenheit geht weiter als burn-out

Therapeuten, die Opfer von Verfolgung und Folter behandeln, können selber klassische Symptome entwickeln, wie sie in der posttraumatischen Belastungsstörung beschrieben werden, z.B. sich aufdrängende Alpträume, in denen man selber mit Gewalt bedroht wird, wo man selber gefoltert wird usw. In der Folge fühlt man sich sehr verletzbar. Es können auch Ängste auftreten, wobei im täglichen Leben alles, was normalerweise keine besondere Bedeutung hat, als eine Bedrohung erfahren werden kann, z.B. ein bellender Hund, ein Mann in Uniform, eine Tür, die etwas laut geschlossen wird, oder der Anblick eines etwas größeren Messers. Diese Ereignisse können unangemessene Schreck-, Flucht- oder Erstarrungsreaktionen hervorrufen.

Zu den länger andauernden psychischen Folgen gehört z.B. ein wachsendes Gefühl der Verfremdung, der Isolierung. Man fühlt sich von Freunden und Angehörigen nicht mehr verstanden und verliert die Zuversicht, daß in dieser Welt noch etwas Gutes möglich ist. Das persönliche Glück geht verloren, zu Hause ist man still und zurückhaltend, kann sein vorheriges Gefühl von Sicherheit nicht zurückgewinnen, man ist von der Menschheit desillusioniert.

Das Konzept „burn-out“ reicht also nicht aus, um die möglichen Folgen der Arbeit mit Folteropfern zu beschreiben. Therapeuten sind andauernd emotional störenden Bildern von Folter und Terror ausgesetzt und können sich deren Einfluß nicht entziehen.

Es ist versucht worden, den spezifischen Einfluß auf Therapeuten, die Folteropfer oder andere schwertraumatisierte Opfer von „man-made disaster“ behandeln, auch anders zu erklären. Man hat die Ursache z.B. in der besonders verletzbaren Persönlichkeit von einzelnen Therapeuten (Idealisten mit einem guten Herzen, die zuviel Leid übernehmen) gesucht. Wahrscheinlich trifft dies aber nur für eine Minderheit der Fälle zu. Auch sucht man die Ursache in besonders prägnanten *Auswirkungen* der schrecklichen Geschichten von menschlicher Grausamkeit und unerträglichen Verlusten auf die Therapeuten, die sich von den eher unspezifischen Auswirkungen des burn-out unterscheiden. Eine andere Erklärung mehr klassischer Natur zielt auf die *Gegenübertragungsgefühle* der Therapeuten ab: eine für Therapeuten nicht mehr kontrollierbare Reaktion auf die Geschichte, die Gedanken und das Verhalten der Klienten, welche auf eigenen „schwachen" Stellen bei Therapeuten beruhe. Schließlich wird als Ursache noch eine zu weit gehende Identifikation mit den Klienten bei fehlender Distanz genannt.

Bevor wir einige dieser Erklärungen besprechen, möchte ich in relativ einfachen Worten eine kurze Übersicht geben, wie in der therapeutischen Praxis die Schwierigkeiten auf der Verhaltensebene sichtbar werden. Wie können die Phänomene in relativ einfachen Worten beschrieben werden? Dabei folge ich in leicht veränderter Form der Beschreibung von Van der Veer (1991), der die Reaktion von Therapeuten einmal beschreibt a) während der Gesprächsstunde, dann b) kurz danach und schließlich c) nach etwas längerer Zeit.

a) Während des Gesprächskontaktes: Einem Opfer zuzuhören kann zu überraschenden Reaktionen des Therapeuten führen. Der Klient kann seine Geschichte so ergreifend erzählen, daß es den Therapeuten schaudert oder er bei sich Tränen quellen fühlt. Es hängt natürlich auch von der Persönlichkeit des Therapeuten ab, von welchen Aspekten er so betroffen ist. So kann das Anhören einer rührenden Geschichte auch eine starke Nähe zum Klienten erzeugen. Andere mögliche Beispiele von Reaktionen auf die Erlebnisse des Klienten sind:

- Der Therapeut vermeidet eine Reihe von Fragen, welche auf der Hand liegen.
- Der Therapeut bemerkt eine gewisse Zahl von Aussagen des Klienten nicht, oder ihm entgeht die emotionale Ladung einer Äußerung.

- Der Therapeut wechselt unbewußt das Thema im Gespräch, wenn ein Thema ihn verunsichert. Dies kann leicht der Fall sein, wenn das Opfer sich selbst in seinem Herkunftsland auch als Täter verhalten hat.

Die Erzählungen der Folteropfer können also starke Emotionen bei dem Zuhörer hervorrufen. Der Therapeut muß im allgemeinen damit umgehen können, so daß er auf den Klienten konzentriert bleiben kann. Dieses Geschehen zwischen Klient und Therapeut kann auch einen sehr positiven Wert haben: Es darf vom Therapeuten mit Vorsicht angesprochen werden als Zeichen, daß er auch ein Mensch ist, der Mühe hat mit dieser Geschichte, sie aber trotzdem ertragen kann.

b) Kurz nach der Gesprächsstunde: Der Therapeut wird das Trauma-„Material" binnen einiger Zeit verkraften müssen. Wenn er diese Geschichte nicht loswerden kann, ist es für ihn schwierig, sich auf andere Sachen zu konzentrieren. Zu Hause fragen Angehörige vielleicht: „Womit bist Du beschäftigt? Du bist so abwesend."

Das Bedürfnis, die Traumageschichte mit jemandem zu teilen, kann sehr stark sein, manchmal ist dies möglich mit Kollegen in den kurzen Pausen zwischen den Sitzungen. Planmäßige und gezielte Falldarstellungen wären in dieser Hinsicht sehr nützlich; sie sind aber in kritischen Momenten meistens nicht unmittelbar zu organisieren. Bei einer extrem belastenden Geschichte kann es hilfreich sein, dem Therapeuten ein unmittelbares emotionales „debriefing"* (ein erstes entlastendes Auffangen der Gefühle) zu ermöglichen (vgl. Mitchell/Everly, 1993).

Es ist möglich, daß ein Therapeut die in der Therapiestunde empfundenen Gefühle wie Machtlosigkeit, Pessimismus, große Wut und Aggression nicht loswerden kann. Diese Gefühle sind für den Therapeuten nicht immer leicht zu erkennen und gerade deswegen bleiben sie störend; er wird dann leicht verspannt und ermüdet schnell. Diese Störungen können sich beispielsweise auch äußern in einem Widerwillen, ein Protokoll über ein Gespräch zu schreiben, oder es entsteht Unlust in bezug auf das nächste Gespräch mit diesem Klienten, so daß sich der

Therapeut stark erleichtert fühlt, wenn der Klient anruft und die nächste Stunde absagt.

Auch gut laufende Behandlungen können öfter von aktuellen Ereignissen gestört werden: Ein Asylgesuch wird abgelehnt, ein Haus, in dem Asylbewerber wohnen, wird von Rassisten angegriffen, aus dem Lande der Herkunft kommen schlechte Nachrichten. Der Therapeut fühlt sich dann frustriert und mitschuldig an den Entscheidungen der Behörden oder dem Verhalten seiner Landsleute; er fühlt sich machtlos im Angesicht des Elends.

c) Auf längere Sicht: Immer wieder konfrontiert zu werden mit den dunklen Seiten des Bösen im Menschen, mit schrecklichen Formen von Unterdrückung und Unrecht kann das Selbst-, Menschen- und Weltbild einer Person fundamental ändern. So kann auch das empathische „Mit-teilen" zu einer andauernden Änderung des Therapeuten in seiner Einstellung zur Arbeit führen. Es kann sich eine starke Verführung einstellen, zuviel Abstand zu nehmen, keine Protokolle mehr zu schreiben, Vorurteile gegen gewisse Kategorien von Klienten zu entwickeln oder Klienten mit schwerer Problematik mittels rigider Prozeduren oder einer wenig einladenden Haltung von sich fernzuhalten. Es kann sich die Neigung entwickeln, den Klienten weniger gründlich zu untersuchen, wodurch angemessene Therapieschritte bei sehr schwierigen Fällen nicht mehr entwickelt werden können. Der Therapeut kann auch dazu neigen, erfahrenere Kollegen nicht mehr zu konsultieren. Kurzum, es tritt eine Herabsetzung der professionellen Normen ein (soweit Van der Veer, 1991).

Diese Distanznahme findet oft statt als Reaktion auf vorangegangene starke *Verwicklungen* in Behandlungen. Die meisten Therapeuten haben diese Arbeit aus idealistischen Gründen gewählt und beginnen sie mit großer Hingabe. Wenn sie das nicht durchhalten können, folgen oft Reaktionen mit *Vermeidungscharakter* (vgl. Wilson/Lindy, 1994).

Teams, die Opfer von Folter und Verfolgung behandeln, sind sich oft dieser Gefahren bewußt. Ich habe einen Fragebogen an die Behandlungszentren verschickt, welche mit dem IRCT* in Kopenhagen in Verbindung stehen (Lansen, 1992), und 23 ausgefüllte Fragebogen von Behandlungszentren weltweit zurückbekommen. Ziel des Fragebogens war, einen Eindruck über das Phänomen der „stellvertretenden Traumatisierung" zu gewinnen.

Ungefähr 10% der rund 300 Therapeuten in diesen Zentren sind von den oben genannten Beschwerden betroffen. Methodisch hat diese Untersuchung schwache Seiten. Interessant ist aber, daß sich die Mehrheit dieser Zentren klar bewußt war über die Risiken der Arbeit mit Folteropfern und daß sie auch deutliche Vorstellungen hatte über erforderliche Maßnahmen, diesen zu begegnen. Die Hauptempfehlungen waren dem Vorzug nach:

- externe Supervision durch einen erfahrenen Therapeuten
- „Peer-group"-Supervision (kollegiale Intervision)
- Begrenzung der Arbeitsbelastung, Kontrolle der Fallzahl

Das Phänomen wurde in Holland noch weiter empirisch untersucht durch Hafkenscheid und Lansen (1993). Es wurden Therapeuten untersucht, die alle sowohl traumatisierte als auch andere Klienten behandelten. 90% erlebten die Arbeit mit einem traumatisierten Klienten als am schwierigsten. Ungefähr 20% dieser Therapeuten waren durch diese Arbeit selbst so traumatisiert wie der Durchschnitt der Traumaklienten. Die Therapeuten waren in der Regel nicht durch eigene traumatische Erlebnisse vorbelastet, sondern sie entwickelten die Symptome als Folge der Arbeit mit den Opfern.

Die allgemeine Tendenz der Resultate dieser Untersuchung läßt annehmen, daß das Phänomen der stellvertretenden Traumatisierung empirisch nachweisbar ist.

Erklärungsmodelle

Für die stellvertretende Traumatisierung sind drei Erklärungsmodelle zu nennen, die in den Kreisen der Therapeuten am gängigsten sind:

a) das Modell der stellvertretenden Traumatisierung von McCann und Pearlman (1990)
b) ein Modell, das auf der psychoanalytischen Objektrelationstheorie basiert (vom Autor ausgearbeitet)
c) ein Modell, das die besondere Empathie und Identifikation betont (Wilson/Lindy, 1994)

ad a) McCann und Pearlman versuchen, innerhalb des Kontextes einer von ihnen entworfenen Theorie die Reaktionen von Therapeuten auf traumatisches „Material“ seitens der Klienten einzuordnen. Sie nennen diese Reaktionen stellvertretende Traumatisierung (vielleicht wären „weitergegebene“ oder „induzierte“ Traumatisierung bessere Bezeichnungen). Therapeuten leiden unter Alpträumen, Ängsten und sich aufdrängenden Bildern. Sie werden mißtrauisch, weil sie die zerrüttenden Auswirkungen der *Geschichten* erfahren, die die traumatisierten Menschen erzählen. Diese Geschichten untergraben die Grundsicherheit über sich selbst, den Mitmenschen und die Welt, die ein Therapeut im Laufe seiner Entwicklung erworben hat. Diese Basis-Ideen (auch Schemata genannt), welche zerrüttet werden, sind z.B. die Gefühle der sicheren Bindung zum Mitmenschen, des Vertrauens, das Gefühl der Lebenssicherheit überhaupt. Diese Grundideen können sich teilweise auflösen, und es entsteht statt dessen ein Gefühl der Bewußtheit über den Mißbrauch und die Verletzbarkeit des menschlichen Lebens. Der Therapeut verliert sein Gefühl von Kraft und Kompetenz, und er fühlt sich überschwemmt von Machtlosigkeit. Die Machtlosigkeit der Klienten läßt den Gedanken aufkeimen, daß es eine Illusion ist, das Leben im Griff zu haben. Durch unerwartete Ereignisse kann alles in einem Augenblick zerstört werden.

Das Opfer – mit seinen physischen und psychischen Beschädigungen – kann den Therapeuten peinlich konfrontieren mit dessen eigener Angst vor dem Verlust der persönlichen Freiheit. Weiter kann der Therapeut ein erbitterter, zynischer und pessimistischer Mensch werden und alle Achtung für den Mitmenschen verlieren. Die Konfrontation mit einer grausamen Realität kann den Therapeuten von seiner Familie, von Freunden und Kollegen entfremden.

Therapeuten können auch die Erinnerungsbilder ihrer Klienten übernehmen, womit ihr eigenes Gedächtnis vorübergehend oder dauernd verändert werden kann. So können sich visuelle Bilder des traumatischen „Materials" der Klienten einstellen, ohne daß diese im Rahmen des eigenen Lebens eine Bedeutung haben. Diese „Fremdbilder" drängen sich auf in der Form von *flash-backs** und Alpträumen. Die Autoren geben ein Beispiel von einer Therapeutin, die einen Alptraum hat, in dem sich die Vergewaltigung einer ihrer Patientinnen abspielt.

In der Theorie der Autoren treten diese Bilder besonders in seelischen Bereichen auf, in denen die Therapeuten selbst verletzbar sind. Ein Therapeut, für den Sicherheit sehr wichtig ist, wird wahrscheinlich Bilder erleben, die mit Lebensbedrohung assoziiert sind. Ein Therapeut, für den das Thema „Achtung" wichtiger ist, wird wahrscheinlich bedrohende Bilder erleben, die Demütigung und Grausamkeit beinhalten.

McCann and Pearlman heben also die Kraft der kognitiven Elemente in der Traumageschichte hervor. Die Erfahrungen der Klienten können im Prinzip alle Therapeuten treffen.

ad b) Eine andere Erklärung hat nicht so sehr die schrecklichen Geschichten der Klienten im Blick als vielmehr die *Beschädigung der inneren psychischen Welt der Klienten.* Es handelt sich um eine Art tiefe Selbstbeschädigung, die in einer intensiven therapeutischen Beziehung das Selbst der Therapeuten tief berührt und einbezieht (engl. Fachbegriff: *enactment* bzw. *engagement*).

Bei der Folter, in der Folterszene werden Urbilder aus der sehr frühen Kindheit wiederbelebt. Es ist eine Wiederholung grausamer Erfahrungen, die als Ängste und Phantasien erlebt worden sind in der prä-ödipalen Periode, in einer Zeit, als die Unterscheidung zwischen „Selbst“ und „Außenwelt“ noch nicht ganz möglich war. Diese „Wiederholung“ ist wie eine Regression, eine Rückkehr zu einer Ebene geringer Differenzierung der kognitiven Schemata. In der Folterzelle beleben sich Kastrationsängste, aber auch Gefühle totaler Machtlosigkeit und Wertlosigkeit, wie diese früher existiert haben (wir wissen dies u.a. aus kinderanalytischen Beobachtungen und Behandlungen von erwachsenen Borderline-Patienten).

Das Opfer lernt wieder, zu „denken“, zu „fühlen“ und die Welt einzuordnen auf einer ganz primitiven Ebene. Diese „kognitiven Schemata“ sind nicht nur kognitiv, sondern sie haben eine schwere affektive Ladung. Sie sind meistens polarisiert in einfachen Gegensätzen wie „Verfolger (Aggressor) – Opfer“, „schlecht – gut“, „stark – schwach“, „überlegen – unterlegen“ usw.

Bei Personen, die über längere Zeit sehr schwer gefoltert wurden, geht diese Regression später nicht ganz zurück: Es verbleibt eine Form von Beschädigung des Selbst. Diese Beschädigung spielt eine dauernde Rolle: Sie strukturiert in gewissem Maße die neuen Erfahrungen dieser Menschen. Der große Nachteil ist, daß sie eine besondere Rolle im Intimbereich spielen können (Folter kann als ein pervertiertes Intimgeschehen gesehen werden). Der Einfluß auf den Kontakt mit dem Partner und den Kindern kann sehr stark sein. Dies erleben wir auch bei Holocaust-Opfern: Nichtverfolgte Partner und die nach der Befreiung geborenen Kinder, die sogenannte zweite Generation, können indirekt sehr stark betroffen sein.

Ähnliches geschieht auch in der therapeutischen Beziehung. Der Klient engagiert den Therapeuten ungewollt in Beziehungsaspekte, die eine Wiederholung der traumatischen Foltergeschichten sind. Auch ohne exakte kognitive Darstellung oder Kenntnis der Foltergeschichte kann der Therapeut „hineingesogen“ werden in ein Muster, dessen Inhalt eine Wiederholung eines „Verfolger-Opfer“-Themas ist: z.B. kann ein

Muster von Verfolgungsverhalten in der Therapie entstehen. Sowohl Therapeut als auch Klient können dort Verfolgerrollen einnehmen. Es können Muster von Machtlosigkeit, von Schuld und Vorwürfen entstehen. Bezogen auf das Erleben des Klienten können Rollen bei so einer Wiederholung wechseln. So kann der Therapeut einmal als „ganz gut und weise", zum anderen auch als „ganz schlecht und bösartig" gesehen werden.

Beziehungsmuster dieser Art können in Therapien sehr destruktiv sein, wenn sie nicht adäquat erkannt und thematisiert werden. Therapeuten sind auf diese Weise den Erfahrungen aus der Folterzelle ausgesetzt.

Diese Erklärung schließt an moderne Auffassungen in der Psychoanalyse an: In jeder Behandlung intensiver Art sieht man heute eine Dimension mit prä-ödipalem Beziehungscharakter, die weiter geht als die klassische Übertragungs-Gegenübertragungs-Beziehung (letztere betrifft die ödipale Ebene). Man kann die prä-ödipale Beziehung wohl als die „Primärbeziehung" (de Jonghe et al., 1991) ansehen. Gerade bei Folteropfern ist diese Dimension der Beziehung in der Behandlung also sehr wichtig.

Vereinfacht dargestellt heißt dies: Bei dieser Erklärung steht nicht die schreckliche Geschichte des Klienten im Mittelpunkt, sondern dessen tiefste Beschädigung. Diese führt zu einer Wiederholung der Erfahrungen in sehr persönlichen Beziehungen. In diesen Beziehungen können sich sehr destruktive Prozesse entwickeln, bei welchen die Selbst-Beschädigung des einen (des Opfers) schließlich zur Selbstbeschädigung des anderen (des Therapeuten) führen kann.

ad c) Wilson und Lindy (1994) thematisieren die besondere Patient-Therapeut-Beziehung bei der Behandlung von extrem traumatisierten Klienten.

Seit der zweiten Hälfte der 80er Jahre wurden Publikationen veröffentlicht, die immer mehr hervorhoben, daß in diesem Behandlungsbereich traditionelle Gedanken und Auffassungen der Psychotherapie unzulänglich seien. Wilson und Lindy haben auf einer breiten psychodynamischen Basis eine neue theoretische Annäherung entworfen.

Ihren Auffassungen nach liegt die Betonung auf dem Vermögen des Therapeuten zur *Empathie* mit dem Klienten, zu tiefer Einfühlung, Verstehen und Identifikation. Anfangs ist diese Empathie zumeist gut möglich. Im Laufe der Behandlung wird es schwieriger, je nachdem, wie sich die Trauma-Geschichte entwickelt. Die empathische Beziehung kommt unter Druck, und zwar deswegen, weil der Klient selber die traumatischen Erfahrungen nicht integriert hat. Der Klient neigt dazu, seine traumaspezifischen Übertragungen in den Therapeuten zu projizieren, weil er sich unbewußt zum Therapeuten in einer Weise verhält, daß die ungelösten, nicht assimilierten und Ich-fremden Aspekte des traumatischen Geschehens betroffen sind. Die unnatürliche Situation aus der Folterzelle wiederholt sich so.

Der Therapeut wird sich dann mit den schmerzvollen Erinnerungen und Gefühlen des Klienten identifizieren. Er muß sich ganz einfühlen können in Gefühle von Demütigung und Zerrüttung. Er muß sich aber dieser Identifikationen bewußt sein, und er muß diese Empathie deutlich wahrnehmen. Er muß seine Empathie in einem Prozeß von Gewöhnung und Wachstum entfalten und bereichern. Wenn er dies nicht kann und sich dessen nicht bewußt ist, besteht nicht nur die Möglichkeit, daß die Behandlung scheitert, sondern auch, daß der Therapeut beschädigt wird. Auf diese Weise wird die Identifikation beim Therapeuten selbst gestört.

Wilson und Lindy weisen auf zwei Haupttypen von Entgleisung hin: Typ I ist die Entgleisung der zu großen Distanz: Der Therapeut entzieht sich der Empathie und neigt dazu, Spuren dieses Mangels in seinem Verhalten zu zeigen wie z.B. Intellektualisieren und Zurückziehen hinter einem Anschein von Neutralität. Wenn Therapeuten dann noch weiter aus persönlichen Gründen Abstand nehmen, können sie sogar Erfahrungen aus der Therapie verdrängen und die emotionale Bedeutung des „Materials“ verneinen. Typ II-Reaktionen haben dagegen mit zu starker Identifikation zu tun. Wenn sich dann Therapeuten unsicher fühlen aufgrund persönlicher Unausgeglichenheit, verlieren sie auch die Grenzen in der Therapie aus den Augen. Daraus kann eine sehr schwierige Lage entstehen mit starker Verwicklung und Verhalten von Überbeteiligung oder gegenseitiger Abhängigkeit.

Die genannten Autoren sind der Ansicht, daß jeder Therapeut, ungeachtet seiner Persönlichkeit, dem Risiko der Entgleisungen ausgesetzt ist. Die Folgen sind jedoch schwerwiegender bei denjenigen Therapeuten, die in ihrer eigenen psychologischen Struktur nicht stabil sind.

Es ist sowohl Empathie als auch Distanz notwendig. Wachsende Empathie mit Beibehaltung von Distanz ist eine optimale Bedingung für die Behandlung. Wenn der Therapeut die einzigartige Erfahrung des Klienten und den Einfluß auf dessen Leben versteht, ist eine wesentliche therapeutische Struktur entstanden, die dem Klienten einen Wachstumsprozeß ermöglicht.

Einige Empfehlungen

Was tut diese Arbeit mit uns? Wie und weshalb geschehen diese Prozesse? Wie können wir burn-out, Verstrickungen oder der Gefahr zu großer Distanz am besten vorbeugen? Welche Lehren können wir ziehen und wie die Problematik positiv nutzen? In den vorangegangenen Ausführungen sind diese Fragen teilweise beantwortet worden. Vieles ist aber noch unklar und sollte in Zukunft noch weiter untersucht werden.

Hoffnungsvoll ist, daß nach heutigen Maßstäben in der Psychotherapie solche Gefühle, wie wir sie besprochen haben, nicht mehr als beschämende Phänomene gesehen werden. Wir dürfen gelassen darüber reden, und sie bedeuten eine Bereicherung des Behandlungsprozesses, wenn sie erkannt, eingesehen und persönlich richtig verarbeitet werden. Wir erhöhen so unsere Kapazität für „containing“ in unseren therapeutischen Beziehungen. Je vielseitiger und tiefer unsere Resonanz, desto mehr Raum erfährt unser Klient.

Deutlich wird auch, daß wir die „Gefahren“ unserer Gefühle besser sehen, wenn wir nicht alleine mit diesen Gefühlen bleiben. Die traumatisierten Klienten müssen reden und dürfen nicht im Schweigen über das Erlebte verharren; genauso müssen aber auch die Therapeuten reden und ihre Erfahrungen teilen. Sie sollten dies nach Möglichkeit in einem Arbeitskreis, einem Team tun, denn es ist davon abzuraten, diese Arbeit alleine zu verrichten. Es sind Formen von kollegialer Intervision und/oder Supervision durch erfahrene Kollegen notwendig. In manchen Fällen ist auch ein akutes emotionales „debriefing"* notwendig.

Diese Maßnahmen kosten Zeit und Geld. Auf seiten der Leitung, der Dachverbände und der Sponsoren ist die Einsicht erforderlich, daß sich dieser Aufwand lohnt, da er sich positiv auf die Qualität der Arbeit auswirkt.

Es ist ferner notwendig, daß ein Behandlungsteam mit Sorgfalt aufgebaut wird. Die persönliche Stabilität der Mitarbeiter ist neben fachlicher Qualifikation und Arbeitserfahrung wichtig.

Die Leitung, die sich sowohl in Fragen der Behandlung als auch im Management auskennt, muß auf die gute Verteilung der Arbeit und die Überprüfung der Behandlungsziele achten und darauf, ob diese noch den wechselnden Bedürfnissen der Klientel angemessen sind.

In der beschränkten Welt individualistisch eingestellter Therapeuten wird zu leicht angenommen, daß eine idealistische Einstellung und gute Absichten ausreichen. Obwohl natürlich auch Idealismus notwendig ist, ist dieser nicht hinreichend.

Auch ein Team muß für sich selbst seine „Containing"-Funktion haben und sollte eine „haltende Umgebung" sein. Dazu braucht man neben dem Herzen auch den Kopf. Sonst besteht die Gefahr, daß regressive und destruktive Teamphänomene auftreten (Bustos, 1990).

Folter wird in unserer Welt systematischer und „wissenschaftlicher".

International gesehen gibt es viele Länder, in denen – trotz vieler Menschenrechtsabkommen – von Polizei, Militär, Geheimdiensten und anderen systematisch nicht nur körperlich, sondern zunehmend auch psychologisch gefoltert wird. Es gibt

Hinweise dafür, daß die Kenntnisse über Foltermethoden und ihre Effektivität untereinander weitergegeben werden, daß also eine Art „Internationale" von Folterern mit „Weiterbildungsmöglichkeiten" besteht.

Dieser gegenüber steht eine andere „Internationale" in demokratischen, aber auch in undemokratischen Ländern, die versucht, den gefolterten Menschen wieder aufzunehmen in der menschlichen Gesellschaft. Sie bildet lockere Netzwerke heilender Natur. Ihre Mitarbeiter – Therapeuten und andere – sind demokratisch und deswegen oft weniger schlagfertig, scheinbar schwächer und verletzbarer. Indem sie gegen den Strom von Zerstörung und Tragik schwimmen, mehren sich aber ihre Erfahrung und ihr Wissen. Sie arbeiten in einem Kreis, der ethisch fundiert ist und nicht abhängig von dem Zwang herrschender Diktatoren oder einer autoritären Clique. Sie können „mitteilen" und vertrauen. Aus diesen Gründen wird ihre Kraft viel stärker werden als alles, was innerhalb von Zwangsburgen aus Beton und Stahl stattfindet, und sie

„empfangen immer neue Kraft,
daß ihnen Schwingen wachsen wie Adlern,
daß sie laufen und nicht
ermatten, daß sie wandeln und nicht müde werden."
(Jesaja 40, V. 31, Züricher Bibelübersetzung)

Glossar

PTSD

Posttraumatic Stress Disorder (PTSD), deutsch: *Posttraumatische Belastungsstörung* (PTBS)
Der englische Begriff ist gebräuchlich und seit 1980 im *Diagnostic Statistical Manual (DSM)* der *American Psychiatric Association (APA)* als Diagnose klassifiziert.
Da Folteropfer zumeist über längere Zeit und wiederholt extremen Stressoren ausgesetzt waren (Jahre der Verfolgung, oft mehrfache Inhaftierungen, andauernde und/oder wiederholte Folterungen, Flucht, Exilschock, Retraumatisierung im Exil), greift das PTSD-Konzept zu kurz. Das Trauma ist nach einem Ereignis oft nicht abgeschlossen, sondern setzt sich fort (ongoing traumatic stress). Es empfiehlt sich, die Konzepte der *Complex PTSD* (Herman, 1992), der *DES = Disorders of Extreme Stress* (van der Kolk et al., 1993) hinzuzuziehen. Auch hat es sich als sinnvoll erwiesen, zu unterscheiden zwischen:
- Man-made disaster (von Menschenhand verübt – für Folter, Vergewaltigung, Überfall, Geiselnahme etc.)
- Technologische Katastrophen (Chemieunfall, AKW-Havarie, Schiffsuntergang, Flugzeugabsturz etc.)
- Naturkatastrophen (Erdbeben, Überschwemmung, Vulkanausbruch etc.)

Für die Arbeit mit Folteropfern ist der Aspekt „von Menschenhand" von besonderer Bedeutung und im Hinblick auf die Bandbreite der über die PTSD-Symptome hinausgehenden Erkrankungen (Komorbidität) sowie für die Schwierigkeiten in der Behandlung (Mißtrauen, Übertragung von Täteraspekten auf Therapeuten und Zerstörung der Annahmen über das Selbst, die anderen Menschen und die Welt). In der Praxis ist es sinvoll, das Grundkonzept PTSD mit den weitergehenden Konzepten der Complex PTSD und der DES zu *verbinden.*

PTSD-Kriterien nach dem DSM IV (APA, 1994)

A. Der betroffene Mensch war einem oder mehreren traumatischen Ereignissen ausgesetzt,
   1. die sein oder das Leben anderer akut bzw. durch Drohung gefährdeten oder die ihn/andere körperlich gravierend verletzten bzw. seine körperliche Gesundheit oder die Gesundheit anderer ernsthaft bedrohten und

2. die in ihm intensive Angst/Furcht, Hilflosigkeit oder Schrecken hervorriefen.

B. Das oder die traumatischen Ereignisse werden überdauernd „wiedererlebt“ (psychisch abgebildet) auf mindestens eine (oder mehrere) der folgenden Weisen:
1. Wiederholte und sich aufdrängende schmerzhafte Erinnerungen des bzw. der traumatischen Ereignisse. Dazu gehören auch „innere“ Bilder, Gedanken oder Wahrnehmungen.
2. Wiederholte Alpträume über das oder die traumatischen Ereignisse.
3. Eine Art psychisches „Wiedererleben“ der traumatischen Erfahrungen, Illusionen, Halluzinationen und abspaltende flash-backs, d.h. Teile des Traumas drängen sich überfallartig auf und werden so erlebt, als würden sie tatsächlich stattfinden; entsprechend empfindet und verhält sich der betroffene Mensch.
4. Intensives psychisches Leid, wenn alltägliche Reize bzw. Gedanken auftreten, die eine Ähnlichkeit mit traumatischen Aspekten haben bzw. die Traumaereignisse symbolisieren.
5. Physiologische Erregung bei inneren (Gedanken, Empfindungen) oder äußeren Reizen, die das traumatische Ereignis symbolisieren oder diesem irgendwie ähnlich sind.

C. *Überdauerndes Vermeidungsverhalten* gegenüber Reizen, die direkt oder indirekt mit dem Trauma verbunden sind, und erst nach dem Trauma auftretende Verminderung bzw. „Erstarrung“ allgemeiner Reaktions- bzw. Handlungsfähigkeit. Mindestens *drei* der folgenden Kriterien müssen erfüllt sein:
1. Vermeidung von Gedanken, Gefühlen oder Gesprächen, die mit dem Trauma verbunden sind.
2. Vermeidung von Aktivitäten, Orten oder Menschen, die Erinnerungen an das Trauma wachrufen.
3. Unfähigkeit, wichtige Aspekte des Traumas zu erinnern.
4. Gravierende Verminderung des Interesses, an sozialen Aktivitäten teilzunehmen.
5. Gefühle von Bindungslosigkeit oder der Entfremdung von anderen Menschen.
6. Eingeschränktes Gefühlsleben (z.B. Verlust von Liebesgefühlen).
7. Verlust von Zukunftsperspektiven (bezüglich Beruf, Heirat, Kinderhaben, Führen eines „normalen“ Lebens).

D. Überdauernde Symptome von Erregung (engl.: *arousal*), die *vor* dem Trauma *nicht* auftraten. Es müssen mindestens *zwei* der folgenden Kriterien erfüllt sein:
1. Einschlaf- oder Durchschlafstörungen
2. Wut- bzw. Aggressionsdurchbrüche, Irritierbarkeit
3. Konzentrationsschwierigkeiten

4. Hypervigilanz (Überwachheit, überzogene Achtsamkeit bzw. Reaktionsbereitschaft)
5. Überzogene Schreckreaktionen

E. Die Beeinträchtigungen (Symptome der Kriterien B und D) dauern *länger als drei Monate* an.

F. Die Beeinträchtigungen sind als klinisch bedeutsame Störungen einzuordnen, bzw. sie führen für den betroffenen Menschen zu gravierenden Verschlechterungen im sozialen und beruflichen Leben oder in anderen bedeutsamen Bereichen des Lebens.

Unterscheidung: Dauern die Symptome *weniger als drei Monat*e an, wird von *Acute Stress Disorder* (akute Streßbelastungsstörung) gesprochen.

Complex PTSD (umfassende PTBS)

Für Menschen, die andauernd und wiederholt einer totalitären Unterwerfung und Kontrolle ausgesetzt waren, hat J. Herman (1992) ein Profil entwickelt, das sie als *Disorders of Extreme Stress Not Otherwise Specified* (Belastungsstörungen durch extremen Streß, der anderweitig nicht einzuordnen ist) beschreibt. Die Beispiele beinhalten Folteropfer, Opfer von Geiselnahme, Kriegsgefangene, Insassen von Konzentrationslagern, Mitglieder kultisch-religiöser Sekten, Opfer von sexuellem Kindesmißbrauch und von Kindesmißhandlung, Opfer von Gewalt und Vergewaltigung in Familien, von organisierter sexueller Ausbeutung. Diese überdauernden und wiederholten Traumata im Rahmen zwischenmenschlicher Beziehungen (man-made) können in folgenden Bereichen zu gravierenden Veränderungen bei den Betroffenen führen:

A. Affekt- (Gefühls-) Regulierung, z.B.: überdauernde depressive Stimmungen, extremer Stau von Wut und Aggression, der sich bei einigen Betroffenen abwechselt mit z.B. explosiven Ausbrüchen, Blockierung, Verlust von Sexualität, ebenfalls z.T. abgewechselnd mit übertriebenem oder unangemessenem und provozierendem Sexualverhalten.

B. Bewußtsein, z.B.: Erinnerungsverlust (Amnesie), Abspaltung von Erleben, Gefühlen und Empfindungen (Dissoziation), Selbstentfremdung (Depersonalisation), Grübeln.

C. Selbstwahrnehmung, z.B.: Gefühle von Hilflosigkeit, Scham, Schuld, Selbstbeschuldigung, Stigmatisierung, Einsamkeit und Absonderung.

D. Wahrnehmung des oder der Täter, z.B.: dauernde Rachegedanken, paradoxe Dankbarkeit gegenüber Tätern, Übernahme des Wertesystems und der Glaubensgrundsätze der Täter.

E. Beziehungen zu anderen, z.B.: Isolation und Rückzug, Zerstörung von Partner- und Familienbeziehungen, überdauerndes Mißtrauen, Verlust der Fähigkeit, sich selbst zu schützen, Suche nach einem Retter.

F. Bedeutungs- und Sinnkonzept, z.B.: Verlust von Glauben und Vertrauen, Gefühl der Hoffnungslosigkeit und Verzweiflung.

DES (Disorders of Extreme Stress)

Störungen durch extreme Belastung

Van der Kolk et al. (1993) haben mit dem DES-Profil eine Ergänzung zum PTSD-Konzept vorgeschlagen, da die Symptome der überdauernden und wiederholten Traumatisierung durch Menschenhand nicht durch PTSD abgedeckt sind. Sie haben Hermans Complex PTSD erweitert und in ein besonderes diagnostisches Profil (DES) der PTSD übersetzt.

Hervorzuheben sind besonders folgende Erweiterungen der PTSD für Folteropfer u. ä.:

Schwierigkeiten im Umgang mit Wut und Ärger, selbstzerstörendes und suizidales Verhalten, impulsives Risikoverhalten, chronische Schmerzzustände (psychosomatische Schmerzen), Idealsierung der Täter, Übernahme von Werten und Teilen der Weltanschauung der Täter, Unfähigkeit, sich selbst und anderen zu vertrauen, Tendenz, erneut Opfer zu werden, Neigung, andere Menschen zu Opfern zu machen.

Es ist hervorzuheben, daß die Opfer, die lange und wiederholt durch Menschenhand traumatisiert wurden, oft eine Reihe von klinisch bedeutsamen Reaktionen und Erkrankungen entwickeln, die durch das PTSD-Konzept nicht abgedeckt sind, z. B.: anhaltende Depression, Panikanfälle, Zwangsverhalten, psychogene Eßstörungen, Suizidrisiko, Alkohol- und Medikamentenmißbrauch, Suchtverhalten allgemein, Somatisierung (Übersetzung von nicht gelebten Gefühlen und Empfindungen in körperliche Beschwerden, Schmerzzustände und psychosomatische Erkrankungen). Das klinische Bild bei Folteropfern rechtfertigt somit, von Multimorbidität (Mehrfacherkrankung) zu sprechen. Zumindest treten neben PTSD zumeist weitere klinische Auffälligkeiten auf (Komorbidität).

*Fachbegriffe und Abkürzungen, die im Text verwendet wurden und dort mit * bezeichnet sind*

Abwehr, Abwehrformen: Damit werden in der Psychoanalyse unbewußte psychische Mechanismen bezeichnet, mit welchen die Angst des Ich vor unbewußten, mit der psychischen Instanz des Über-Ichs in Konflikt stehenden Tendenzen und Triebwünschen des Es ins Unbewußte abgewehrt werden. Hierzu gehören sowohl sogenannte reifere Angstabwehrformen wie z. B. Verdrängung, Verschiebung, Rationalisierung, Identifikation als auch unreifere, frühkindliche wie Spaltung, Projektion, Introjektion (Freud, A., 1936).

Anhedonie: Pathologisches Unglücklichsein, oft Aspekt einer Depression.

APA: ⇨ S. 271.

burn-out: „Ausgebranntsein“ bei Helfern, das durch Überforderung, Abgrenzungsschwierigkeiten, Überidentifikation und Überfürsorglichkeit mit Klienten entsteht. Hauptsächliche Symptome: Depressive Stimmungen, Hoffnungslosigkeit, Verlust von Kraft und Antrieb, Entwicklung von Zynismus, Vermeidungsverhalten, Realitätsverlust, psychosomatische Erkrankungen, Suchtverhalten.

compliance: Zustimmung des Klienten/Patienten zur Therapie bzw. einzelnen Schritten in der Therapie.

debriefing: Ein erstes emotional entlastendes Aussprechen von traumatisierenden Gefühlen, Empfindungen und Erlebnissen. Debriefing folgt meistens einem Schema von entlastenden Fragen durch kompetente „Debriefer" bis hin zu einer Art Entlastungsritual mit einem *sharing* (Teilen von Empfindungen und Gefühlen durch andere). Es sollte zeitlich möglichst bald auf belastende Ereignisse folgen; es ersetzt keine Traumabearbeitung oder Therapie (vgl. z.B. Mitchell/Everly, 1993).

DES: ⇨ S. 274.

Dissoziation: Teilweise Lähmung von Empfindungen, Absonderung, Trennung oder Abspaltung von Wahrnehmungen, Gefühlen und Empfindungen, geht oft einher mit Selbstentfremdungsgefühlen und Abspaltung von Persönlichkeitsaspekten.

Empathie: Fähigkeit zur einfühlenden Anteilnahme.

DSM: ⇨ S. 271.

flash-back: Plötzlich sich aufdrängende Bilder oder Gedanken aus traumatischen Erlebnissen. Zumeist sind dies überfallartige Fragmente der Traumasituation, die die Qualität erhalten können, als würde sich das Trauma wirklich wiederholen. Es treten zumeist physiologische Zustände von Angst und Erregung auf, die denen während des urprünglichen Traumas ähnlich sind

Gegenübertragung: Bewußte wie unbewußte Gefühle, Gedanken und Phantasien des Therapeuten über seinen Patienten.

Hypervigilanz: Erhöhte oder überzogene Wahrnehmung, Wachsamkeit und Reaktionsbereitschaft, ständig „auf dem Sprung sein".

Introjekt: eine Art zu handeln, zu empfinden und zu werten, ein ‚Stoff', den man in sein Verhaltenssystem aufgenommen, aber nicht so weit assimiliert hat, daß er ein echter Teil des Organismus geworden wäre. Man hat ihn gezwungenermaßen hingenommen, in einer erzwungenen Identifikation.

IRCT: International Rehabilitation Centre for Torture Victims in Kopenhagen. Das IRCT leistet weltweit Aufbauhilfe für Behandlungszentren für Folteropfer.

Kastrationsangst: Ödipale Phase: Spezielle Entwicklungsphase im 6.–7. Lebensjahr, in welcher das Kind seine sexuellen Triebwünsche auf den gegengeschlechtlichen Elternteil richtet.

Konditionierung: Im weitesten Sinne das „Lernen" von Reaktionen bzw. Verhalten unter bestimmten Bedingungen. Die Reaktionen können *im* Organismus sowohl als Reflexgeschehen als auch als komplexe Denk- und Empfindungsmuster ablaufen, oder es sind *von außen* beobachtbare umfassende Reaktionen bzw. Verhaltensmuster, die unter bestimmten Bedingungen gelernt bzw. verändert werden.

Objekte: Bezugspersonen.

Objektbeziehungstheorie: Eine aus der Psychoanalyse enstandene Theorie (hauptsächliche Vertreter: Melanie Klein, Otto Kernberg), die primär nicht Trieb, Triebkonflikt und Triebschicksal in den Mittelpunkt der psychischen Entwicklung stellt, sondern das Wachstum des Ichbewußtseins und der Ichfunktionen durch die Beziehung zu den nächsten Bezugspersonen (Objekte) in der Kindheit. Gegenüber der psychoanalytischen Instanzenlehre hat sie den Vorzug, daß sie auch für die Genese narzißtischer Entwicklungsstörungen und Defizite ein theoretisches Modell bietet. Ein Unterschied zu der psychoanalytischen Theorie besteht auch darin, daß für das Kind der entscheidende Motor zur Lösung der ödipalen Phase nicht die Bestrafungsangst (Kastrationsangst) vor, sondern die Liebe zum gleichgeschlechtlichen Elternteil ist.

Objektkonstanz: Die Fähigkeit des Kindes am Ende der präödipalen Phase, zu seinen Bezugspersonen eine stabile und vertrauensvolle Beziehung einzugehen. Gute, wunsch- und trieberfüllende Aspekte der Erfahrung mit Eltern oder Bezugspersonen sind mit den frustrierenden, als ablehnend und böse erlebten Erfahrungen, welche existentielle Angst und Wut auslösen, zu einem gemeinsamen realistischeren Bild verschmolzen.

Objektrepräsentanz: Das Abbild der Bezugspersonen (Mutter, Vater u.a.) im werdenden Ich-Bewußtsein des Kindes.

Präödipale Phase: Kindliche Entwicklungssphasen vor dem 6. Lebensjahr, an deren Abschluß für das Kind normalerweise die Objektkonstanz steht.

PTSD: ⇨ S. 271.

PTBS: ⇨ S. 273.

Ressourcen: Insbesondere die Hypnotherapie nach M. Erickson und das neurolinguistische Prgrammieren (NLP) verwenden den Begriff für lebenserhaltende Erfahrungen und Fähigkeiten des Unbewußten. Diese sind grundsätzlich positiv, „weise", kreativ, schützend und unterstützend.

Regression oder besser: *regressive Übertragung*: Begriff aus der psychoanalytischen Theorie, bezeichnet das Beziehungsphänomen zwischen Patienten und Behandler, in welchem der Patient unbewußt in frühkindliche Entwicklungsphasen zurückversetzt wird und gegenüber dem Behandler Gefühle und Haltungen entwickelt, die er als Kind den Eltern oder anderen wichtigen Bezugspersonen gegenüber hatte.

Retraumatisierung: Die erneute Traumatisierung eines Opfers durch Reize, die der ursprünglichen traumatischen Situation ähnlich sind oder die als Symbole für das Trauma stehen. Diese Reize können im Alltagsleben bedeutungslos sein, haben für die Opfer aber eine „traumatische Ladung" durch Ähnlichkeit und auslösende Erinnerung.

Übertragung: Bewußte wie unbewußte Gefühle, Gedanken und Phantasien des Patienten über seinen Therapeuten, die nichts mit dem Therapeuten selbst sondern mit früheren Bezugspersonen des Patienten wie Eltern, Geschwister, Freunde, Lehrer und anderen zu tun haben.

Auswahlbibliographie

Zusammengestellt von Leyla Schön

Alle Titel sind nur einmal aufgeführt, auch wenn sie mehrere Themen abhandeln.
Stand: Mai 1996.

Allgemeines

Adam, Hubertus: Terror und Gesundheit, Weinheim 1993.

Ahrens, S./Hasenbring, M. (Hrsg.): Psychosomatik in der Neurologie, Stuttgart 1995.

Amati, Sylvia: Reflexionen über die Folter, in: Psyche 31 (1977), S. 228–245.

American Psychiatric Association: DSM IV: Diagnostic and statistical manual of mental disorders, Washington 1994.

Amnesty International: Jahresbericht ..., Frankfurt/M.

Dies.: Wer der Folter erlag, Frankfurt/M. 1988.

Dies.: Examining torture survivors, Kopenhagen 1992.

Arendt, Hanna: Macht und Gewalt, München 1993.

Dies.: Elemente und Ursprünge totaler Herrschaft, München 1993.

Assmann, Jan: Die Katastrophe des Vergessens, in: A. Assmann/D. Harth (Hrsg.): Mnemosyne – Formen und Funktion der kulturellen Erinnerung, Frankfurt/M. 1991.

Bettelheim, Bruno: Erziehung zum Überleben, München 1982.

Blanck, G./Blanck, R.: Jenseits der Ich-Psychologie, Stuttgart 1989.

Bloch, Ernst: Das Prinzip Hoffnung, Frankfurt/M. 1993.

Bommert, Claudia: Körperorientierte Psychotherapie nach sexueller Gewalt, Weinheim 1993.

British Medical Association: The torture report, London 1986.

Dies.: Medicine betrayed, London 1992.

Dies.: Verratene Medizin, Berlin 1995.

Buber, Martin: Das dialogische Prinzip, Darmstadt 1984.

Burgers, J.H./Danelius, Hans: The United Nations Convention against Torture, Dordrecht 1988.

Danieli, Yael/Rodley, Nigel S./Weisaeth, Lars (Hrsg.): International responses to traumatic stress, Amityville 1996.

Dieckmann, Hans: Träume als Sprache der Seele, Fellbach 1978.

Dreyfuss, D.: Zur Theorie der traumatischen Neurose, in: Internationale Zeitschrift für Psychoanalyse 26 (1941), S. 122–141.

Egle, U.T./Hoffmann, S.O. (Hrsg.): Der Schmerzkranke, Stuttgart 1993.
Enquete-Kommission „Aufarbeitung von Geschichte und Folgen der SED-Diktatur in Deutschland": Materialien, Baden- Baden 1995.
Epstein, Helen: Die Kinder des Holocaust, München 1990.
Fanon, Frantz: Die Verdammten der Erde, Reinbek 1969.
Flor, Herta: Psychobiologie des Schmerzes, Bern 1991.
Freud, A.: Das Ich und die Abwehrmechanismen, Wien 1936.
Freud, S.: Jenseits des Lustprinzips, Gesammelte Werke, Bd. 13, London 1940.
Fromm, Erich: Märchen, Mythen, Träume, Reinbek 1981.
Goffman, Erving: Asylums, Harmondsworth 1971.
Gräff, Christine: Konzentrative Bewegungstherapie in der Praxis, Stuttgart ²1989.
Gurris, Norbert: Wie kann es gelingen, den Mißbrauch zu beenden?, in: K.J. Bruder (Hrsg.): Monster oder liebe Eltern, Berlin 1993.
Halbwachs, M.: Das kollektive Gedächtnis, Frankfurt/M. 1985.
Hell, W.: Gedächtnistäuschungen, in: W. Hell/K. Fiedler/G. Gigerenzer (Hrsg.): Kognitive Täuschungen, Heidelberg 1993.
Heseding, Georg: Menschenrechte und Folter, Göttingen 1991.
Hoffmann, S.O./Hochapfel, G.: Einführung in die Neurosenlehre und psychosomatische Medizin, Stuttgart 1991.
Jacobson, E.: Depersonalisation, in: Journal of American Psychoanalytical Association 7 (1959), S. 581-610.
Jonghe, F. de/Rijnierse, P./Janssen, R.: Aspects of the analytic relationship, in: International journal of psycho-analysis 72 (1991), S. 693–707.
Kernberg, O.: Borderline-Störungen und pathologischer Narzißmus, Frankfurt/M. 1978.
Kernberg, O.: Objektbeziehungen und Praxis der Psychoanalyse, Stuttgart 1989.
Knechtel, Rüdiger (Hrsg.): Stalins DDR, Leipzig 1991.
Kütemeyer, Mechthilde: Körperschmerz, Angst, Seelenschmerz als ärztliches Problem, in: Zeitschrift für medizinische Ethik 40 (1994), S. 3–13.
Dies.: Psychosomatische Aspekte bei Patienten mit Lumbago-Ischias-Syndrom, in: Verhandlungen der Deutschen Gesellschaft für Innere Medizin 85 (1979), S. 1384–1387.
Langer, Marie: Von Wien bis Managua, Freiburg i.Br. 1986.
Maaz, Hans-Joachim: Der Gefühlsstau, München 1992.
Maturana, H.R.: Erkennen: die Organisation und Verkörperung von Wirklichkeit, Braunschweig 1982.
Mitchell, J. T./Everly, G. S.: Critical incident stress debriefing (CISD), Ellicot City 1993.
Nebez, Jemal: Lalo Karim, Berlin 1968.
Ders.: Kurdische Märchen und Volkserzählungen, München 1971.
Peseschkian, Nossrat: Der Kaufmann und der Papagei, Frankfurt/M., 1993.

Ders.: Positive Psychotherapie, Frankfurt/M., 1994.
Pross, Christian: Apartheid in der Medizin?, in: Berliner Ärzte 27 (1990), S. 27f.
Ders.: Wiedergutmachung, Frankfurt/M. 1988.
Ders.: Breaking through the postwar coverup of Nazi doctors in Germany, in: Journal of medical ethics (Suppl.) 17 (1991), S. 13–16.
Raess, Markus: Der Schutz vor Folter im Völkerrecht, Zürich 1989.
Rauchfleisch, Udo (Hrsg.): Folter: Gewalt gegen Menschen, Zürich 1990.
Reemtsma, Jan P.: Folter: zur Analyse eines Herrschaftsmittels, Hamburg 1991.
Reinecker, H.: Grundlagen der Verhaltenstherapie. Weinheim ²1992.
Scarry, Elaine: Der Körper im Schmerz, Frankfurt/M. 1992.
Schliephacke, Bruno P.: Märchen, Seele und Sinnbild, Münster 1986.
Schultz, Hans J. (Hrsg.): Schmerz, Stuttgart 1990.
Schulz-Hageleit, Peter (Hrsg.): Alltag, Macht, Folter, Düsseldorf 1989.
Stolze, Helmuth: Selbsterfahrung und Bewegung, in: Die Konzentrative Bewegungstherapie, Berlin 1989.
Uexküll, Thure von: Psychosomatische Medizin, München ⁵1996.
Vollmar, Klausbernd: Farben, München 1991.
Wagner-Simon, Therese/Benedetti, Gaetano: Trauma und Träumen, Göttingen 1984.
Wicker, Hans-Rudolf: Die Sprache extremer Gewalt, Bern 1991.
Wirtz, Ursula: Seelenmord, Zürich 1989.

Geschichte der Folter

DuBois, Page: Torture and truth, New York 1991.
Helbing, Franz/Bauer, Max: Die Tortur, Neudr. Aalen 1983 [Berlin 1926].
Mannix, Daniel P.: The history of torture, London 1970.
Maran, Rita: Torture: the role of ideology in the French-Algerian War, New York 1989.
Quanter, Rudolf: Die Folter in der deutschen Rechtspflege sonst und jetzt, Neudr. Aalen 1970 [Dresden 1900].
Rauter, Ernst A.: Folter in Geschichte und Gegenwart, Frankfurt/M. 1988.
Villeneuve, R.: Grausamkeit und Sexualität, Berlin 1988.

Foltermethoden und Falldarstellungen

Agger, Inger: Sexual torture of political prisoners, in: Journal of traumatic stress 2 (1989), S. 305-318.
Dies.: Die politische Gefangene als Opfer sexueller Folter, in: Zeitschrift für Sexualforschung 1 (1988), S. 231-241.
Amery, Jean: Jenseits von Schuld und Sühne, München 1988.
Arce, Luz: Die Hölle, Hamburg 1994.

Behnke, Klaus/Fuchs, Juergen (Hrsg.): Zersetzung der Seele, Hamburg 1995.
Bro-Rassmussen, Frede/Rasmussen, Ole: Torture by phalanga, Kopenhagen o.J.
Domovitch, Edward et al.: Human torture, in: Canadian family physician 30 (1984), S. 827–830.
Dorfman, Ariel: Der Tod und das Mädchen, Frankfurt/M. 1992.
Erzeren, Ömer: Septemberspuren, Reinbek 1990.
Gurris, Norbert: Die sexuelle Folter von Männern als weltweit systematische Methode der Folter, in: Attia, Iman (Hrsg.): Multikulturelle Gesellschaft – monokulturelle Psychologie?, Tübingen 1995.
Karlsmark, T. et al.: Tracing the use of torture, in: Nature 301 (1983), S. 75–78.
Konuk, Abdul A.: Folter, Frankfurt/M. 1990.
Kosteljanetz, Michael/Aalund, Ole: Torture, in: Interdisciplinary science reviews 8 (1983), S. 320–328.
Rivabella, Omar: *Susana*: Requiem für die Seele einer Frau, Frauenfeld 1987.
Rosencof, Mauricio/Fernández Huidobro, Eleuterio: Wie Efeu an der Mauer, Hamburg 1990.
Suedfeld, Peter (Hrsg.): Psychology and torture, New York 1990.
Timerman, Jacobo: Wir brüllten nach innen, Frankfurt/M. 1982.
Zilli, Timo: Folterzelle 36, Berlin 1993.
Zana, Mehdi: La prison n° 5, Paris 1995.

Folterfolgen bei Überlebenden

Agger, Inger: The blue room, London 1994.
Allodi, F./Cowgill, G.: Ethical and psychiatric aspects of torture, in: Canadian journal of psychiatry 27 (1982), S. 98–102.
Åstrøm, Christina et al.: Sleep disturbances in torture survivors, in: Acta neurologica scandinavica, 79 (1989), S. 150–154.
Basoglu, Metin (Hrsg.): Torture and its consequences, Cambridge 1992.
Behandlungszentrum für Folteropfer Berlin: Jahresberichte, Berlin 1993 ff.
Bendfeldt-Zachrisson, F.: State torture, in: Radical journal of health 3 (1988), S. 56–61.
Bettelheim, Bruno: Afterward, in: C. Veigh: I didn't say good-bye, New York 1984.
Bittenbinder, Elise: Krieg, Verfolgung und Folter überleben, in: Systhema 6 (1992), S. 3–17.
Ehlert, Edith E./Lorke, Beate: Zur Psychodynamik der traumatischen Reaktion, in: Psyche 42 (1988), S. 502–532.
Eitinger, Leo/Krell, Robert/Rieck, Miriam: The psychological and medical effects of concentration camps and related persecution on survivors of the Holocaust, Vancouver 1985.

Fischer, Gottfried/Gurris, Norbert/Pross, Christian/Riedesser, Peter: Psychotraumatologie, in: Thure von Uexküll (Hrsg.): Psychosomatische Medizin, München [5]1996.

Gersons, Berthold P.: Therapeutical approach of PTSD, Paper presented at the 4th European Conference on Traumatic Stress, Paris, 7–11 May 1995.

Goldfeld, Anne E. et al.: The physical and psychological sequelae of torture, in: Journal of the American Medical Association 259 (1988), S. 2725–2729.

Graessner, Sepp: Tinnitus of torture survivors, in: Torture 4 (1994), S. 19–22.

Ders.: Forensic considerations on survivors of torture with craniocerebral trauma and ostconcussive syndrome, in: Torture 5 (1995), S. 50–53.

Haenel, Ferdinand: Die Auswirkung der Langzeithaft und psychische Symptome bei Stasi-Untersuchungshäftlingen, in: Zur medizinischen, psychologischen und politischen Beurteilung von Haftfolgeschäden nach 1945 in Deutschland, Magdeburg 1994.

Herberg, H.J. (Hrsg.): Spätschäden nach Extrembelastungen, Herford 1971.

Hoppe, Klaus D.: The emotional reactions of psychiatrists when confronting Holocaust survivors of persecution, in: J. Lindon (Hrsg.): Psychoanalytic Forum, Bd. 3, New York 1969.

Hougen, Hans-Petter et al.: Sequelae to torture, in: Forensic science international 36 (1988), S. 153–160.

Initiative für ein Internationales Kulturzentrum: Psychische und psychosomatische Folgen bei Folterüberlebenden, Hannover 1993.

Janoff-Bulman, R.: Shattered assumptions: towards a new psychology of trauma, New York 1992.

Juhler, Marianne/Vesti, Peter: Torture: diagnosis and rehabilitation, in: Medicine and war 5 (1989), S. 69–79.

Keller, Gustav: Die Psychologie der Folter, Frankfurt/M. 1991.

Kordon, Diana et al.: Psychological effects of political repression, Buenos Aires 1988.

Krystal, Henry (Hrsg.): Massive psychic trauma, New York 1968.

Ders.: Integration and self-healing, New Jersey 1988.

Lök, Veli: Bone scinigraphy as clue to previous torture, in: Lancet 337 (1991), S. 846–847.

Matussek, P.: Die Konzentrationslagerhaft und ihre Folgen, Berlin 1971.

McCann, L./Pearlman, L.: Vicarious traumatization, in: Journal of traumatic stress 3 (1990), S. 131–149.

Mollica, Richard F.: Assessing symptom change in Southeast Asian refugee survivors of mass violence and torture, in: American journal of psychiatry 147 (1990), S. 83–88.

Montgomery, E./Foldspang, A.: Criterion-related validity of screening for exposure to torture, in: Torture 4 (1994), S. 115–118.

Nordström, A./Persson, A.: Fängelse och tortyr valinga orsaker till psykiska och somatiska symptom hos flyktingar i Sverige, in: Läkartidningen 86 (1988), S. 3560f.

Niederland, William G.: Folgen der Verfolgung, Frankfurt/M. 1980.

Op den Velde, Wybrand/Koerselman, G. Frank/Aarts, Petra G.H.: Countertransference and World War II, in: John P. Wilson/Jacob D. Lindy (Hrsg.): Countertransference in the treatment of PTSD, London 1994.

Peters, U. H.: Über das Stasi-Verfolgten-Syndrom, in: Fortschritte der Neurologie und Psychiatrie 59 (1991), S. 251–265.

Petersen, Hans D. et al.: Psychological and physical long-term effects of torture, in: Scandinavian journal of social medicine 13 (1985), S. 89–93.

Pross, Christian: Folter: Schweigen bedeutet Komplizenschaft, in: Deutsches Ärzteblatt 87 (1990), S. 3104–3108.

Ders.: Folteropfer, in: Dr. Med. Mabuse Nr. 79 (1992), S. 46–49.

Ders.: Gesundheitliche Folgen politischer Repression in der DDR, in: Berliner Ärzte 31 (1994), S. 19f.

Ders.: „Wir sind unsere eigenen Gespenster", in: Klaus Behnke/Jürgen Fuchs (Hrsg.): Zersetzung der Seele, Hamburg 1995.

Rasmussen, Ole V.: Medical aspects of torture, Kopenhagen 1990.

Rehabilitation Centre for Torture Victims (RCT): Annual reports, Kopenhagen

Stiftung für Kinder (Hrsg.): Children, war and persecution: proceedings of the congress, Osnabrück, 1995.

Stoffels, Hans (Hrsg.): Schicksale der Verfolgten, Berlin 1991.

Stover, Eric/Nightingale, Elena (Hrsg.): The breaking of bodies and minds, New York 1985.

Turner, S./Gorst-Unsworth, C.: psychological sequelae of torture, in: British journal of psychiatry 157 (1990), S. 475–480.

Wilson, John P./Raphael, Beverly (Hrsg.): International Handbook of traumatic stress syndromes, New York 1993.

Behandlung von Überlebenden der Folter

Allodi, F.: Assessment and treatment of torture victims, in: Journal of nervous and mental disease 179 (1991), S. 4–11.

Amati, Sylvia: Die Rückgewinnung des Schamgefühls, in: Psyche 44 (1990), S. 724–740.

Beaujolin, Marie-Hélène: Modification of the psychoanalytical technique in psychotherapy with torture victims, Paris 1991.

Becker, David: Ohne Haß keine Versöhnung, Freiburg 1992.

Ders.: Psychoanalytische Sozialarbeit mit Gefolterten in Chile, in: Psychosozial 12 (1989), S. 43–52.

Bender, Frauke: Das Körperbild als Matrix des Körpererlebens, in: Konzentrative Bewegungstherapie 11 (1984), S. 1–7.

Blijham, H.: Het dilemma van het existentieel getraumatiseerd zijn, in: J.N. Schreuder/A. J. de Ridder: De actualiteit van het traumatisch verleden, Utrecht 1992.
Bloch, Inge: Physiotherapy and the rehabilitation of torture victims, in: Clinical management in physical therapy 8 (1988), S. 26–29.
Budjuhn, Anneliese: Die psycho-somatischen Verfahren, Dortmund 1992.
Bustos, Enriqe: Dealing with the unbearable, in: Peter Suedfeld (Hrsg.): Torture and psycholgy, Washington 1990.
Cienfuegos, Ana J./Monelli, Christina: The testimony of political repression as a therapeutic instrument, in: American journal of orthopsychiatry 53 (1983), S. 43–51.
Dhawan, Savita: Psychodrama in der therapeutischen Arbeit mit politisch Verfolgten, in: Systhema 6 (1992), S. 37–49.
Drees, Alfred: Leitlinien in der Therapie mit foltertraumatisierten Patienten, in: Systhema 6 (1992), S. 26–36.
Edelman, Lucila/Kordon, Diana/Lagos, Dario: Impunity: reaction of psychic trauma, Vortrag, VII International Symposium „Caring for Survivors of Torture“, Kapstadt, 15.–17. 11. 1995
Foy, David W. (Hrsg.): Treating PTSD, New York 1992.
Fischer, Gottfried/Gurris, Norbert: Grenzverletzungen, in: W. Senf/M. Broda (Hrsg.): Praxis der Psychotherapie, Stuttgart, 1966.
Genefke, Inge K./Vesti, Peter: Behandlung und Wiedereingliederung von Überlebenden der Folter, Bonn 1990.
Graessner, Sepp: Behandlungszentrum für Folteropfer – erste Fallberichte, in: Deutsches Ärzteblatt Heft 21 (1992), S. 89.
Ders.: Hilfe für Folteropfer in der Türkei, in: Berliner Ärzte 27 (1991), S. 26.
Ders.: Regarding the health of Bosnian refugees, in: UNHCR (Hrsg.): Care and rehabilitation of victims of rape, torture and other severe traumas of war in the Republic of Ex-Yugoslavia, Utrecht 1993.
Ders.: The Stasi persecution syndrome, in: Torture 1 (1991), S. 10f.
Ders./Ahmad, Salah/Merkord, Frank: Gedächtnisstörungen und Unsicherheit der Angaben zur eigenen Verfolgungsgeschichte bei Flüchtlingen mit Foltererfahrung, Berlin 1995.
Gurris, Norbert: Folteropfer und Opfer politischer Gewalt, in: A. Maercker (Hrsg.): Therapie der posttraumatischen Belastungsstörungen, Berlin 1996 [erscheint noch].
Haenel, F.: Traumatische und therapeutische Regression, in: Jahresbericht des Behandlungszentrums für Folteropfer, Berlin 1993.
Hafkenscheid, A./Lansen, L.: Vicarious traumatization, in: A. J. de Jonghe (Hrsg.): Therapeut en trauma, Assen 1993.
Herman, Judith L.: Die Narben der Gewalt, München 1994.
Initiative für ein Internationales Kulturzentrum (Hrsg.): Psychosoziale Versorgung von Flüchtlingen und MigrantInnen, Hannover 1993.

Institut für Wissenschaft und Kunst: Seelenmord – psychosoziale Aspekte der Folter, Wien 1992.
Jacobsen, Lone/Vesti, Peter: Torture survivors: a new group of patients, Kopenhagen 1990.
Kepner, James I.: Körperprozesse, Köln 1988.
Kinzie, J.D. et al.: The prevalence of post-traumatic stress disorder and its clinical significance among South East Asian refugees, in: American journal of psychiatry 147 (1990), S. 913–917.
Kleber, Rolf J./Brom, Dany: Coping with trauma, Amsterdam 1992.
Lansen, Johan: Vicarious traumatization in therapists treating victims of torture and persecution, in: Torture 3 (1993), S. 138–140.
Mohamed-Ali, Hassan: Patient Folteropfer, in: Berliner Ärzteblatt Heft 27 (1990), S. 11–19.
Mollica, Richard/Caspi-Yavin, Yael: Measuring torture and torture related symptoms, in: Psychological assessment 3 (1991), S. 581–587.
Ochberg, Frank M. (Hrsg.): Post-traumatic therapy and victims of violence, New York 1991.
Oestereich, Sieglinde/Rothkegel, Sibylle: Einführung in gestalttherapeutische Traumbearbeitung, unveröffentl. Ms., Berlin 1990.
Ortmann, Jørgen et al.: Rehabilitation of torture victims, in: American journal of social psychiatry 7 (1987), S. 161–167.
Pagaduan-Lopez, June C.: Torture survivors, Manila 1987.
Peltzer, Karl/Diallo, Jean-Claude: Die Betreuung und Behandlung von Opfern organisierter Gewalt im europäisch-deutschen Kontext, Frankfurt/M. 1993.
Perls, F. S.: Gestalt therapy verbatim, Lafayette, CA 1969.
Perls, F. S./Hefferline, R.F./Goodman, D.: Gestalttherapie, New York 1951.
Peterson, C.P./Prout, Maurice F./Schwarz, Robert A.: Post-traumatic stress disorder, New York 1991.
Petzold, Hilarion G.: Was nicht mehr vergessen werden kann, in: Integrative Therapie 3 (1985), S. 368–380.
Pharos Foundation for Refugee Health Care: Health hazards of organized violence, Utrecht 1993.
Prip, Kare/Tived, Lone/Holten, Nina (Hrsg.): Physiotherapy for torture survivors, Kopenhagen 1995.
Randall, Glenn R./Lutz, Ellen L.: Serving survivors of torture, Washington 1991.
Riquelme, Horacio (Hrsg.): Zeitlandschaft im Nebel, Frankfurt/M. 1990.
Ders.: Die neuen Leiden Südamerikas: zur Behandlung von Folteropfern, in: Systhema 6 (1992), S. 18–25.
Somnier, Finn E./Genefke, Inge K.: Psychotherapy for victims of torture, in: British journal of psychiatry 149 (1986), S. 323–329.
Somnier, Finn E. et al.: Medical treatment of torture victims, Kopenhagen o. J.
Stoffels, Hans (Hrsg.): Terrorlandschaften der Seele, Regensburg 1994.

Tata Arcel, Libby (Hrsg.): Psycho-social help to war victims: women refugees and their families, Kopenhagen 1995.
Van der Veer, Guus: Getraumatisieerde vluchtelingen, in: Maardblad geestelije volksgesundheid 10 (1991), S. 1078–1090.
Ders.: Counselling and therapy with refugees, Chichester 1992.
Vesti, Peter/Bojholm, Søren: Antithesis of therapy, in: Psychiatria Danubina 2 (1990), S. 297–312.
Vesti, Peter/Somnier, Finn E./Kastrup, Marianne: Psychotherapeutic manual to be used as part of an integrated approach in the rehabilitation of torture survivors, Kopenhagen 1992.
Dies.: Psychotherapy with torture survivors, Kopenhagen 1992.
Weiss, Regula: Therapie-Projekt für gefolterte Flüchtlinge, Bern 1993.
Wilson, John P./Lindy, Jacob D.: Countertransference in the treatment of PTSD, New York 1994.

Folterer

Adorno, Theodor W.: Studien zum autoritären Charakter, Frankfurt/M. 1973.
Amnesty International: Folter in Griechenland, Baden-Baden 1977.
Arestivo, Carlos: Die perverse Allianz zwischen Folterer und Opfer, in: AI-Info Heft 1 (1992), S. 28f.
Boppel, Peter/Held, Monika: Warum foltern Menschen?, in: Süddeutsche Zeitung Magazin vom 23.10.1992, S. 12–18.
Crelinsten, Ronald. D./Schmid, Alex P. (Hrsg.): The politics of pain, Leiden 1993.
Deile, Volkmar/Boppel, Peter: Schulen der Bestialität, in: Der Spiegel Heft 27 (1994), S. 124–126.
Milgram, Stanley: Das Milgram Experiment, Reinbek 1992.
Tišma, Aleksandar: Die Schule der Gottlosigkeit, München 1993.
Vesti, Peter: Why are torturers never punished?, in: Danish medical bulletin 35 (1988), S. 493–495.
Weschler, Lawrence: A miracle, a universe: settling accounts with torturers, New York 1990.

Ethik

Amnesty International: Ethical codes and declarations relevant to health professions, London 1994.
Amnesty International/French Medical Commission/Marange, Valérie: Doctors and torture, London 1991.
Danish Medical Association: Doctors, ethics and torture: proceedings of an international meeting, in: Danish medical bulletin 34 (1987), S. 185–216.
Gordon, Neve/Marton, Ruchama: Torture, London 1995.

Heyder, A./Genus, H. van: Standesregeln: eine Strategie, Folter undenkbar zu machen, Bonn 1984.

Kosteljanetz, M./Aalund, O.: Torture, in: Interdisciplinary science reviews 8 (1983), S. 320–327.

Pross, Christian/Torsten Lucas: Menschenrechtsverletzungen und die Heilberufe, in: Medizin und globales Überleben 6 (1995), S. 28–40.

Sørensen, Bent/Vesti, Peter: Medical education for the prevention of torture, in: Medical education 24 (1990) S. 467–469.

Zeitschriften

Anxiety, stress, and coping, Yverdon, 5.1992 –

Health and human rights, Cambridge, MA, 1.1995 –

Forensic Science international, Amsterdam, 65.1994 –

Human rights and the health professions [früh. u. d. T.: News for medical groups], London, 1992 –

Journal of traumatic stress, New York, 4.1991 –

PTSD research quarterly, White River Junction, 5.1994 –

SOS-Torture, OMCT, Genf, 28.1991 –

Torture, Kopenhagen, 1.1991 –

Die Jahrgangsangaben beziehen sich auf den Bestand des Behandlungszentrums.

Verzeichnis der Autorinnen und Autoren

Salah Ahmad, geb. 1959 in Kirkuk – Südkurdistan. Diplom-Pädagoge, Ausbildung als Lehrer in Sulaimani und Arbeit in den Dörfern Kurdistans mit Kindern sowie in der Alphabetisierung von Erwachsenen. 1981 Flucht aus dem Irak nach Deutschland. Studium an der Freien Universität Berlin, Fachbereich Erziehungswissenschaften (Erwachsenenbildung). Bis 1992 Arbeit als Einzelfall- und Familienhelfer. Seit 1992 Mitarbeiter des Behandlungszentrums für Folteropfer Berlin. In Ausbildung am Berliner Institut für Familientherapie.

Dr. med. Sepp Graessner, geb. 1943. Mitbegründer des Behandlungszentrums für Folteropfer. Arbeit als niedergelassener Arzt, Notfallmedizin, Tropenmedizin. Interesse an historischen Fragen. Im Behandlungszentrum für den Bereich der forensischen Aspekte von Folter zuständig.

Norbert F. Gurris, geb. 1948 in Oldenburg/O. Als Klinischer Psychologe/Psychotherapeut 1974–1977 beim Senator für Justiz im Erwachsenenvollzug, 1977–1987 Kinder-, Jugend- und Familientherapie in heilpädagogischen Einrichtungen des Senats von Berlin; 1987–1990 Leiter einer Tagungsstätte; 1990–1992 Familientherapie bei sexuellem Mißbrauch, Kind im Zentrum (KIZ) Berlin. Zusatzausbildung in Verhaltenstherapie, Gesprächspsychotherapie, Psychodrama, Klinischer Hypnose/Hypnotherapie, Systemischer Familientherapie. Seit 1992 im Behandlungszentrum für Folteropfer.

Dr. med. Ferdinand Haenel, geb. 1953 in Mannheim. Studium der Mathematik/Informatik in Freiburg i. Brsg. Seit 1976 in Berlin. Medizinstudium. Wissenschaftlicher Mitarbeiter am Institut für Physiologie der FU Berlin. Facharztausbildung zum Arzt für Psychiatrie u.a. am Krankenhaus am Urban. Ausbildung in Gestalttherapie und psychoanalytisch orientierter Psychotherapie. Seit 1993 im Behandlungszentrum für Folteropfer.

Britta Jenkins, geb. 1949. Bachelor of Arts, School for New Learning, DePaul University, Chicago. Langjährige Auslandsaufenthalte in Frankreich und den Vereinigten Staaten. Menschenrechtsarbeit in Chicago mit ai. Seit 1992 im Behandlungszentrum für Folteropfer als Verwaltungsleiterin und Übersetzerin.

Sylvia Karcher, geb. 1940 in Kiel, aufgewachsen in Österreich, längere Auslandsaufenthalte in Israel und den USA. Physiotherapeutin und Körperpsychotherapeutin für Konzentrative Bewegungstherapie. Tätig in verschiedenen Kliniken, in freier Praxis und in der Weiterbildung für Konzentrative Bewegungstherapie. Ausbildung in TZI und Gesprächstherapie. Seit 1992 im Behandlungszentrum für Folteropfer. Z.Zt. Weiterbildung am Berliner Institut für Familientherapie.

Johan Lansen, geb. 1933. Psychiater, Psychotherapeut und Psychoanalytiker. Ehemaliger Chefarzt und Direktor der Jüdischen Psychiatrischen Klinik, „Sinai-Centrum", Amersfoort, Niederlande. Tätig in Weiterbildung, Supervision und Beratung für das Behandlungszentrum für Folteropfer in Berlin, das Rehabilitation Center for Torture Victims in Kopenhagen und für ESRA, Verein für psycho-soziale Hilfe für Nazi-Verfolgte und ihre Nachkommen, Berlin. Veröffentlichungen über Therapie von Holocaust-Überlebenden, posttraumatische Belastungsstörung und Traumatisierung der Zweiten Generation.

Frank Merkord, geb. 1952. Dipl.-Sozialpädagoge; Mitbegründer und Mitarbeiter sozio-kultureller Projekte in den 70er und 80er Jahren; Erfahrungen mit Selbsthilfeansätzen und Gruppenarbeit im interkulturellen Bereich; seit Mitte der 80er Jahre Beratung und Betreuung von Flüchtlingen; z.Zt. Psychodrama-Ausbildung. Seit 1993 im Behandlungszentrum für Folteropfer.

Dr. med. Christian Pross, geb. 1948. Arzt für Allgemeinmedizin in psychotherapeutischer Ausbildung. Veröffentlichungen über Medizin in der Weimarer Republik und im Nationalsozialismus sowie über Medizin und Menschenrechte. Mitbegründer und Leiter des Behandlungszentrums für Folteropfer.

Sibylle Rothkegel, geb. 1947. Langjährige Auslandsaufenthalte in Paris und Kairo, Diplompsychologin; Ausbildung als Gestaltpsychotherapeutin, Zusatzfortbildung in gestalttherapeutischer Traumarbeit (IGG Berlin); Erfahrung in Einzel- und Gruppentherapie, jahrelange therapeutische und beratende Tätigkeit in einem Heim für mißhandelte und mißbrauchte Mädchen, Projekt mit obdachlosen jungen Müttern, Lehr- und Supervisionstätigkeit an der Fachhochschule für Sozialarbeit und der Sportschule in Berlin; langjährige Mitarbeit bei ai und bei der Humanistischen Union. Seit 1994 im Behandlungszentrum für Folteropfer.

Dr. med. Mechthild Wenk-Ansohn, geb. 1952. Praktische Ärztin (EG) und Atemtherapeutin (nach Middendorf). Klinische Tätigkeit in Innerer Medizin, Chirurgie und Allgemeinpraxen. Fortbildungen im Bereich Psycho- und Körpertherapie. Erfahrung in psychosomatischer Medizin in den Kliniken im Theodor-Wenzel-Werk, Berlin, und Projekttätigkeit mit Kindern und Frauen in Brasilien. Seit 1994 im Behandlungszentrum für Folteropfer.